上海社会科学院
经济研究所
青年学者丛书

传承与变革

15—19世纪中英财政制度与财政思想变迁比较研究

李卫／著

上海社会科学院出版社
SHANGHAI ACADEMY OF SOCIAL SCIENCES PRESS

丛书编委会

主编：沈开艳

编委：（按姓氏笔画为序）

王红霞　贺水金　唐忆文　韩汉君

韩　清　詹宇波

丛 书 总 序

上海社会科学院经济研究所作为一家专业社会科学研究机构,主要从事政治经济学、经济史、经济思想史等基础理论研究。近年来,顺应上海社会科学院国家高端智库建设的要求,经济研究所依托学科优势,实施学科发展与智库建设双轮驱动战略,在深入开展基础理论学术研究的同时,也为政府和企业提供决策咨询服务。经过多年的努力,经济研究所在宏观经济运行、产业与科技创新发展、区域经济发展、金融与资本市场发展、贸易中心与自贸区建设、能源与低碳经济等研究领域,积累了大量的高质量研究成果。

党的十八大以来,习近平总书记把马克思主义政治经济学的基本原理同中国特色社会主义的实践相结合,发展了马克思主义政治经济学,提出一系列新思想新论断,创新并丰富了中国特色社会主义政治经济学理论,为中国和世界带来了新的经济发展理念和理论。

新时代中国特色社会主义政治经济学的提出,一方面,对包括经济研究所科研人员在内的广大经济理论研究工作者提出了新的、更高的理论研究要求;另一方面,也为经济学理论研究拓展出更为广阔的研究领域。

根据我国经济理论和现实发展现状,学术界迫切需要研究下列理论问题:关于社会主义初级阶段基本经济制度的理论,关于创新、协调、绿色、开放、共享发展的理论,关于发展社会主义市场经济、使市场在资源配置中起决定性作用和更好发挥政府作用的理论,关于我国经济发展进入新常态、深化供给侧结构性改革、推动经济高质量发展的理论,关于推动新型工业化、信息化、城镇化、农业现代化同步发展和区域协调发展的理论,关于农民对承包的土地具有所有权、承包权、经营权属性的理论,关于用好国际国内两个市场、两种资源的理论,关于加快形成以国内大循环为主体、国内国际双循环相互促进的新发展格局的理论,关于促进社会公平正义、逐步实现全体人民共同富裕的理论,关于统筹发展和安全的理论等一系列基本理论，等等。这些理论涵盖了中国特色社会主义经济的生产、分配、交换、消费等主要环节，以及生产资料所有制、分配制度与分配方式、经济体制、宏观经济管理与调控、经济发展、对外开放等各个层次各个方面的主要内容。这些研究主题当然也成为经济研究所科研人员面临并需要重点推进的研究课题。

青年科研人员代表着一家社会科学研究机构的未来。经济研究所长期以来一直重视支持青年科研人员的研究工作，帮助青年科研人员提升其研究能力，组织出版《上海社会科学院经济研究所青年学者丛书》就是其中的重要举措之一。本丛书包括的著作基本上都是本所青年学者的处女作，是作者潜心研究、精心撰写，又根据各方面意见建议反复修改打磨的精品成果，也是作者进入经济学专业研究生涯的标志性科研成果。

本丛书的研究主题涉及理论经济学一级学科的重要议题，毫无疑问，这些研究成果对于经济研究所的学科建设工作将发挥重要作用。另一方面，本丛书中的很多研究成果与当前我国经济社会现实发展问题密切关联，这就为进一步开展决策咨询研究作了坚实的理论思考准备。因此，本丛书的出版也将促进经济研究所的智库研究工作。

2026 年将迎来经济研究所建所 70 周年，本丛书将成为经济研究所青年科研人员向所庆 70 周年呈献的一份厚礼。

丛书编委会
2023 年 8 月 30 日

前　言

　　本书是以笔者博士学位论文为基础形成的。选题缘起于笔者长期以来的学术兴趣，历史上转折点与分化点是笔者非常关注的问题。为什么在历史长河中不同文明与国家的独立发展路径会愈发趋异？为什么相同外部冲击之下不同文明与国家的反应呈现巨大差异？这些文明与国家的演进是否寓意先进与落后的分野？这些问题是如此迷人，就像是史诗级电影行至高潮，所有铺陈暗线和矛盾的总爆发，主角之间渐行渐远，一时间充满巨大的戏剧张力，给人以持久的震撼。也许故事的走向冥冥之中早已注定，又或是偶然间与命运之神擦肩而过，在看似相同的外部事件冲击下，"主人公们"作出了不同选择，走上了终究不同的道路，令人唏嘘，而带着问题重新探究这些关键历史节点背后的深层原因往往能带给人们更多思考与启示。

　　对于大航海时代以来，不同国家发展路径分化问题的学术观察与讨论已有多年，是否还有继续研究的必要呢？笔者以为仍十分必要。首先，对于这一问题的原因学界并没有明确的共识，学界热议的"大分流"等概念是否为真实命题都尚未取得一致的意见，至今仍有不少学者专注于这一研究，也表明这一命题还存有未探明之处，仍有继续深挖的可能。其次，回到之前的比喻，正如观影一般，"观众"感叹剧情起伏之余，也不禁希望探求故事背后的原因，力求对史实进行还原。这一过程中每位"观众"都会形成各自不同的解读，在这个意义上，史学类研究需要多元化的对象、多学科的视角与多维度的资料，各种解读都是有益而独特的分析路径，也无疑有助于还原真实的历史、重构历史的真相。而纵向来看，正如克罗齐历史哲学中最为著名的命题——一切历史都是当代史，每一时代对问题的解读各有其时代性。我们所熟知的许多见解一旦以新的形式加以表达或在新的环境中进行反思，就会产生出全新的认识。可见，社会科学很大程度上是建构主义的，对这一问题的研究或许本身就永无止境。

　　对于诸如"大分流"等问题的探索长期以来为世界各国学者所关注,关键问题在于如何处理历史的特殊性与普遍性,也由此出现了大体三个阶段的主体视角,它们在不同时期以不同的名称与形式出现。首先产生的是"西方中心论"的视角,"非西方社会为什么没有发展出现代资本主义"这一经典的韦伯式问题明显地将西方置于问题的中心。在对问题的揭示上,重点在于通过比较来识别西方相较于非西方地区的独特优势,着眼点在于西方社会内部包括经济、社会、政治、文化等因素的独特影响。这一视角隐含着深层次的西方特殊论的态度,而韦伯所揭示的新教伦理是资本主义兴起的重要文化原因也长期为学者所熟知。20世纪后期,以诺斯为代表的新制度经济学派从长期的产权制度变迁的角度揭示西方世界的兴起,将文化原因转向了制度原因。这一理论解释力虽大大增强,成为西方自由市场经济合理性支撑的重要证据,但就其本身而言,仍未跳脱出韦伯的"西方中心论"框架。作为对"西方中心论"的反击,学界随后兴起了"中国中心论"的阐释视角。从思想史角度观察,这一命题在深层次上蕴含着对"西方中心论"的否定。"李约瑟之谜"的提出无疑将中国直接拉上了问题的舞台。新中国成立后国内学者也参与论战,马克思主义的社会发展五阶段论隐含双方趋同的深层假设,把中国视为普遍历史发展脉络中的某个落后环节,这种视域下产生了明清中国"资本主义萌芽"的命题,直指西方入侵打断了中国的资本主义进程进而导致了中国近代以来的深重灾难。特别是20世纪70年代以来,东亚经济的腾飞打破了传统意义上的经济发展文化决定论,儒家伦理与资本主义的关系成为热门话题,东亚模式成为区别于西方传统模式的路径。这种视角之下,"近代中国为什么落后"成为韦伯式问题的镜像,研究主体更加聚焦中国本身,意图探究在人类统一的历史赛道上中国落后的原因。不难看出,两者的立场虽然能有效探寻研究主体自身的特殊性因素,但这种偏重于一个中心,以一方为主体、另一方为参照的比较,把中国视为西方构建的普遍历史发展脉络中的某个落后环节或把中国置于此脉络之外的某个自我封闭的特殊位置,都难免失之偏颇。20世纪末以来,美国的"加州学派"从经济史角度切入,明确提出了"大分流"这一概念,采用平行视角来比较中国江南地区与西欧国家的发展状况,试图解答为何工业资本主义兴起于西方而非其他地区的问题。不可否认,这一视角兴起背后隐含着中国经济崛起对史学研究视角的影响,这种"否定之否定"产生的对等视角显然相较于前两者更为客观,成为当前研究较为主流的视角。

本书在视角上沿袭了"加州学派"的平行比较,同样采取平等的外部视角,选取同一世界史背景下的相近历史时段对两者进行分阶段比较。需要说明的是,此类型视角并非毫无弊病,必须警惕由此产生的另一种倾向,即必须避免用二元论把中西建构成截然对立的样态,这也是本书极力避免的。在笔者看来,比较的目的是明确中国与西方的各自特点,探明双方原有路线的差异,以此为校准的基线,以期为互相学习借鉴提供参考。

在发展路径趋异问题的归因上,相较于前人研究的外因论倾向,笔者更侧重于对内因的思考。无论是国内学者从科技革命角度的分析,还是"加州学派"从自然资源禀赋角度的考察,两者都侧重于经济发展分流的外部因素。而笔者认为,科技发展与自然禀赋固然是英国崛起的重要原因,但历史的偶然之中也带着必然,从长期来看制度与思想对国家的影响远比资源与科技来得深远,故本书选择以财政为切入视角,希望从内生视角提供中西方发展分化的内生逻辑。另一方面,虽然已有的研究中,对中英两国财政制度与财政思想的专门研究并不鲜见,但对两国财政制度与财政思想的比较研究则相对薄弱,本书对15—19世纪中英两国财政制度与财政思想变迁进行梳理,并基于经济史学的全球视野,在国际背景下将中英两国置于同等地位进行比较研究,能够在一定程度上拓展该领域的研究版图。

财政是中国古代经济实践的重要内容,也是中国古代经济思想的重要内容,表面上是围绕政府收支活动的制度与思想,其内在反映的是政府施政的理念,这种理念与民族的文化精神密不可分,从这个角度切入可以更清晰地观察到中国传统经济制度与思想的演进逻辑。另一方面,中国历史源远流长,其财政制度与思想长期领先,是周边各国争相学习模仿的对象,代表着前现代财政制度与财政思想发展的最高水平,为我国当下的财政改革留下了宝贵的财富;而英国则是世界上最早建立现代财政制度的国家,现代财政学也正式诞生于英国,对近代以来的世界财政制度与财政思想发展贡献巨大,引领了近代财政的发展方向。两国的发展路径分别代表了典型的东西方发展模式,在比较中能够更清晰地呈现明清中国与英国不同的经济发展路径。同时,传统观点时常认为近代中国在鸦片战争中败于英国的船坚炮利,但现实恐怕并非如此。从财政视角的观察也可使我们发现,在19世纪前期尽管中国GDP仍居世界第一,但作为国家能力重要标志的财政汲取能力与英国相比已出现巨大的差距,财政能力直接决定了双方在国际竞争力上的差距。经济理论是在特定的社会历史条件、政治文化背景下产生的,且财政制度与财政思想是相辅相成的,财政制度的演进具有稳定性与渐进性,而财政思想则充满多样性与变化性。长期来看,思想创新可以放宽政策选择面临的约束,财政制度变迁必然受到财政思想的影响,而某一时期的财政思想也必然反映了该时期的制度诉求。研究财政思想的演变也对研究财政制度的演进具有重要意义,而特定时期的政治经济结构则是两者形成与演进的重要基础。本书将经济史与经济思想史相结合,不仅对制度史与思想史的变迁脉络进行了清晰呈现,还对时代背景与两国国情进行深入挖掘,这种贯通并非简单地模糊两者的界限,而是融合了新制度经济学与演化经济学理论,对制度与思想变迁的内在关联进行探究,也不失为对我国经济史学研究的一次创新尝试。以演化经济学的基因—变异理论为分析框架,揭示政治经济结构与财政制度、财政思想之间的协同演化关系,可以更为透彻和准确地把握两国财政制度与财政思想演化的变异机制,也更容易把握中英两国财政制度与思想演化的遗传与选择机制,做到对演化的主客观因素的全面统筹。

在比较时段的选取问题上,关于起点,本书意图将两者置于平等位置,因而时段上使用的是世界史研究中的近代划分,即从大航海时期开始。这一时期经济全球化开始起步,中英两国均以各自的方式参与到了这一时代大潮中。全汉昇先生(2016)认为,西方近代史是自1492年(明弘治五年)哥伦布发现新大陆开始,由此世界整体观才算完成,故而中国近代史亦当自15世纪(即明代中叶)开始,本书即采用了此种观点。关于研究时段的终点,对中国而言,19世纪40年代开始有学者出现经济思想(含财政思想)的转向,19世纪50年代太平天国运动爆发,使清政府逐渐开启财政近代化改革,可视为制度与思想变革的一个时点。对英国而言19世纪40年代穆勒完成了对古典经济学(含财政思想)的整合,19世纪60年代建立了财政预算制,标志着现代财政体系的形成,也是英国财政制度与财政思想变革的大体时点。因此,大体以19世纪中叶为比较时段的结束,可较为完整地涵盖思想与制度变迁阶段。长达400余年的比较时段依中英两国重要历史事件可大体分为"稳定(15世纪中后期—17世纪早期)—混乱(17世纪)—稳定(18—19世纪中叶)"三个区间,中英两国的财政制度虽改革幅度不同,但大体都出现了"稳定—应变—发展"的趋势,在财政思想上两国虽路径不同,但17世纪至18世纪早期的混乱期均表现出某种程度的过渡性质,因这一重要分水岭而呈现出三个阶段特征。而本书通过对这一长历史时段的研究,发现在外部影响因素较为相近的情况下,尽管两国政治经济结构、财政制度与财政思想内部因素的变迁路径呈现较大差异，但各内生因素在变迁的相互关系上呈现出规律性特征。

由于比较的长历史跨度下研究对象历经数次变迁，其特征与内涵均有一定变化，也需要再次对本书的核心范畴加以说明。本书所研究的财政制度是国家为规范财政分配关系，在财政收支管理活动方面制定的法令、条例和施行办法的总称。但由于研究时段跨度较长，在比较的起始阶段，两国的财政制度尚不具备现代财政的特征，明代财政尚且存在国家财政与皇室财政二元结构，而英国甚至处于王室财政的完善时期，其财政公共性还远未建立，因而在制度上两国均有部分前现代的特征，包含部分在现代意义上已不属于财政范畴的内容，为保证对历史的真实呈现而部分保留，如此在比较过程中也更能凸显两国在长历史跨度下的财政制度变迁历程。同时，在非特别说明的情况下，本书所指制度均为狭义概念，特指国家的正式制度。而财政思想是历史上人们对财政问题的见解与思辨，包括由政策制定者或思想家提出的财政主张，专业学者提出的财政理论与存在于公众意识中的财政观念。在本书比较研究的起始阶段，完全现代意义上的财政学概念与范畴此时尚比较缺乏，学科的观念尚未完全形成，为保证部分时期财政思想涉及的国民经济相关内容是对历史的真实呈现，本书对部分历史时期财政思想的梳理也包括了围绕财政制度的部分延展思考，如中国的土地制度与国家税制具有重要相关性，田制的变化直接影响税制的变化；英国重要税源——关税直接源于外贸，故而重商主义者常将贸易纳入其中，均为时人重点关注且相关度较高的内容。而随着时间的推移，当英国现代财政学逐渐形成之后，其思想已具有较明显的边界，不再着重外贸问题，与重商主义形成显著区别，反映出英国财政思想的发展，比较之中也可发现同时期中国财政思想并未形成收敛性的学科框架。

英国何以在近代超越中国率先建立现代财政体系？中国是否真的存在制度性的倒退或内卷？两国何以走上不同的财政发展道路？中英不同财政发展道路背后的演化规律是否相同？两国的财政思想与财政制度又有着怎样的内在关联？本书将带着这些问题，聚焦大航海至大分流之间四个世纪的两国财政制度与财政思想变迁，以新的视角探索两国走上不同财政发展道路的原因，探寻财政制度与财政思想的内在关联。

历史是最好的教科书，建设适应新时期有中国特色的社会主义财政制度也要充分以史为鉴，既根植于我国优秀的传统文化与制度建设经验，又充分汲取国外成功的制度改革成果。梳理中英财政制度与财政思想的变迁历程,理解财政制度与财政思想变迁的内在关联,有助于我们充分地学习与批判,为我国新时期经济发展道路提供历史的启示,为新阶段我国财政制度改革提供借鉴。

目　　录

第一章　导论 ·· 1
　　第一节　研究背景与研究意义 ··· 1
　　　　一、研究背景 ·· 1
　　　　二、研究意义 ·· 3
　　第二节　研究思路与研究方法 ··· 4
　　　　一、研究思路 ·· 4
　　　　二、研究方法 ·· 6

第二章　国内外研究综述 ··· 9
　　第一节　15—19世纪中英财政制度的研究综述 ················· 9
　　　　一、明清财政制度研究成果综述 ·································· 9
　　　　二、英国财政制度研究成果综述 ································ 15
　　　　三、中英财政制度比较研究成果综述 ························ 19
　　第二节　15—19世纪中英财政思想的研究综述 ··············· 20
　　　　一、明清财政思想研究成果综述 ································ 20
　　　　二、英国财政思想研究成果综述 ································ 21
　　　　三、中英财政思想比较研究成果综述 ························ 22

第三章　15—19世纪中英政治经济结构变迁比较 ··············· 23
　　第一节　中英经济结构变迁比较 ······································· 23
　　　　一、经济结构变迁比较 ··· 23
　　　　二、国民财富来源比较 ··· 29
　　第二节　中英政治结构变迁比较 ······································· 33

第三节　中英政治经济结构变迁特点比较 ………………………… 49
一、原工业化的农业国与迈向工业化的商业国 ……………… 49
二、国内长距离贸易与广阔的海外市场 ……………………… 50
三、稳定的政治制衡与变革的政治结构 ……………………… 51

第四章　15—19世纪中英财政制度变迁 ……………………………… 53
第一节　变迁的起点 ………………………………………………… 53
一、财政管理比较 ……………………………………………… 53
二、财政收入比较 ……………………………………………… 60
三、财政支出比较 ……………………………………………… 71
四、应对危机比较 ……………………………………………… 84
第二节　变革中的制度 ……………………………………………… 91
一、中国财政制度的完善 ……………………………………… 91
二、英国财政制度的重构 ……………………………………… 109
第三节　中英财政制度变迁特点比较 ……………………………… 123
一、维护国内秩序稳定与争夺海外霸权 ……………………… 123
二、制度的完善与制度的重构 ………………………………… 124
三、自下而上与自上而下的制度变迁 ………………………… 125

第五章　15—19世纪中英财政思想变迁比较 ………………………… 128
第一节　中国财政思想变迁 ………………………………………… 128
一、明中后期财政思想 ………………………………………… 128
二、明末清初的财政思想 ……………………………………… 141
三、清中期财政思想 …………………………………………… 159
第二节　英国财政思想变迁 ………………………………………… 170
一、重商主义的财政思想 ……………………………………… 170
二、转型时期的财政思想 ……………………………………… 173
三、古典学派的财政思想 ……………………………………… 180
第三节　中英财政思想变迁特点比较 ……………………………… 197
一、国家本位与个人本位 ……………………………………… 197
二、义利之辨与公平效率 ……………………………………… 199
三、经验研究与理论研究 ……………………………………… 200

第六章 结论 ·· 202
第一节 协同演化的财政系统 ··· 202
第二节 变异机制 ··· 206
第三节 选择机制 ··· 210
第四节 发展道路 ··· 214

参考文献 ·· 219

后记 ·· 232

第一章 导 论

第一节 研究背景与研究意义

一、研究背景

在《中国国家能力报告》中，国家能力被定义为国家将自己的意志、目标转化为现实的能力，具体包括四种：汲取能力、调控能力、合法化能力和强制能力。其中国家财政汲取能力是最主要的国家能力，也是实现其他国家能力的基础[①]。随着中国经济发展进入新常态，财政制度创新需调整思路和方式，以适应新的经济环境。"一带一路"倡议的实施，也加快了我国财政的国际化进程，建设大国财政的要求越来越迫切。党的十八届三中全会将"现代财政制度"一词纳入官方话语体系，标志着中国财税体制改革的目标已由构建公共财政体制转为建立现代财政制度。作为中国财税体制改革的目标，无论是构建公共财政体制还是建立现代财政制度，都要立足于中国国情，以广阔的胸怀和气魄汲取一切人类社会文明成果并将两者有机融合。立足于国情需要对我国财政制度的发展历程进行深入研究，把握其发展的原因、规律及其制度特点；汲取一切人类社会文明成果则需要我们放眼世界，去了解探究其他国家的发展历程与发展经验，择善而从。同时，财政制度与财政思想是相辅相成的，财政制度的演进具有稳定性与渐进性，而财政思想则充满多样性与变化性。思想的创新可以放宽政策选择面临的约束，财政制度的变迁必然受到财政思想的影响，而某一时期的财政思想也必然反映了该时期的制度诉求。研究财政思想的演变也对研究财政制度的演进具有重要意义。

[①] 王绍光、胡鞍钢：《中国国家能力报告》，辽宁人民出版社1993年版，第3页。

美国著名政治学家和社会学家李普塞特说过:"只懂得一个国家的人,他实际上什么国家都不懂。"中国作为世界文明古国,其财政历史源远流长,在帝国时期其财政制度与思想长期领先,成为周边各国争相学习模仿的对象,同时其财政思想也深深根植于文化之中,对整个东亚地区都产生了重要影响,可以说中国代表着前现代财政制度与财政思想发展的最高水平,为我国当下的财政改革留下了宝贵的财富。而作为西方国家的典型代表,英国则是世界上最早建立现代财政制度的国家。同时,以 1776 年《国富论》的出版为标志,现代财政学也正式诞生于英国,对近代以来的世界财政制度与财政思想发展贡献巨大,引领了近代财政的发展方向,值得我们学习借鉴。中英两国的发展路径分别代表了典型的东西方发展模式。英国何以在近代超越中国率先建立现代财政体系,中国是否真的存在制度性的倒退或者内卷,两国何以走上不同的财政发展道路,中英两国财政思想的演化路径有何不同,两国的财政思想与财政制度又有着怎样的内在关联等,这些都是值得我们深入研究思考的问题。如果没有比较分析的视野,既不利于深刻地认识中国,也不利于明智地认识世界。以中英两国作为比较对象,聚焦大航海至大分流之间四个世纪中两国财政制度与财政思想的变迁,可以为我们提供更多关于财政制度与财政思想内在关联的启示,也可以为探索两国走上不同发展道路的成因提供一个新视角。

同时,中英两国也具有极佳的可比性。首先,两国有着近似的内外部历史条件。15 世纪大航海时代开启,世界历史也开始迈入近代,来自新大陆的贵金属与农作物极大促进了世界经济的发展,中英两国都在这种积极的外部冲击下迅速发展。[①] 经历了 16 世纪的繁荣,两国都在 17 世纪出现了政局的动荡与政权的更迭,并在动荡结束后的 18、19 世纪进一步发展,达到各自国力的巅峰。如此相近的轨迹使得整体时段可依内外部环境细分为"稳定—混乱—稳定"三个阶段,且三个阶段时间上大体相近,因此对两国的比较可以较少受到其他因素的干扰。

其次,在这一漫长历史时期内两国文明都是连续的,在民族融合中不断发展,不曾为外来文明所中断。因此,两国的制度与思想演化并未受到外部介入而发生突变与中断,而是沿着各自原有的轨迹演进。

[①] 史学界的通常看法是以 1840 年鸦片战争作为中国近代史开端,但也有学者持不同意见。全汉昇即认为,西方近代史是自 1492 年(明弘治五年)哥伦布发现新大陆开始,由此世界整体观才算完成,故而中国近代史亦当自 15 世纪(即明代中叶)开始。本书即采用全汉昇的观点,参见全汉昇:《中国社会经济通史》,北京联合出版公司 2016 年版,第 126 页。

再次,两国在这一时期均为区域性强国,在各自所处的地区具有强大的影响力,在制度、思想、文化等方面均处于领先地位,在人类财政发展史中都是以制度与思想的创新者与引领者的形象出现,而非向外模仿。

综上,中英两国代表了典型的东西方发展模式,对两国财政制度与财政思想发展史进行比较研究既可以为我们提供财政制度与财政思想内在关联的启示,也有助于加深对当今中西方社会体制、经济形态、发展道路差异的认知,为探索两国走上不同发展道路的成因提供一个有益的新视角。

二、研究意义

在理论方面,学术界对这一时期的中英两国财政制度与财政思想的研究虽取得一定成果,但基于两国比较的研究却相对薄弱。一方面,对于两国财政制度与财政思想的内在联系缺乏探讨,对于两国不同的财政发展道路关注不足;另一方面,学者在探寻"英国崛起之谜"或"为什么不是中国"时,较少关注到对国家汲取能力影响最大的财政制度,以及与之相关的财政思想。科技的发展固然是英国崛起的重要原因,但从长期来看制度对国家的影响远比科技来得深远。因此,比较研究两国财政制度与财政思想的发展历程,探寻其特点与演化动因也有助于我们从另一个角度观察理解中英发展的不同路径和内在规律,从财政角度为大分流提供新的解释,同时,在研究方法上将经济史与经济思想史相结合也是对我国经济史学研究的一次创新尝试。

在理论意义之外,本研究也具有极高的应用价值。历史是最好的教科书,诺贝尔经济学奖得主诺斯说过:"历史是重要的。其重要性不仅在于我们可以从历史中获取知识,还在于种种社会制度的连续性把现在、未来与过去连结在了一起。现在和未来的选择是由过去所形塑的……"[1]要建设适应新时期的有中国特色的社会主义财政制度就要充分以史为鉴,根植于我国优秀的传统文化与制度建设经验,同时吸收国外成功的制度改革成果。理解财政制度与财政思想变迁的内在关联,梳理中英财政制度与财政思想的演化历程,有助于我们充分地学习与批判,为我国选择正确的经济发展道路提供历史的启示,对我国当下与未来的财政制度改革均具有重要的借鉴意义。

---

[1] [美]道格拉斯·C.诺斯:《制度、制度变迁与经济绩效》,杭行译,格致出版社2014年版,第1页。

第二节 研究思路与研究方法

一、研究思路

本书研究的总体思路是紧扣财政制度变迁与财政思想变迁的内在关联这一主题,按照系统论思想将核心要素分成三个部分,分别梳理中英两国政治经济结构变迁、财政制度变迁与财政思想变迁,揭示财政制度变迁与财政思想变迁的内在关联,并在此基础上对中英两国不同的财政发展道路进行全面、系统、深入的分析。本书分为六个部分:

第一章为导论,第一节首先简述了本书的研究背景,阐述了选取两国作为比较对象的理由,对两国的可比性进行了分析,并阐明本书的研究目标为揭示财政制度与财政思想的内在关联,以及两国不同财政发展道路的成因,并介绍了选题的理论意义与现实意义。第二节介绍了本书采用的研究方法为跨学科研究方法、演化分析方法和比较分析法,并介绍了全文的逻辑结构与章节排布。

第二章为文献评述,该部分在分别梳理国内外相关研究成果的基础上,对学界已有的研究成果进行总结评述。该部分综述了国内外学者对明清财政制度变迁的研究成果、对15—19世纪英国财政制度变迁的研究成果、对中英财政思想变迁的研究成果,以及部分比较研究成果。从总体来看,虽然学术界对两国财政制度与财政思想的研究取得了一定的成果,但基于比较视角的研究尚十分薄弱。

第三章为15—19世纪中英政治经济结构变迁梳理。政治经济结构变迁是本研究重要的时代背景。一方面,财政作为政府存在的根基,无疑在很大程度上受到政治结构的影响;另一方面,作为上层建筑,财政也必然受到经济结构的影响。15—19世纪两国的政治经济结构变迁呈现以下不同:第一,经济结构变迁不同。中国经济结构基本稳定,由于领土面积大,人口由稠密区流向边疆地区,继续以农业为生,而英国的经济结构发生重大变化,由于国土面积有限,农业过剩人口不得不转而投向工商业,由乡村向城镇流动。第二,国民财富主要来源不同。中国依赖广阔的国内市场,英国则依赖海外市场。第三,政治结构变迁不同。中国政治结构相对稳定,皇帝、商人、官僚士绅形成相互制衡的关系,三方既有合作也有对抗。而英国的政治结构则处在不断的变革中,都铎时期王权强势,贵族与中等阶级尚在成长之中;17世纪以贵族为代表的土地所有者开始成为主导;18世纪后期,产业资本家崛起,并逐渐在19世纪取得主导权。

第四章为15—19世纪中英财政制度变迁梳理。本部分有三个小节:第一节以15世纪中期至17世纪为变迁起点,分别从管理、收入、支出、应对赤字四个方面对两国财政制度进行比较;第二节以专题形式分别对四个世纪中两国的财政变迁进行梳理;第三节对两国财政制度变迁的特点进行总结。在分别梳理两国财政制度变迁路径的基础上,可以看出两国财政制度变迁呈现以下不同:第一,变迁目标不同。中国政府以维护国内稳定为主要目标,而英国政府以对外竞争为主要目标。第二,变迁方向不同。中国财政制度变迁路径为制度本身的完善,而英国财政制度则实现了现代化转型。第三,变迁类型不同。中国财政制度变迁表现为自下而上的制度变迁,改革主要由地方政府率先试验,并在成功基础上呼吁中央政府推行全国改革,而英国财政制度变迁表现为自上而下的制度变迁,主导阶级将自身意志施加于立法程序,进而推行有利于自身的制度改革。

第五章为15—19世纪中英财政思想变迁梳理。本部分将15世纪中期—19世纪中期大致划分为三个时段,对两国财政思想的变迁进行分时段梳理。在分别梳理两国财政思想变迁路径的基础上,可以看出两国财政思想变迁呈现以下不同:第一,研究本位不同。中国财政思想出发点是国家本位,主要目标是维护大一统国家的政治秩序,英国则是个人本位,主要目标是维护私有产权不受国家的侵害。第二,核心理念不同。中国财政思想的核心是义利之辨,注重财政制度的设计与礼仪道德的建设相结合,而英国财政思想以公平效率为原则,注重理性而系统地追求财富。第三,研究侧重不同。中国财政思想偏重于经验研究,以理论为依据,希望通过对过去理论与经验的修正来解决生活中的实际问题,主要任务是制定政策,而英国财政思想则偏重于理论研究,侧重于对理论原理的探讨,从思辨的角度出发,以公平效率为原则,对制度本身的运行规律进行研究。

第六章为结论,在对两国的财政制度与财政思想进行专题式梳理的基础上,结合两国政治经济结构的变迁历程,本书认为三者构成以政治经济结构为主导的单方主导型协同演化系统,并由此得出三点结论。结论一为财政制度与思想演化的变异机制:在短期内,政治经济结构相对稳定,财政制度的变迁方向取决于参与者实力对比,制度会向着对强势方有利的方向变迁,财政思想主要针对当前财政制度存在的问题,反映了各利益主体的诉求。结论二为选择机制:长期来看,财政思想一方面受到遗传基因的影响,另一方面也受到变异机制的影响。两方面相互作用,其中符合主导阶级利益且无害于多数人利益的思想会被人们所接受,逐渐凝聚成社会信念,最终决定了财政制度变迁的方向。结论一和结论二共同揭示了财政制度变迁与财政思想变迁的内在联系,基于此,结论三对两国走上不同变迁道路的原因进行分析,指出财政制度与思想的变迁深深根植于国情。其中,政治经济结构的影响尤为重要。虽然两国受到相同的外部冲击,但在各自不同的政治经济结构作用下,最终走上各自不同的发展道路。本研究的技术路线和逻辑思路见图1-1。

二、研究方法

本书以问题为导向,注重采用历史分析与比较分析相结合的研究方法,以动态史观和整体史观挖掘梳理中英财政制度与财政思想变迁的不同路径、机制和特点,并在此基础上探讨财政制度与财政思想变迁的内在关联,分析中英两国不同发展演化路径的内在原因。具体言之,采用以下研究方法:

一是跨学科研究法。在18世纪中期前,不论在英国还是中国,财政思想都还没有形成独立系统的体系,大量的内容论述是与经济、宗教、政治思想等混合在一起的,因而受到时代背景的重要影响;另一方面,财政制度作为政权存续的基石,其演化变迁受政治经济结构的巨大影响。因此本书采用跨学科的研究方法,从中英两国政治经济结构的变迁、财政制度的变迁和财政思想的变迁三个方面进行梳理,有助于突破以往大多就制度或思想演变单一线索研究而忽略了多维度因素渗透和影响的局限,能更好地梳理出财政制度变迁与财政思想变迁的脉络,揭示财政制度变迁与财政思想变迁的内在关联。

二是比较分析法。在研究视角上,重在发掘两国不同财政发展道路背后蕴涵的规律性内容,突出对同一时段同一主题的比较,有利于研究的深入。通过比较分析同一时期中英两国政治经济结构变迁、财政制度变迁、财政思想变迁,可以在两种不同的发展道路中探寻财政制度与财政思想的内在关联,范围和主题更为集中和明确,从理论层面为当今财政制度改革提供历史的借鉴。

三是演化分析的方法。研究比较中英财政制度与财政思想变迁,不仅是对两国财政制度、财政思想的发展历程作一个简单梳理或叙述,而是用现代的

第一章 导　论

逻辑思路 ｜ **技术路线**

研究背景 →
① 中英两国在世界财政发展中极具代表性，但对两国比较研究十分薄弱
② 研究财政制度与财政思想的内在联系，对我国新常态下的财政改革具有重要借鉴意义

研究方法 →
① 跨学科研究法：突破以往研究大多因注重单一线索而忽略了多维度因素的局限
② 比较分析法：分析比较两国不同的演化路径，研究两国不同发展道路的成因
③ 演化分析法：借鉴基因—变异理论，从新视角分析财政制度与财政思想的变迁路径

研究内容 →
15—19世纪中英政治经济结构变迁
- 中国财政制度变迁
- 英国财政制度变迁
- 中国财政思想变迁
- 英国财政思想变迁

中英两国财政制度与财政思想变迁特点总结

研究结论 →
① 财政制度变迁与财政思想变迁的内在关联
② 中英两国不同财政发展道路的成因

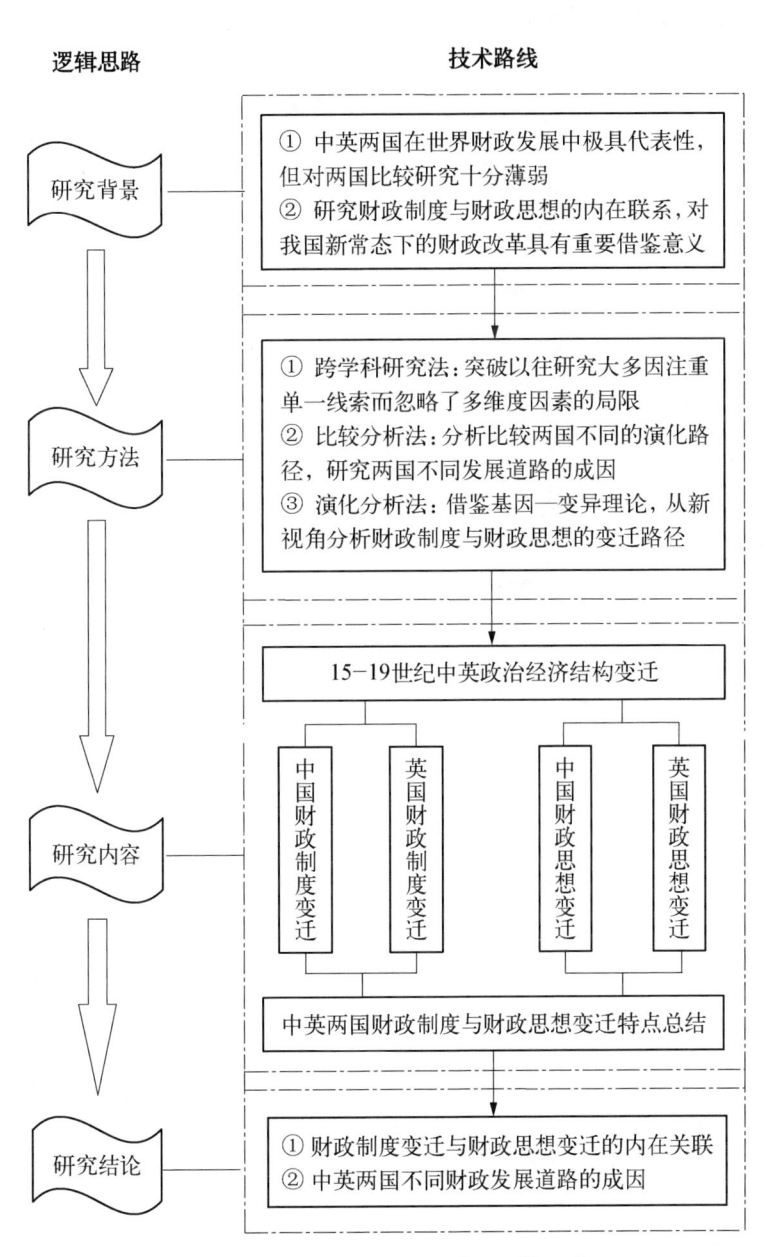

图 1-1　本研究的技术路线和逻辑思路

经济理论进行解析和展示这一变迁过程中的内在机理,研究发现其对当代财政改革的启示意义。本书借鉴演化经济学的基因—变异理论,以生命科学原理和生物进化思想为基础,运用生物学范式建立全新的认知框架,深入解析财政制度与财政思想演化中的遗传、变异与选择机制,揭示中英财政制度与财政思想的内在关联,从新视角解读两国不同财政发展道路的内在原因。

第二章 国内外研究综述

第一节 15—19 世纪中英财政制度的研究综述

一、明清财政制度研究成果综述

对于明清两代的研究一直是国内史学界的热门,关于明清财政制度的研究成果十分丰富。相关研究专著构成财政制度研究的主要基础,其中财政通史类研究出现较早。周伯棣(1981)的《中国财政史》是早期财政通史研究中的重要作品,书中对明清两代的财政收支结构与财政管理都进行了专门阐述。项怀诚(2006)主编的《中国财政通史》尝试引入"大历史"的新方法,其中第九编《明代财政》与第十编《清代前期的财政》将财政制度置于历史社会的大背景中,对相关历史背景与财政活动进行综合分析,在明清社会的矛盾运动中展开财政制度研究。近年来,焦建华(2015)主编的《中国财政通史》以 10 卷本、18 册的宏大篇幅,按朝代对中国财政史进行了专门研究,其中第六卷《明代财政史》与第七卷《清代财政史(上)》由国内著名的明清经济史学家陈明光、陈锋等主持编写,内容详尽充实,在吸收前人研究成果的基础上,细致阐述了明代与清代前中期财政管理机构和财政管理制度的演变及其成败得失,以及财政对当时经济、政治、军事、社会等方面的影响,是近年来研究明清财政史需认真研读的佳作。由于三者的通史性质,偏重于对明清财政制度的全面阐述,在横向截面维度上研究特定时间点的财政问题具有重要参考价值,对于观察并揭示明清财政变迁则缺乏来自纵向时间维度的主线脉络。

部分通史类研究侧重于对纵向历史主线的梳理,构成了对前述研究的补充。其中,李三谋(1990)的《明清财经史新探》以明清财政制度的比较(包括盐政、赋役等问题)入手,探究明清财政制度的延续性;朱红琼(2008)的《中央与地方财政关系及其变迁史》以中国历代中央与地方政府之间财政关系的变迁为切入点,分析了政府间博弈关系对国家基本财政制度形成与变革的影响,探究制度变迁的历史经验教训,其中也包括明清财政改革相关内容;刘守刚(2017)编著的《中国财政史十六讲——基于财政政治学的历史重撰》改变传统的财政史研究视角,不再将财政学视为经济学分支,而让其回归到政治学中去,以财政作为国家治理工具,运用政治学理论框架来梳理和解释中国财政史料,总结中国财政发展的规律,阐述财政制度的源、流、变。两类通史研究互为补充,对研究明清中国财政问题打下了坚实基础。

在明代财政史研究专著方面,黄仁宇先生是对明代财政政策进行全面研究与说明的第一人,其大历史观研究非常独到,也有诸多著作传世。黄仁宇(1974)的《十六世纪明代中国之财政与税收》以16世纪的明代财政制度为研究对象,以《明实录》、明代奏疏、地方志等史料为基础,从病理性的视角对明朝财政存在的问题及其根源进行了深入的分析,不仅论及财政收支结构、管理体制的问题,还选取南北中国的典型府、县为研究样本,完整呈现明代中后期财政制度的横截面,揭示其管理无力、方法僵化的原因在于上下级之间的财政权责不对等与中央政府财政管理计划的缺失,对于明代财政史研究有重要参考价值。但是近年来其著作受到一定质疑,万明(2014)结合明史研究的最新成果,认为黄仁宇的"洪武型财政说"受到了西方中心论史观的影响,对明朝财政数据利用不足,立论有偏误,实际上晚明已处在由传统赋役国家向近代赋税国家转型的过渡期。而对明代财政的全景式研究中,边俊杰(2011)的《明代的财政制度变迁》则偏重于视角与方法创新,基于现代视角并结合"历史周期律",以现代财政理论、博弈论为基础,运用现代系统分析、实证分析等方法深入分析明代的财政制度变迁的效应和成因,系统论述了明代财政制度由好变坏、由建立到崩溃的全过程,指出明代财政制度崩溃的文化、政治等方面诱因。

此外,程利英(2009)的《明代北直隶财政研究:以万历时期为中心》可视为黄仁宇研究的进一步深入,其研究同样以具体样本入手,选取明代北直隶的财政运作作为研究对象,围绕万历时期京畿地区在明朝国家财政中的地位与贡献,通过区域性的个案考察明代中央与地方的财政关系及其影响,是研究明代地方财政状况的重要参考。赖建诚(2010)的《边镇粮饷:明代中后期的边防经费与国家财政危机,1531—1602》则是在系统梳理前人研究成果的基础上,以明代边军指挥体系与边饷为切入点,分析边饷的财源及支出实况、边饷管理的困境及其原因,对于研究明代重要的军事支出具有极大贡献,对观察明代中后期的财政管理制度与收支结构提供了有益的视角。同时,书中大量使用图表分析说明相关数据,以此呈现明代后期边饷与财政变化趋势,是在前人研究基础上的一次创新,对于研究明代财政情况的动态变化颇有意义。高寿仙(2015)对赖建诚的研究成果表示肯定,并对书中存在的部分财政数据口径错误问题进行了纠正。

在清代财政史研究专著中,学术界对财政改革,特别是耗羡归公的研究取得了一系列重要成果。曾小萍(1984)的《州县官的银两》利用档案细致分析了清代前中期在明代制度基础上探索适合强大中央集权国家要求的财政制度的尝试,展现出帝国晚期依旧存在的生机勃勃的"变革",特别是细致分析了"耗羡归公"改革的背景、基本原则与主要措施,改革中面对的主要阻力以及取得的成果,认为这一改革开启了现代意义上的地方财政制度,并最终阐明改革最终归于失败的个体因素与制度因素,这一改革的逐步衰亡也为学术界观察中国帝制晚期的改革局限性提供了一个极好的例证。瞿同祖(2003)的《清代地方政府》中也有专门章节指出州县衙门人员的收入来源为朝廷规定的薪俸加养廉银和陋规收入,并以此支付衙门吏役的工食、衙门办公经费、上级的需索、赋税征收和运输费用等。

在清前中期财政的基本概况方面,陈支平(1988)的《清代赋役制度演变新探》揭示了清初重赋的现实,以及中央财政对地方财政的挤压,指出这既导致了人民负担的加重,也使得公共职能转移到乡族承担,民间团体力量得以加强,并以福建地域为例分析明清国家赋役失控在各个阶层的反应及其对民间社会带来的影响。申学锋(2012)编著的《转型中的清代财政》则是以专题形式对整个清代财政进行研究,分别从雍正皇帝的财政改革、财政收支困境、财政收支结构的时代变迁、中央与地方的财权博弈、户部与内务府的财权博弈、国家财政理念之争、官员的低薪与腐败、军费政策的得失等方面解读清代的财政状况。国内著名财政史学者陈锋也对清代前中期的财政进行了系统的研究,以多本代表性专著细致论证了清前中期财政的主要问题,并于2013年对其主要著作进行修订再版。其中,《清代财政政策与货币政策研究(第二版)》(2013)对清代财政政策与货币政策进行系统的研究,在回顾前人研究的基础上,考察王朝建立之初财政政策的特征与演变轨迹。同时分别考察了财政收入、支出结构,中央与地方的财政及清代的货币政策变迁,兼顾了政策与制度、体制与吏治、财政与经济等重要方面；军费开支是清前中期最重要的财政支出项目，《清代军费研究（第二版）》（2013）对清代军费与财政及社会经济的关系、八旗兵制和饷制、绿营兵制和饷制、俸饷管理与军费奏销、常额军费与战时军费、军费来源与筹措等重要问题分别进行深入系统的研究，对于研究清代财政支出有重要参考意义；《清代盐政与盐税（第二版）》（2013）则对清初盐业的恢复与盐政管理、盐销区与食盐运销、盐课的征收及其财政地位、私盐的泛滥与巡缉、盐商的报效、盐政的改革等问题进行了探讨，全书史料翔实，并有作者对前人研究成果的总结与评价。这三本著作共同梳理出清代财政史研究的主要问题与脉络，对史料梳理极为全面，对研究清前中期财政制度具有重要参考价值。

在明清财政史研究领域，丰富的论文研究成果也构成专著研究的重要补充，在涉及明清财政问题的各个领域均取得了丰硕的成果。在财政收入方面，田赋是最重要的税收来源。秦佩珩（1983）对明代的正赋与丁役两项进行了考释，赵志浩（2013）研究了明代田赋"折色"到"征银"的转变，指出其在客观上能够节约仓储及管理费用，在增加财政收入的同时节约统治和管理成本，施行后促进了国家税收商品化与国家财政市场化，由此明代商业、市场、外贸和商品经济的发展与国家财政和税收政策连为一体。万明和侯官响（2013）的研究则为田赋折银提供了山西的田赋资料依据。丁亮（2013，2019）则分别以浙江和徽州地区为例，对明代役法的变迁进行了考察。对于其他重要的财政收入来源，姜晓萍（1994）研究了明代商业类税收，指出商税在各细项的征收、管理与监察上基本形成了一套较为严密的制度；李三谋和李震（2000）、苏新红（2012）分别研究了明代各时期的盐业专卖体制；对于内库收入的研究，学者多关注矿税，杨涛（1985）指出矿税的兴起是商品经济发展的客观结果，也是皇帝个人欲望膨胀的结果，而田口宏二朗（2002）认为所谓的"矿税"既非限于矿课与商税，也非始于万历时期，而是此前多种杂税的延续，是皇家设法扩大帝室财政范围的具体形式。田培栋（1992）指出明中期是明王朝由盛转衰的时期，随着收入减少与支出增加，其财政储蓄状况也由中期的最高点不断下滑。明后期的财政困难直接导致三饷开征，加派总数高达两千余万两，远超国家正常赋税收入，但由于胥吏舞弊和豪强拖欠存在上欠下浮的情况（郭松义，1983），且明末朝中决策人物又多出自江南，故"三饷加派"采用按田亩平均摊派的方式，以表面上的公平掩盖着实际上的不公平，打破了明初以来赋税南北平衡的态势（方兴，2010），导致财政经济崩溃，阶级矛盾激化，是明朝灭亡的主要原因之一（杨涛,1985)。而捐纳作为另一项财政应急措施,在明代中后期也长期作为一项国家的政策而存在(王海妍,2009)。在财政支出方面,李华瑞(2016)对比了宋、明两代的税源与财政供养人员规模,指出明代财政供养人口高于宋代,而明代财政收入又远逊于宋代,是晚期明代财政捉襟见肘的真实写照。对于军费开支,梁淼泰(1994)考察了明代"九边"军费,指出不仅要明其饷额,还应重视实收数和实在数。

在财政管理方面,刘利平(2009)批驳了黄仁宇的"明代户部从未能变成决策部门"的观点,指出正统元年以后户部通过"部议"或"会议"的方式逐渐取得财政决策权,成为最重要的中央财政决策部门。与之相似,苏新红(2013)则以太仓岁入的变迁入手,反驳了"明清财政制度近500年的时间无大变化"的观点,指出明代后期的整体财政制度相对于明初已差异巨大。针对明代财政体系的弊病,黄阿明(2005)通过研究16世纪的户部运作,指出明代国家制度在实际的运作过程中随着时间推移与具体情况会使既定政策遭到一定破坏,政策与现实运作间存在巨大差距,而这种情况是体制自身无法克服的。起运与存留是明代财政制度的核心内容之一,反映了中央集权的财政体制特点,其弊端是导致地方财政混乱窘迫(肖立军,1997)。吴琦和赵秀丽(2004),从明代中央与地方之间的财政博弈入手分析,同样认为中央过分集权是明代财政恶性循环的重要原因。但也有学者指出明代财政管理的优点,如翟志强(2015)通过研究明代皇家营建经费的管理,认为明代财政管理具有定额税制与灵活征收相补充、相互挪借与监管有力相配合、财政决定权集中与管理权分散相统一等特征。

在对清代前中期财政的论文研究中,雍正朝的财政改革是一大研究热点。樊树志(1984)、谭建立(1992)研究了摊丁入地的由来、发展与地域性差异。陈东林(1984)、萧国亮(1985)、冯元魁(1991)、董建中(1999,2000,2002)研究了雍正朝的耗羡归公与养廉银制度改革的原因、具体举措及其对后世的影响。刘守刚(2015)认为摊丁入地、清理民欠在相当程度上是传统王朝中期改革的再现,而耗羡归公则具有相当的理性特征。帝国时期财政乃至帝国制度内部缺陷的存在,将会因国家生存危机诱发为促进帝国财政发展乃至帝国向现代转型的动因。

在财政收支结构方面,杨涛(1990)、袁一堂(1992)研究了顺治朝的财政危机与应对之策。在巨额军费开支之下(陈锋,1992),三饷未革,又兴苛派,人民赋税沉重(杨涛,1991)。而至清中期,清乾隆盛世的人均负担(以实物计)已远低于明正统年间(吴慧,1990)。盐政是清前中期田赋以外的第二大常规收入来源,清代特许经营是官府与盐商结合的垄断经营体制,孙晋浩(1989)、林永匡(1984,1986)、汪崇筼(2010)、常建华(2012)等分别对清初福建、山东、两广、陕甘、宁夏、两淮、长芦盐政进行过细致研究。此外,对财政收入的其他研究还包括杨仁飞(1997)、吴建雍(1998)对清前期中西方茶叶贸易的研究,以及王巨新(2010)对清前期粤海关关税的研究。在财政支出方面,赵慧峰(1996)研究了清初的俸禄体制,并指出养廉银制度的建立效果有限。毛亦可(2013)则从清初山东东路驿站经费问题入手,揭示了地方州县在面对驿站开支急剧增加时的应对之策。在财政收支上,不容忽视的是清代严重的财政亏空现象。陈锋(2008)对康雍乾三朝的亏空清查措施逐一进行梳理,范金民(2015,2016)以江苏省为例,研究了雍正朝对钱粮积欠的清理以及乾隆初年的积欠清理情况,刘凤云(2013,2016)研究了嘉庆朝的清理亏空以及清代督抚在清理"钱粮亏空"中的权力与责任。而清中期以后,州县亏空更为普遍,既令国家财政遭受损失,又加深了统治阶级的内部矛盾(李映发,1996)。何平(1997)通过研究清代赋税征课额的构成,指出清代赋役制度呈现出鲜明的定额化特点,形成了不完全财政,即在制度上存在支出缺口的财政,中央和地方许多行政事务的经常性开支都被排除在财政制度所规定的支出范围之外,是乾隆末年以后清朝赋税失控和财政日形亏绌的重要原因。岩井茂树(2004)的明清财政体系"原额主义"的判断同样是学界中颇具影响的观点,他认为在 18 世纪的 100 年间,尽管物价不断上涨,但正额财政的实际规模却不断缩小。同时,由于州县存留不断削减,导致地方官府财政日益窘迫因而扩大了附加税或追加性课征项目的范围和数量,并造成了财政负担的不均衡。同时,"馈送""规礼"等官僚之间的私人赠送广泛存在,财政负担的不均衡和吏治颓坏使利害冲突更加激烈,社会不稳定因素逐渐扩大。

在财政管理及中央与地方财政关系方面,陈锋(1997)系统梳理了中央与地方财政关系的调整,并在其 2000 年的文章中研究了清代前期奏销制度与政策演变。滕德永(2014)则研究了户部与内务府的长期关系变迁,指出封建社会制度下难以实现国家财政与皇室财政的完全独立。龚浩(2015)以江苏各府县的财政收支状况为例,揭示了清初中央财政对地方财政的挤压。而基于长跨度明清(14—19 世纪)地方财政的动态演化过程研究,可以发现,雍正时期地方政府已演化出了相对独立的地方经费体系,但其税收政策总会受到地方士绅乃至民众的影响(赵思渊和申斌,2018)。

二、英国财政制度研究成果综述

由于英国历史自身的特点,在已有的研究中,通史性的研究较少,M. M. 波斯坦等在1941—1989年编写的《剑桥欧洲经济史》属少数通史类研究著作之一,内容全面翔实且丰富,对英国财政史的很多具体问题都有细致讨论。全书分三个部分,均对英国财政史研究具有重要参考价值:前三卷为第一部分,研究欧洲从中世纪向现代的转变,以及在转变过程中不同领域所发生的变化,涉及中世纪晚期英国经济与财政的部分概况;第四卷和第五卷为第二部分,探讨了欧洲16、17世纪的对外扩张及工业革命,这一阶段英国逐渐走上世界舞台的中心,书中大量关于英国经济、政治、社会、文化等方面的资料都是研究英国财政史的重要参考;第三部分由最后三卷组成,研究工业革命以来的西方国家发展史,同样有相当篇幅涉及英国的政治经济情况。此外,由于其涵盖面广,对于了解英国15—19世纪的国内外环境也具有重要参考意义。

对英国财政史的研究大多为专题性研究,研究的关注点主要集中于中世纪中后期与资产阶级革命时期的财政以及各税种的专项研究。学界对围绕资产阶级革命前后的财政革命研究颇丰,其中,M. J. 布拉迪克(1996)《国家的神经:英国的税收与财政1558—1714》研究了跨越君主制与君主立宪制两个时期的100多年间议会税收占财政收入比重的变化,包括了对各个税种、征税机构及纳税人等的论述,并阐述了每一时期的税收对当时政治经济的影响,进而探讨财政性质的转变。作者认为,1640年之前国王增加财政收入的努力,大都是为了解决财政不足,特别是军费的需要,而在内战之中,新的收入模式得以创立。内战之前,约3/4的财政收入处于议会控制之外,而内战之后,只有约10%的财政收入不受议会控制,这一比例在1690年进一步缩减到了3%。同时,财政收入总额也在不断增长,增长率也不断提高,这些变化为英国的崛起提供了持久强效的动力。哈维·E. 菲斯克(1920)的《1688年革命后的英国公共财政》研究了"光荣革命"后的英国财政,为了厘清历史脉络,特别是各税种的起源,该书也研究了革命前的财政史以及复辟时期的财政史。作者指出17世纪英国历史的显著特征是统治权从国王转移到议会,王室财政不复存在,转型为国家财政。H. 罗斯维尔(1991)的《1660—1760年财政革命》同样认为,英国财政革命发生于复辟时期,因为:① 议会对收入、支出和借贷的审查原则确立于复辟时期;② 复辟时期国库开始作为一个独立的国家机构运作;

③ 复辟时期私人经济部门获得了成长。作者从革命的推动力、信用发展、民间经济的成长等方面对百年间的英国财政进行了研究以论证自己的观点。

国库的发展是观察英国财政制度变迁的一个重要视角，T. L. 希思(1927)在《国库》中，对复辟时期的国库委员会改革进行了全面研究，指出委员会向议会陈述国王的财政需要，并获得通过之后成功地说服国王接受了1665年的议会专款专用法案。虽然仅此一次，但是意义重大，因为它预示未来的财政部和议会间关系的确立。D. M. 吉尔(1931)在《1660—1714年的国库》中，将国库发展分为四个阶段：查理二世早期，国库隶属于枢密院，国库大臣因为是枢密院重臣所以很有地位；查理二世后期及詹姆斯二世时期，国库相对独立，地位逐渐上升；威廉三世时，国库处于国王的严格控制之下，但也因此取得了超越其他机构的地位；威廉三世死后，国库权力日盛，国库大臣逐渐成为内阁首脑。此外，文章还对该时期没有形成预算机制的原因进行了讨论。H. 罗斯维尔(1973)的《国库：控制的基石1660—1870》考察了国库逐步取得财政控制权的过程及国库与议会、财政部的关系。他认为，在1667年新国库委员会成立后，国库成为独立部门，获得了新的权威，之后再没衰落过，其发展不仅是管理意义上的，而且是财政和宪政意义上的。H. 汤姆林森(1979)的论文《1660—1688年英国财政和管理的演进》指出，这一时期财政管理发生了三大变革：一是现代国库的建立；二是国库对主要财源的控制加强；三是新信用手段的采用。其中，1667年新型国库委员会的建立最为重要。由专业人才而非贵族组成的新国库委员会，逐渐摆脱了枢密院的控制，开始直接对国王负责，并且建立了自己的卷档制度。在上述研究中，学者大都认为17世纪后半叶，特别是复辟时期，是英国财政逐渐由王室财政转向国家财政的重要阶段。此外，J. C. 赛内特(1972)的《1660—1870年的国库官员》致力于史料的整理搜集，国库官员的职级、任期和薪俸等均有涉及，是研究1660—1870年英国财政管理不可多得的参考资料。

赋税是财政收入的重要组成部分，学者对赋税问题非常重视。大卫·李嘉图(1817)在《政治经济学及赋税原理》中，论述赋税的一般原理和原则，对英国当时的税收制度与对外贸易有较为全面的阐述。B. E. V. 萨宾(1980)的《税收简史》简要地叙述了自诺曼征服以来的英国税收历史。关税是英国近代最重要的税种之一，H. 霍尔(1885)的《英国关税收入史——自远古至1827年》、H. 阿顿和H. H. 霍兰(1908)的《国王的关税：自远古至1800年的英格兰、苏格兰和爱尔兰的海运收入与走私账目》、N. S. B. 格拉斯(1918)的《早期英国关税体制》、E.E.胡恩(1966)的《英国关税体系组织机构》，都是研究英国关税史的名著。W.阿什沃斯(2003)的《关税和消费税：英国的贸易、生产和消费，1640—1845》分析了关税和消费税在近代英国经济发展过程中所起的作用，并讨论了关税与消费税的产生与发展历程。该书从很多方面延续了罗斯维尔对国库的研究，对于研究17—19世纪的英国财政收入具有重要参考价值。E.J.休斯(1934)的《财政和管理研究：盐税史的考察1558—1825》认为，早期开征盐税是为了满足财政需要，此时的盐税不是消费税形式的。在护国政府时期盐税开始以消费税形式征收，实行包税制。1694年后，包税制废除，改由委员会管理。委员会起初向议会负责，后改为向国库负责。18世纪盐税越来越激起人民的不满，1825年后盐税废除。J.V.贝克斯(1985)在《土地税或消费税：17和18世纪的税收课征》中批驳了学术界的传统看法。他指出，一直以来学界认为1692年是英国财政史的转折点，因为该年度通过了给予国王为期一年补助金的法案，标志着土地税的诞生。然而，事实上，该法案的课税构想并不存在创新，实质上与13世纪的十五分之一税和什一税，都铎王朝的补助金，17世纪的月税并无二致。这一时期所得税课征不成功，是因为估税困难，且国王能从其他税种，特别是消费税中得到足够的花销。J.吉布森(1985)和K.舒尔厄(1992)分别从不同层面对炉灶税进行了研究。吉布森编撰的《炉灶税、斯图亚特王朝晚期的其他税收清册和团体宣誓卷档》对英格兰和威尔士各郡的炉灶税缴纳状况进行了细致的统计，为研究炉灶税，提供了翔实的资料。舒尔厄主持撰写的《人口调查》借助统计学的方法，从人口统计的层面，对炉灶税进行了研究。

与前述学者不同，M.J.布拉迪克(1994)的《17世纪的英国议会税收》是一部全面系统地研究17世纪英国议会税收的专著，书中对十五分之一税和什一税、补助金、消费税、人头税、炉灶税等各种议会税收都有深入研究。全书的前两章研究了17世纪的财政管理机构和税收课征情况，并从中央和地方政府的关系入手，探讨了征税困难的原因；后三章研究了1640年内战以后征税方法的变化，地方对税收的反应以及对财政机构发展的影响等。理查德·邦尼(1999)主编的《欧洲财政国家的兴起(1200—1815年)》中，第二章论述了1485—1815年英国财政的崛起，对这一时期英国财政收入状况进行了研究。R.道格拉斯(1999)的《1660年以后的英国税收》同样是一本时间跨度很大的税收著作，书中运用现代统计与财政理论，探讨了英国各时期的税收结构，各税种的优缺点，人们对各税种的态度以及议会、王室与财政管理的关系，指出税收生命力源于税收的公正性。值得一提的是,在档案类资料方面,英国"公共文献室"整理并于1998年出版了《英格兰和威尔士俗人税1188—1688年》,分门别类地叙述了500多年间英国政府对俗人征税的详细情况,成为研究英国近代以前税收的重要原始文献。

除上述研究之外,学术界还有从特定维度研究英国财政史的作品。W. A. 肖(1907)从分析国王的财政困境入手,探讨了国债的起源时间,认为财政署止付前国债已经存在。E. L. 哈格里夫斯(1930)的《国债》对财政借款与国债起源的关系进行了探究,认为国债起源于以议会税收为担保的财政借款。E. B. 熊彼特(1938)的《英国的物价和财政,1660—1832年》一文,考察了1660—1832年的物价水平并研究了物价与财政的关系。C. 克莱(1978)的研究视角较为独特,通过对斯蒂芬·福克斯生平的考察,研究了这一时期的英国财政史。

国内学者对于英国财政史的研究相对薄弱得多,研究成果多以论文为主,相关著作较少,且偏重于长时间跨度的叙事。其中具有代表性的研究著作包括:焦建国(2009)的《英国公共财政制度变迁分析》以"纳税人与专制王权争夺财政权"为线索分析英国公共财政制度变迁,以现代预算审计体系为公共财政建立的标志,清晰地呈现了长达1500年议会取得最高财政权的历程,对厘清英国财政管理的发展历程具有较高的参考价值;施诚(2010)《中世纪英国财政史研究》全面研究了中古时期英国的财政制度,包括各财政机构的起源、运作与变革,王室政府收入的起源与演变,以及收支平衡问题,中古时期的财税理论问题等,对研究中世纪晚期及都铎王朝早期的财政状况有极大参考价值;于民(2012)《坚守与改革:英国财政史专题研究(1066年—19世纪中后期)》以英国资产阶级革命时期的财政制度变革为线索,用专题研究的形式分别探讨了英国财政从王室财政向议会财政的转变,中央财政机构从财政署向现代财政部的转变,关税从国王特权税向议会间接税的转变,财政借款从国王私债向国家公债的转变。作者认为,通过财政解决确立英国宪政和议会财政的进程,都是在"坚守中的改革"和"改革中的坚守"中完成的。此外,钱乘旦(2016)主编的《英国通史(六卷本)》虽非英国财政史研究著作,但其系统梳理了自远古至2016年的英国历史,并充分吸收中外英国史研究的既有成果,书中专设有经济社会板块,对英国各时期的财政都有涉及,也从微观角度说明了财政与英国社会各阶层的联系,对于研究英国财政全貌有重要参考意义。

基于比较视角的研究专著则有宋丙涛(2015)的《英国崛起之谜》,作者对英、荷两国近代财政制度变迁进行了对比,认为现代经济革命的爆发主要依赖于财政制度的变迁与效率的提高,同时英国的变迁并不是欧洲制度与文化的继承和延续,反而是其独特地缘、政治、文化与重商主义偶然结合的产物。

在英国财政史研究的相关论文中,大量论文是围绕议会财权的取得展开的。李金亮(1994)考察了英国议会征税权的起源,指出其形成与王室收入状况密切相关,且具有缓慢性。叶供发(1997)进一步指出英国议会财政权是英国议会产生的原因与发展的基础,对议会两院制形成、代表选举来源都有重要影响。议会征税权的存在,在某种程度上构成了对王权的制约,使英国在经济上形成了某种民主因素(陆伟芳,2005)。都铎王朝时期,国王们为加强财政控制,建立了私室财政体制,但1612年的管理革新为后来的国库复兴奠定了基础(于民,2007)。1660—1799年财政革命不仅构建了现代财政体系,促进了18世纪英国经济的繁荣和政治的稳定,而且造就了一个以公共权力为核心的现代国家(刘雪梅和张歌,2010)。变革后的财政体制既维护了土地贵族、工商资本家阶层的根本利益,又巩固了英国国家政权的财政基础,在推动英国大肆进行争霸战争和对外扩张方面发挥了巨大的作用(王晋新,2003)。

三、中英财政制度比较研究成果综述

虽然对两国财政制度的专门研究成果丰硕,但相关的比较研究则相对缺乏。目前多是围绕"大分流"这一热点,对中英两国经济发展轨迹进行比较研究,对两国财政的相关比较研究仅是偶有涉及,且存在不足,有待进一步深入。

王国斌和罗森塔尔(2011)《大分流之外》是对"大分流"的补充研究,通过对以往理论研究的修正,作者指出欧亚在1000—1500年的一个重大差别是欧洲存在众多相互竞争的国家,而亚洲则只存在中国一个超级大国,这对于中国政治经济的演变都具有重大影响。书中侧重于对政治的分析,但部分章节对两国财政的比较有所涉及。皮尔·弗里斯(2015)《国家、经济与大分流》同样关注对"大分流"的解释,书中认为17世纪80年代至19世纪50年代的中英两国国家能力的差异是大分流的重要原因,对财政亦有所涉及。

在国内文献方面,刘昀(2011)、杨慧(2013)分别梳理了14—17世纪与17—19世纪中英财政收支数据,对两国收支结构进行比较,但主要是对前人研究数据的整理和对两国人均数据的估计比较,未能对数据背后的逻辑进行进一步挖掘。

第二节　15—19世纪中英财政思想的研究综述

无论是对中国,还是英国,关于财政思想的专门研究均较少,多数研究是将其作为经济思想的一部分,在经济思想史的研究中有所涉及,相关研究成果以专著为主。另一方面,在现有的财政思想史专门研究中,论著以教科书居多。

一、明清财政思想研究成果综述

由于早先学界对西方经济思想史的过分关注与对中国传统经济思想的相对忽视,导致对后者的研究相对不足,对于中国财政思想的通史类研究则更为缺乏。胡寄窗和谈敏(1989)《中国财政思想史》是对中国财政思想梳理研究的早期成果,对于研究传统财政思想具有极大参考价值,不足之处在于成书年代较早,未能将新近研究成果纳入在内,同时,全书分析框架基于马克思主义的阶级斗争理论,因而在对理论的评价中难免失之偏颇。孙文学、王振宇和齐海鹏(2008)《中国财政思想史(上下册)》记述了中国财政思想自产生以来的发展历史,全书引用大量的典籍,史料翔实,对历代财政思想进行总结论述,但对思想的发展演化挖掘不足。此外,两者的研究均是按人物思想而非专题式整理,虽然详尽,但对财政思想的演化逻辑研究深入不足。《新编经济思想史》系列是近年来中国经济思想史研究专著中的扛鼎之作,汇集了国内顶尖学者,对古今中外的经济思想进行了深入研究。其中,马涛(2016)《新编经济思想史(第一卷):中外早期经济思想的发展》是近年来少有的佳作,全书分别对中西方早期经济学的发展进行了系统全面的回顾,并有对中西方经济思想的专题比较,对于研究中西方早期经济思想不同演化路径具有重要的参考价值。

在相关论文中,值得注意的是叶世昌(1985)《中国传统经济思想的特点》一文提出,中国古代社会有着不同于西方古代社会的特点,也有着独特的经济思想。作者将这些特点概括为四个方面:以治国平天下为目标、以自然经济结构为模式、以国家调节经济为理想、以解决财政问题为重点。此外的论文则多以人物研究为主,例如赵靖(1981)、孙文学(2005)等分别研究了明代思想家邱濬的财政思想；邓智华(2006)梳理了国内学者庞尚鹏财政思想的研究；齐婷(2014)探讨了张居正财政思想及改革启示等，对于顾炎武、黄宗羲等人的研究也不乏相关论文。

二、英国财政思想研究成果综述

对于英国财政思想的专门研究同样较少，多数研究是将财政思想置于经济思想之中，作为一个板块研究。而经济思想的研究已比较成熟，成果大多以书籍形式出现。

国外学者的专门研究中，坂入长太郎(1987)《欧美财政思想史》解析重商主义财政论、古典学派财政论、马克思主义财政论及近代经济学派财政论，内容丰富，史料翔实，书中对当代学者对早期财政思想的主要观点也有列举与辨析，是研究英国财政思想演化的重要参考资料。但遗憾的是成书年代较早，未能将许多新的研究成果纳入其中。

其余研究主要为经济思想史的研究专著。兰德雷斯和柯南德尔(2001)《经济思想史》同样对从重商主义至古典学派的经济思想进行了深入的研究，全书着重于对理论的详尽梳理，对研究15—19世纪英国财政思想的发展具有一定的参考价值。利·L. 布鲁和兰迪·R. 格兰特(2012)《经济思想史(第8版)》是美国经济思想史最权威的教材之一，内容丰富翔实，书中对各学派历史背景、人物主要观点、立场、理论的时代价值与后世影响等逐一分析，条理清晰。

在国内学者的研究中，甘行琼(2007)《西方财税思想史》以学派为梳理线索，简要介绍了从重商主义到当代的西方财税思想，简洁清晰地呈现了从重商主义到穆勒时期的财政思想演化。毛连程和庄续莹(2010)的《西方财政思想史》与前人不同，书中以专题方式系统深入地介绍了自古典学派至今的西方财政思想，涵盖经济理论与财政理论、政府制度运行理论、财政目标理论、财政支出理论、税收公平理论、税收效率理论、税收转嫁与归宿理论、公债理论、宏观财政理论、财政与经济发展关系理论等。两者均对了解英国财政思想的演化有所助益，但偏重于通俗性介绍，使得学术性不足，对于学术研究参考价值有限。

前文论及的《新编经济思想史》丛书中，姚开建(2016)《新编经济思想史(第二卷)：古典政治经济学的产生》与颜鹏飞和陈银娥(2016)《新编经济思想史(第三卷):从李嘉图到边际革命时期经济思想的发展》同样对各学派进行了深入梳理,从时代背景、人物生平、主要观点、立场、思想时代影响与后世评价等方面进行了全方位的分析,代表了当前国内经济思想史研究的前沿水平。

三、中英财政思想比较研究成果综述

就国内经济思想史的研究而言,对中国传统经济思想与欧洲传统经济思想进行比较的研究成果较少,而涉及15—19世纪中英财政思想的比较研究则更为缺乏。与之相关的论著中唐任伍(1996)《中外经济思想比较研究》是对中国与西方经济思想进行专题性比较的研究论著,书中下篇内容涉及中国古代各派经济思想和各时代经济思想的比较,也涉及部分中西方经济思想的比较,但并未对财政思想进行专门比较。顾銮斋(2005)认为中英中古早期的私有制基础和土地所有制形态的不同导致了两国赋税基本理论的不同。马涛和李卫(2019)对中西方传统经济思想特点进行了比较,认为地理环境和经济社会形态的不同导致了中西方传统经济思想特点的不同,对之后中西方社会经济的发展产生了深远的影响。

第三章 15—19世纪中英政治经济结构变迁比较

财政制度是政权存在的根基,在很大程度上受国家政治结构的影响,财政思想亦是如此。另一方面,作为上层建筑,财政制度与财政思想也必然受到当时社会经济结构的影响。作为重要的时代背景,15—19世纪的中英两国虽然受到相同的外部冲击,但政治经济结构却呈现不同的变迁路径。

第一节 中英经济结构变迁比较

一、经济结构变迁比较

虽然在15、16世纪,中英两国同样处于原工业化阶段,经济增长模式为分工和专业化推动的斯密型增长,但大航海时代的开启改变了这一格局,在相同的外部冲击之下,两国走上了不同的经济结构变迁道路。总体来看,中国经济结构基本稳定,由于中国广大的国土面积,人口的流动方向是由人口稠密区流向人口稀少的边疆地区,继续以农业为生。而英国的经济结构发生重大变化,由于国土面积有限,农业过剩人口不得不转向工商业,由乡村向城镇流动,在工业革命后逐渐向工业国迈进。

经过明初的恢复,明中期经济进入高速发展阶段。技术进步使农业走向多样化,无论是农具制造还是生产技术都有新的发展。明末出版的农业技术著作描述了关于耕地、灌溉、播种和处理农产品的新机械。改良土壤与挑选新品种的手段,特别是新耕作法的引进,在明代末年促进了农业的全面进步。占城稻的引进使得粮食产量大增,闽浙一带出现了双季稻,岭南则有三季稻,亩产增至两三石,有些地区可达五六石,加上水利设施的兴建,北方部分地区也推广了水稻种植。宋应星的《天工开物》写道:"今天下育民人者,稻居什七,而来牟黍稷居什三。"1530—1540年间花生便在上海地区的沙质地带种植,后来成了山东居民的基本粮食之一。16世纪末至17世纪初,由西南从海路进入中国的红薯大受欢迎,因为它可替代芋头,且产量优于芋头,可弥补米麦收成之不足。到18世纪,红薯已成为福建、广东居民可与稻米相比的主粮。另一种农作物高粱,经缅甸进入中国,到15—16世纪已广泛种植。玉米由美洲传入,自17世纪起已开始到处种植。山地地区尤赖此物,四川、河南、湖北等地得以多养活不少人。随着农业的繁荣,人口也进入快速增长期,1393—1600年间,明朝的人口由7300万增加到了2.05亿(葛剑雄和曹树基,1995)①。

16世纪的中国,人们对手工艺品的需求大大增加,商人们也积累起了资本,1520年左右起,向来投于土地的资金转而投往商业与手工场企业。传统农业只能吸纳有限的劳动力,这造成小职业(贩卖、制漆器、制器、制墨、制毛笔等)大量增加,农产品逐渐商业化,经济作物(棉花、植物油、靛蓝、甘蔗、烟草等)发展起来。某些地区,大部分民户都从事副业,如小商、小贩、小手工匠等以弥补微薄的收入,农民中最贫穷的或是移居矿山,或是参与走私及海盗活动,也有部分流向城市,想方设法在小商业与手工业中谋职,作为奴仆受雇于富家。小工场变成大手工企业,其中有些工场雇佣好几百名工人。工人在大工场中已成为无个性特征的劳动力,这正是工业时代的特点。

自16世纪下半叶起,若干手工业部门已具备工业性质,丝织、棉织、瓷器、炼铁的情况即如此。生丝、蔗糖、烟草、绸缎、棉布、纸张、染料、瓷器等都成为重要的商品,并行销海外。这个阶段,除南、北两京外,东南沿海、运河两岸和江南都有一些工商业城市兴起,江南地区更是成为工商业中心。松江附近一带从事棉纺织业的人口达到200万左右,成为棉纺织工业中心。叶梦珠《阅世编》卷七中云,松江出产的"标布""俱走秦(陕西)、晋(山西)、京边诸路","中机布"则走"湖广、江西、两广诸路",可见其销路之广。苏州成为丝织业的中心,福建商人将丝运往菲律宾,再由西班牙人以大帆船由马尼拉运至墨西哥。全国铁产区达100余处,冶铁、铸铁规模扩大,且大部分以煤为燃料。景德镇有官窑58座,民窑900余座,人口超过10万。在一些商业市镇中,出现了较大的作坊,雇主与佣工的关系已是新型的雇佣关系。明末,全国四分之三的地区都出产棉布,不生产棉花的农户则从城镇购买原料,依靠纺织所得维持生活。

---

① 葛剑雄、曹树基:《对明代人口总数的新估计》,《中国史研究》1995年第1期,第33—44页。

许多这样的家庭后来都购进织布机,甚至雇用工人,建起作坊规模的织布厂。经过几代人的经营,他们的后人可能会逐渐发展为在大型城市拥有数间店铺的巨贾。此外,朝廷也放松了对匠户的控制,这些木匠、泥瓦匠、织工和陶工也得以凭借专业技能,成为私人手工业者。

明末清初频繁的天灾与战乱,使社会经济遭到了极大破坏。自清朝初年,政府着手恢复经济,鼓励农业与工商业的发展,进一步放松管制。

一是放宽民间经营限制。允许手工业者自由经营,政府征收一般赋税。在纺织业方面,取消对机户生产规模的限制,允许有能力者自由发展生产,扩大经营①。康熙年间开放采矿业,准许民间自行开采云南矿产,官府征收 20% 的实物税,并制定奖励办法,对纳税 3 000—5 000 两的商民酌量给以顶戴②。

二是在官营手工业中推行雇募制。例如,顺治八年,官府经营的江宁、杭州、苏州织造局改为各局自行采购原料,并自行从民间招募工匠,采用计时与计件两种办法支付工资。

三是禁止官员与民争利。顺治五年,政府下令禁止宗室与官员亲属经商。康熙六年,针对福建、江西、湖广等地部分官员违禁经商,户部议覆"嗣后王公以下、文武大小各官家人、强占关津要地、不容商民贸易者、在原犯之地、枷号三个月。系民、责四十板。旗人、鞭一百。其纵容家人之藩王、罚银一万两。公、罚银一千两。俱将管理家务官革职。将军督抚以下、文武各官、俱革职、若兵民商人、假称王公文武各官之名、照光棍例治罪。货物入官。"③

18 世纪的华夏世界已成功地利用前工业时代的技术,农业、手工业和商业三者的关系至为密切。尽管部分手工行业的生产已开始出现雇佣制,但家庭生产仍然是最常见的生产组织形式。以纺织业为例,即便是在行业规模最大、技术最先进的长江下游地区,占主导地位的依旧是个体户。这种市场机制完全取决于不直接参与生产的商人。因为各个生产环节并非在一个作坊中完成,而是需要一批擅于处理复杂事务的采购员、牙商和零售商,将这些技术原始、相对分散的个体户联合起来,显然掌握市场需求比技术进步重要得多。商人们满足于按市场机制调整价格所带来的丰厚利润,劳动力成本又如此低廉,根本没有提升技术的动力。

---

① (清)陈作霖:《金陵琐志·凤麓小志卷三》,清光绪二十六年民国六年刊本,第 2a 页。
② (清)蔡毓荣:《筹滇理财疏》,载贺长龄《皇朝经世文编·卷二六》,清道光刻本,第 47b—48b 页。
③ 《清圣祖实录》,载《清实录》(第四册),中华书局 1985 年版,第 313 下页。

来自新大陆的农作物的推广也继续激发着国内的农业革命,中国人口进一步增长到1795年的3.1亿,1850年左右达到4.3亿。在19世纪以前的中国,人口的增长向来被视为国力强盛的标志,因而政府的对策是全力应对因死亡率下降、生育率上升而带来的后果,使得政府对农业与社会稳定更加重视。而不是去逆转这种趋势,这导致人口的大流动,农民离开比较发达、人口密集的地区,如长江下游、东南沿海、华北、长江中游部分地区和岭南东部,到西面和北面的地方去,去汉江的灌区、长江上游、西南地区和两湖地区,还去满洲和东面的台湾。王业键这样总结了这种交换关系:"发达地区向欠发达地区提供人力、资金和技术,而欠发达地区在发展过程中向对方提供食物和原材料。"[1]

15世纪末,都铎王朝建立,英国的民族国家开始起步。此时的英国是一个等级制的农业社会,主要由数千个小小的农村共同体组成,小城镇和屈指可数的"城市"只是星星点点地散布在广袤的乡村之中。亨利七世时期,英国经济进入农业和手工业并行发展的时代,农民兼作手工业已较为普遍,他们在沃尔特郡和萨福克郡的高地纺织羊毛,在康沃尔郡和德文郡则开采锡矿,在英格兰北部掘地挖煤,在米德兰西部制造铁钉。工业,尤其是乡村工业也日趋繁荣,商业贸易发展迅速。当然,在农村手工业中,最主要、最普遍的还是家庭羊毛纺织业的兴起,在工业革命前这是一种劳动密集型产业。

从15世纪后期开始,英国人口稳步增长。此时的英格兰人口约为220万,至1601年已达410万,威尔士的人口从1500年的21万左右上升到约38万,爱尔兰和苏格兰的人口约有150万。17世纪30年代,仅英格兰人口已达500万。另一方面,来自新大陆的贵金属也带来激增的通货膨胀,在16—17世纪物价指数上涨了488%。人口的激增和"价格革命"引发了圈地。贵族、乡绅、商人和部分自耕农,或是为了扩大牧场,发展畜牧业而圈地,或是将小块耕地合并转向农场制生产。圈地使农村社会发生深刻变化:首先是土地使用效率的提高,同一块耕地,在圈地后产量增加了13%[2];其次是农场制兴起,农业开始转向资本主义生产,由此逐渐形成地区生产的专门化;最后是加深了农民的分化,部分自耕农成为拥有土地的富裕农民,有的甚至成了资本主义农场主,但更多的小农失去了土地。1520年至1600年农村农业人口增长了近

---

[1] Wang Yeh-Chien, *Land Taxation in Imperial China*, *1750-1911*, Cambridge: Harvard Press, 1973, p. 89.
[2] J. R. Wordie, "The Chronology of English Enclosure, 1500-1914", *The Economic History Review*, 1983, No. 4, pp. 483-505.

60%,而土地开垦的数量很少,同时由于改行农牧混合制,所以对劳动力的需求进一步减少,造成了更多的失业。这些失去土地或破产的小农或是靠从事家庭工业维持生计,或是充当农业工人,或是向外迁移,城镇是他们的首选落脚地。16世纪20年代,全国每年的迁移人口大约占总人口的15%,17世纪上升到30%以上。

此时的英国同样处于"原工业化"时期。原工业化的实质是商业资本控制手工业生产,生产本身是小规模的、分散的,但它服从市场的需要,经常在商业资本的组织下为大规模的海外市场服务。它包含以下部门:纺织业(以毛纺织业为主,此外还有丝织业、编织业等);工具、器具制造业(刀具、家具、器皿、制陶、车辆、首饰等行业);初级产品加工业(酿酒、舂米、食品加工等);其他部门,如采矿、冶金、建筑、造船、修理业等。其中毛纺织业是英国最大的工业部门,也是国家外汇的主要来源。所有这些"工业"都是主要依靠人力或畜力来运作的,此外还有风力、水力等非生物动力。占主导地位的生产组织形式是家庭工业制,它表现为一家人协同劳动,分工合作完成一项工作。家庭工业制的兴起带来了16—18世纪英国乡村工业的勃兴,"直至1800年,大多数从事制造业的手工业者是在自己家里,在家人之间劳动的"。商人是家庭工业制的实际操控者,在家庭工业制生产制度下,商人根据市场需求确定生产项目,根据项目购买原料,将原料分发给乡村的手工劳动者,这些人一般以家庭为单位,将自己的住所作为工作间,依靠自己的机具进行生产,当生产完成后将产品交给商人,商人给生产者支付相应的报酬。需要说明的是,工场制也是原工业化时代的一种生产组织形式,在采矿、冶金、造船、煤炭、建筑等大型生产行业盛行,但这种生产组织形式并非主流,其原因是建立工场需要较大的投资,有这种能力的一般是大地主、贵族,而他们一般在与土地有关联的炼铁、煤炭等行业投资。

1688年"光荣革命"后,英国的工场手工业得到发展,城镇人口急剧增长,对农产品的需求更加迫切,贵族地主为生产肉类和粮食以满足市场需要和谋取利润,扩大了对农牧业的投资,并设法改善土地肥力,同时也加速围田圈地,以便进行大规模的农业改革。土地贵族在议会中占主导地位,大土地所有者开始呼吁政府和议会支持圈地,议会的态度从此前的反对转为支持,开始以立法形式对私人提出的圈地申请予以批准,将圈地变成了国家行为。大规模的农业生产技术革新也在客观上促成了圈地运动的发展,贵族在土地经营方式和农业生产技术的变革中起引领作用。四茬轮作制在18世纪广为推行,不仅避免了土地的休耕，同时也解决了土壤肥力积蓄及冬春季的牧草问题。农具的改进、发明和推广也是农业革命的重要内容，一些农场主开始推广与使用新农具，农业机械化也因工业化的兴起而缓缓拉开帷幕。新农业器械的出现以及新耕作方法的推广，都要求农用土地连成大片，尽管全面的农业机械化是 18 世纪 50 年代以后的事，但 17 世纪下半叶农业机械化即已开始。土地圈围后出现了诸多资本主义性质的大农场，大大提高了农业产出：1700—1760 年，英国农业产出每十年的增长率约 6%，1760—1800 年约 5%，1800—1831 年则达到 12%[1]。18 世纪的英国农业仍然占主导地位，"到 18 世纪末，三分之一的国民收入依然直接来源于农业"，但农业经历了一场前所未有的变革，自给自足的传统农业向近代资本主义农业的转变，一直延续了大半个世纪。农业革命最为直观的后果是增加了农作物尤其是粮食的产量，不仅使农业本身越来越市场化，缓解了因人口增长带来的粮食短缺问题，为工业革命提供了基本保障，而且使农业部门及农业人口对工业品的需求不断增加。18 世纪农业部门对铁的需求占总需求的 30%—50%[2]。铁的需求又刺激了冶铁业，从而推动了冶铁业技术革新。

18 世纪是农业革命和工业革命齐头并进的时代。从 18 世纪下半叶起，工业革命在英国兴起，一种全新的生产组织形式出现了。一般认为，水力纺纱机的发明者阿克莱特是"近代大工业的真正创始人"，是工厂制的建立者。1771 年 12 月，他在德比郡水力资源丰富的克朗福德建立了第一个现代意义上的"工厂"，这家纺纱厂利用水力，里面安装着多台多轴纺纱机，一台水轮机可同时带动多部纺纱机，300 多名工人完全按照机器的步调、跟随机器的节奏进行生产。在工厂中，工人必须严格遵守劳动纪律，按时上下班，按机器的节律进行劳动，每一件产品都必须经过许多工人的手。工业革命同时表现为生产工具的改进，纺织业是最早进行技术变革的。早期的工业使用水力作为驱动，但水力具有地理分布上的局限性和季节上的易变性。因此，寻找一种不受限制的新型动力成为技术变革的迫切要求。1769 年，瓦特发明了单动式蒸汽机，并获得专利权。1782 年，他又发明了复动式蒸汽机，这种机器安全可靠、耗煤量低，克服了水力动力的不足，可以用在任何地方，对工厂制的普及起到

---

[1] P. Mathias, J. A. Davis (eds.), *The First Industrial Revolutions*, Oxford: Basil Blackwell, 1989, p. 111.

[2] [意] 卡洛·M. 奇波拉：《欧洲经济史：第三卷》，吴良健、刘漠云译，商务印书馆 1988 年版，第 392 页。

重大的推动作用。继纺织业之后，冶金、煤炭、造船等行业也纷纷引入蒸汽机。1783年，全国有66台蒸汽机投入使用，其中2/3用于铸造业和采矿业。至1826年，英国共拥有1 500台蒸汽机，蒸汽时代的序幕开启了。蒸汽机摧毁了乡村工业的优势，使人口逐渐向工业城镇聚集。

1600年超过75%的英国劳动力从事农业生产，到1720年这一比例下降至50%，1801年进一步下降至36%[①]。到19世纪初，从事工商业的家庭远远超过了农业家庭：1801—1803年间，从事商业的家庭有20万个，从事工业和建筑业的家庭有54万个，从事农业的家庭则下降到32万个[②]。1788年，农业占英国经济总量的40%以上，工业和建筑业不到21%；到1850年，农业的比例下降到21%，工业和建筑业上升到35%，运输业从不足12%上升到19%。19世纪初，近40%的家庭务农，约40%从事工商业；到1841年，英格兰和威尔士成年男性中只有26%务农，在苏格兰是28%[③]。英国逐渐完成了经济结构的转型，成为一个工业化的商业国。

二、国民财富来源比较

随着全球化的浪潮开启，中英两国都在全球贸易中获益颇丰，但两国的国民财富主要来源不同。中国依赖广阔的国内市场，国内长距离贸易创造了主要的国民财富，而外贸对国民经济贡献较小，英国尽管也拥有完善的国内市场体系，但其财富主要源于海外市场。

明初对商人实行轻税政策，规定商税三十取一，并裁撤原有四百余所税关中的三百六十四处。国内商业蓬勃发展，经商人数大大增加，商业牙行比元朝大有增加，有些商业又投资手工业作坊。同时，明代的国家官营也逐步放宽，允许商人参与其中，如开中法、商屯制等都是明初财政措施中的新生事物。以后除纳粮换盐而外，又令纳马、纳布或纳铁等物以换取盐引。

明朝建立后，中国又一次拥有全国性的市场，主要商品的跨区交易再度兴起，诸如南北大运河之类的公共运输路线，不仅运输粮食，也运输私人货物，对

[①] J. Needham, *Science and Agriculture in China and the West*, London: The Pilot Press LTD, 1954, pp. 253-258.

[②] B. R. Mitchell, *British Historical Statistics*, New York: Cambridge University Press, 1988, p. 102.

[③] 钱乘旦：《英国通史：第3卷》，江苏人民出版社2016年版，第167页。

外贸易也在政府犹豫的态度中自发兴起。安徽南部山多而平地少,当地人不能赖农业为生,故少时便习商,长大后至各地经商。两淮出盐,离新安亦不远,故两淮盐商多新安人,各地当铺亦多为新安商人所经营。山西亦多经商之人,当时票号亦多为山西人所开。京师多达官贵人,购买力大,也成为一大商业中心,而丝、棉等生产都以江南为大宗。帝制晚期,即便普通商人也被视为有价值的社会成员。

一个世纪的内部动乱与战争之后,中国18世纪的经济发展可以视为是明中叶的经济复兴,而且在规模上超过万历年间。经济发展最显著的事情是贸易潮流规模庞大,区域化分工以及商业行会控制。中国的商业网不仅包括中国各行省,而且连蒙古、中亚以及整个东南亚亦在其中。

自16世纪,中国经济的区域专业化已鲜明显露。15—16世纪,稻米生产与出口大区已转至长江中游的湖南、湖北两省,而长江下游则愈来愈转向商业与手工业。纺织工业居中国一切生产之首,自17世纪末起,上海西南部松江的棉织业便长期雇佣20万工人,还不算来料加工部分。若干著名布料,如南京的细棉、苏杭的丝绸、湖州的生丝,与茶叶、陶瓷、漆器均在出口至欧洲的产品之列。

茶叶种植遍布整个长江流域,福建与浙江大量出口,1762年贸易额为260万磅,18世纪末已达2 330万磅,至19世纪仍然不断增长。茶叶由山户采摘,送至茶庄加工,复交给财力雄厚的商行,由其在广州与东印度公司商谈成交。

江西鄱阳湖东景德镇的瓷器窑,湖南长沙附近稍次的醴陵窑,一直保持着陶瓷生产的最高纪录。景德镇有数万陶瓷工人劳动,为皇室与富家订货生产亦为出口生产。青瓷、白瓷大量出口至日本、朝鲜、菲律宾、印支半岛、印度尼西亚,以及欧洲。

中国是精制产品的出口国,福建的造纸、蔗糖,广东新会的麻布,南京上游芜湖的钢铁,佛山的五金等,都是国际市场上的畅销品类。但其时某些农业产品已不足以供应国内市场。自18世纪起,福建与广东商业与手工业兴盛,农业产品逐渐不敷所需,需从东南亚,尤其从菲律宾与暹罗进口大米。

同一时期,国内长距离交易渐成规模,水运网的发达极大促进了市场的繁荣。在国内沿海商业方面,1685至1804年间,在上海与关东之间有3 500至3 600艘沙船往来行驶,每艘运量小者为1 500至1 600石,大者为3 000石,每年运大豆和小麦1 000多万石至上海,运布、茶等至关东,每船成本为7 000至8 000两银。

至于长江沿岸地区大宗商品主要有三类：一是盐。长江下游的人口约占全国之半，故消费量大，这成为盐商致富的原因。汪喜孙《从政录》卷二《姚司马德政图叙》云："向来山西、徽歙富人之商于淮者百数十户，蓄訾以七八千万（两）计。"

二是米粮。江浙地区工业发展替代了农业，工业原料的种植替代了种粮，更由于人口的激增，粮食不足以自供，需由外地输入，而产粮地已转移到湖广。此外又有部分米产自四川，由川、湘、广运至吴，一部分再转运闽地。

三是金融业。山西票号分为三帮，即祁（县）、太（谷）、平（遥）三帮，每帮票庄在全国各大地方设分号经营，其组织形式为股份制，股份分为银股（出资）和身股（出力）两种。由老板出资，训练年轻人到各地经营，即为"伙计"。伙计不受薪，只供衣食，每三年分股一次。

对外贸易有两个主要的组成部分：中国岭南和东南沿海的商人乘帆船去东南亚、日本和菲律宾的港口进行的交易、欧洲商业公司横渡印度洋和太平洋所进行的不断扩展的贸易。中国的帆船运瓷器、棉花、丝织品去马尼拉，以交换墨西哥银元，还向东南亚运去陶瓷、纺织品、药材和铜钱，以交换熏香、象牙、胡椒和稻米。1683年收复台湾后，康熙废止海禁令，外国商人纷纷来到广州。1759年乾隆下达谕令将对外贸易限制在广州，规定欧洲人必须通过广州十三行贸易，这十三家公行是个贸易群体，国家给予它们贸易专有权，经营茶和丝绸，而它们要负责收税、租赁货栈以及管理外国人，"广州体系"一直延续到鸦片战争结束。

需要说明的是，对外贸易的体量远小于庞大的国内市场。虽然外贸需求对生产出口商品地区经济的影响是重要而直接的，但是只占中国总产量和贸易总量的一小部分：如19世纪，出口茶叶只占茶叶总产和贸易数量的13%—14%。[①] 至19世纪二三十年代中国出口总额仅为每年980万—990万两白银[②]。同时，尽管海关税率20%远高于内地商税率3.3%，但到18世纪末也仅只有65万两，远小于国内商税400万两，[③]在财政总收入中几可忽略，使得政府对外贸兴趣不大。虽然如此，有学者估计，事实上中国是发现美洲新大陆的最大受益者。1571—1821年间，欧洲自南美与墨西哥进口的4亿银圆中，其

[①] 吴承明：《论清代前期我国国内市场》，《历史研究》1983年第1期，第96—106页。
[②] K. Deng, "Miracle or mirage? Foreign silver, China's economy and globalization of the sixteen to nineteenth centuries", *Pacific Economic Review*, 2008, Vol. 13, No. 3, pp. 320-357.
[③] 相关数据详见本书第四章。

中一半流入中国。

同一时期,英国的国内市场也围绕伦敦逐渐形成。人们像潮水般蜂拥来到伦敦,既有贵族、乡绅,也有大量因土地被圈占而无法谋生的农民,为生活所迫,不得不流入城市。伦敦的需求拉动了英国经济,促成生产专业化和市场专业化。伦敦巨大的人口规模使得它的粮食和生活用品要靠全国各地供应:伦敦近郊供应蔬菜和牛奶,邻近的肯特、哈德福、埃塞克斯等郡主要供应粮食,这些地区的外围则是畜产品供应区。整个市场随着伦敦需求的扩大而向外延伸,16世纪几乎所有商品生产和贸易都为伦敦服务。与此同时,伦敦也向它们供应进口商品,从海外进口的商品通过沿海和内陆的商路运往各郡的港口,再转运到内地。伦敦还是手工制造业的中心,包括造船、呢绒生产、金属加工、钟表制造和建筑等行业,此外还有各类专门职业,如律师、医生。除伦敦外,其他地区的经济也有很大的发展,各郡都有一大批大中城市,这些较大的郡级城市以邻近的地方性经济体为腹地,构成区域市场,是联结区域市场与伦敦的纽带;而各郡的小城镇是周边乡村手工业品的生产和供应地,以及剩余农产品的集散中心,它们是沟通城乡的桥梁。

相对于国内市场,海外市场对英国而言更为重要。对外贸易在英国近代经济发展与变革中起到了举足轻重的作用。15世纪末,英国的海外扩张即已开始,16世纪中叶,为争取对有利贸易区和贸易线路的控制权,海外扩张成为国家的冒险事业。通过16世纪后期的商业扩张和海上掠夺,国内财富大大增加,伊丽莎白时期平均每年铸币125 311英镑,到詹姆斯一世时期增至241 216英镑。达芬南对17世纪的外贸收入作了一个大致的估算:1600年时英国的资本额是17 000 000英镑,1630年是28 000 000英镑,1660年是56 000 000英镑,1688年达88 000 000英镑[①],每年增加的资本额为近2 000 000英镑,均来自对外贸易。[②]

18世纪的英国政府继续推行重商主义,保护国内工业发展。与进口商品的高关税相对应,英国政府实施出口补贴政策,以推动对外出口。18世纪英国的进口贸易增长387%,出口贸易增长615%,进出口贸易总额增长377%。

[①] [英]查尔斯·达维南特:《论英国的公共收入与贸易》,朱泱、胡企林译,商务印书馆1995年版,第160、238页。
[②] 其中,因1665年伦敦大火等特殊情况导致1660—1688年均资本增长额低于200万英镑。参见[英]查尔斯·达维南特:《论英国的公共收入与贸易》,朱泱、胡企林译,商务印书馆1995年版,第238页。

18世纪前60年,英国进口贸易增长85.85%,出口贸易增长174.36%,进出口贸易总额增长122.3%,出口贸易的增长幅度是进口贸易的一倍多,在一定程度上反映出晚期重商主义对贸易的影响。此后约40年间,英国进口贸易增长136.7%,出口贸易增长118.4%,进出口贸易总额增长123.6%[①]。进口贸易增幅超过出口贸易,原因在于重商主义政策引导下,殖民地成为英国的原料产地,蔗糖、烟草、大米、原棉、生丝、茶叶、木材等大量出口到英国,为工业化过程中的英国供给原料。这一事实在转口贸易数据中也可以得到反映。在英国对外贸易中,转口贸易占有非常重要的地位。18世纪初,转口贸易占外贸总出口额的32.4%,到18世纪末这一比例上升到39.2%。有学者统计,18世纪英国转口贸易额在1700年为109.6万英镑,1720年为230万英镑,1740年为308.6万英镑,1760年为371.4万英镑,1780年为456.4万英镑,1800年为1 884.8万英镑[②]。

至1840年,大不列颠的出口总额达到5 000万英镑,其进口额约为7 500万英镑,若以粗略的比例折算,约相当于出口额1.5亿两白银,进口额2.25亿两白银。而相比之下,19世纪二三十年代的中国虽然占据全球GDP的30%,居世界第一位,但其出口总额仅为每年980万—990万两白银。

第二节 中英政治结构变迁比较

经济结构的变革也很快反映在政治结构上,导致了两国不同的政治结构变迁。总体来看,明清时期中国政治制度与政治结构都相对稳定,而同时代的英国政治制度与政治结构则处于不断的变革中。

作为中央集权的帝国,中国要实行有效统治不得不依赖庞大的官僚集团。随着官僚制度的发展,中华帝国晚期行政体系已非常完备。庞大的官僚体系对皇权形成极大的制衡。

作为代理人的官僚集团在与皇帝的博弈中越发成为一个整体,构建关系网对有抱负的官员来说至关重要。中华帝国最有威望的关系网是经科举考试

[①] 钱乘旦:《英国通史:第4卷》,江苏人民出版社2016年版,第168页。
[②] B. R. Mitchell, P. Deane (eds.), *Abstracts of British Historical Statistics*, New York: Cambridge University Press, 1962, pp. 279–281.

和官僚体制结成的,政府的教育机构和科举考试本身就产生出了书院同门和科举同年的横向联系以及书院师徒、科举门生的纵向联系,同时官员升迁、贬黜和调动司空见惯,不同地区官员需要合作以及官僚机构间和官员与皇帝间固有的竞争,所有这些共同的经历使他们形成了全国性的士子精英层。这些关系都可以成为恪守互助责任的基础,尽管历代皇帝都禁止官员结党营私,然而至多也只能对关系的影响面有所约束。

但中华帝国晚期,皇帝们也更倾向于将权力集中于自己手中,为了确保在权力博弈中的有利地位,明代皇帝设立特务机关,探查政府的运行情况与大臣的忠诚,并通过宦官参政来分担政务压力,减轻对官僚集团的依赖,加强自身的力量。宦官接近君主,熟知宫廷阴谋,同时由于出身低下,受到官僚的歧视,因而更容易成为皇帝忠心的仆人。但是,日渐强势的皇权集团与官僚集团的冲突却未达成均衡,反而进一步激化。宦官依仗皇帝的支持,参与到帝国行政体制的运行中,甚至一度决定中央与各省官吏的任命、升迁。宦官干政使官僚集团对其所依附的体制产生愈来愈大的不安全感。他们反对宦官既出于政治原因,也基于不同出身与教育。皇帝并不能有效协调两者的矛盾,双方冲突至明末的东林运动达到高潮。

权力中枢长期持续的钩心斗角,极大地消耗了政府的资源,有明一代中央政府多数时期都无所作为。正因如此,地方政府开始获得较大的自主权,积极参与到地方的经济生活之中。同时,士绅阶层与商人阶层也在这一时期都获得了极大的成长,逐渐成为地方举足轻重的政治势力。

"士绅"是处于官僚集团与平民之间的特殊阶层,既非纯粹的官僚集团,也不仅仅是地方名流。"士"最初指为王效力的贵族,其后逐渐泛指"文人";"绅"字最初指帝国官员用以体现其官阶的刺绣腰带,其地位在帝国晚期相当于通过科举考试获得的功名,可参加官方祭祀典礼、领取地方和朝廷的津贴、享受免除徭役和不受刑罚的特权。不过,这一正式身份不能世袭。从12至13世纪起,他们纷纷购置田产,经营宅邸,逐渐成为有地产的士绅。在官僚体制内,他们则想方设法地确保"荫"的世袭特权,以便让其子弟能以监生的资格,自动获取士绅的身份。15世纪中,明朝的皇帝们收回"荫"的特权,并降低了太学生的声望,同时通过极大地放宽科举制度,允许除贱民以外的所有人参加考试,来鼓励加大官僚士绅的流动性。整个帝国,不论高低,有学衔的人共有一百四十万,但政府可提供的官职,却只有两万个,科举竞争十分激烈,士绅阶层的社会流动性也很高。任何一次考试,最后获得士绅身份的人中,都有三分之一的人父辈从未获得过任何功名。而每十个进入这一阶层的人中,只有两人的直系后代能通过获取功名来保有家族的这份公职。因为政府官职越往上,名额越少,所以越来越多无法取得更高功名和官衔的士绅,便承担起了地方行政中的非正式角色,这对帝国的地方治理极为重要。明代官员数目不足以保证对辖下居民实行有效控制,只好顺应当地习惯,依靠士绅以贯彻其训令。16至17世纪上半叶,全国共有10 000—15 000官吏,每个县平均有50 000居民,地方政府一般都得负责诉讼断案和税收,且中央为避免官员培植己方势力或任人唯亲而实行"本籍回避"政策,有时会导致官员因为不通方言,根本无法与民众沟通。因而,地方官员手下都有主簿或典史,除此之外,还会聘请书办胥吏、捕快衙役和税吏等,这些职务通常由士绅充任。同样在财政上,若没有士绅的分担,地方政府依靠有限的财力根本无法实现其职能。没有士绅的非正式协助,要治理全国一千多个县是极其困难的。

此外,因为区域经济持续增长,会馆大为盛行。每一重要行会(晋商、徽商势力上溯至明末,扬州的盐商兼顾淮河的盐和两湖的大米等)在大城市都拥有地方会馆、供过往人员用的客栈以及仓库、钱庄等机构。这些富商间或组成闻名的"小朝廷",因其巨额财富以及对地区的重大影响发挥着政治作用。这些会馆既是酒馆或社交俱乐部,也是能提供推荐信和有限商业信贷的商业合作协会,给商人提供了一个结交未来士绅和官僚的机会。

在帝制中国,获利最高的商业行业无疑是受到一定程度行政垄断的行业,与官僚的影响可想而知。特许经营是其中最常见的一种形式,它与发证当局和领证人之间的私人关系密切相关。商人只能以私人名义付费给个体官员,而该官员离任后,就需要与新官员重新洽谈。显然,优势在官府一方。既然这种执照一直都是暂时性的,那每次回收和再给予,都会使官员受利。因此,垄断协议非常适应市场环境,同时使主动权完美地掌握在官僚手中,他们总能收回执照,派给其他人。这在帝国最重要最富有的商业团体中尤为突出。山西票号商人备受青睐,掌握雄厚的财力,同时垄断着北方的对外贸易。广州十三行商人同样如此,伍秉鉴1833年时曾有过2 600万两银的身家,可能是当时全世界最富有的商人。《两广盐法志》记载,乾隆三十八年至道光十二年间(1773—1832年),除国家赋税外,十三行商共捐输395万两银,由此可见其富有。但对官僚集团而言,他们只是一群可以利用的人,并非不可或缺。

盐业的情况较为复杂,官僚与盐商进一步形成了相互依赖与制衡的关系,一方面盐商受制于官府,但另一方面他们也有自己的谈判能力。帝国晚期,盐业的组织模式发生改变,将高层官僚监管与商人管理盐业生产和分配的方式合为一体。大部分时间里,盐运使的角色都并无变化,但复杂的商户管理却在帝制晚期发生巨大变化。盐业生产由灶户进行,他们在盐田将盐转手给盐商,然后盐商奉盐政衙门之命把盐运到扬州,在那里装船,课税,交给负责运输的水商,再由水商分发给零售业者。到16世纪,山西和安徽的水商不仅能直接进入盐田,还能直接从盐运使手中购买盐引。17世纪,水商在盐业中的地位变得越来越不可或缺,他们购买盐引的费用,也成了朝廷税收的主要来源之一。明朝军费因为满洲人入侵而大增时,朝廷曾试图强迫商人提前购买未来两三年的盐引许可,以增加额外收入。但商人们通过拒绝购买这些预售的盐引,来表达自己的抗议,并提出除非盐务官员答应扩大运输额度,并让他们以现有盐引运输,否则不会妥协。而官员们则发现,盐业贸易过于庞大,只有眼前这些商人,才有足够资本预购盐引。因此,在盐务官员的请求下,朝廷于1617年做出重大让步。任何购买新盐引的人,都可以在不久的将来获取永久性的运输选择权。对那二十四家水商来说,朝廷的这次妥协,无异于一场巨大的胜利。很快,他们便将这种选择权转换成家传许可——"根窝",这项特权为他们的后代积聚起了巨额财富。盐田里场商的数量越来越少,他们的个人财富却越来越多。到18世纪,仅三十名场商,就完全控制了整个两淮盐场。在规模如此巨大的贸易活动中,与大量从事地方市场交易的商人相比,只有这些人具备掌控全国性市场的能力,因此经营权逐渐落入了他们手中。期望更有效地规范贸易行为的官员们,也急需实现商业集中化,朝廷甚至鼓励少数大商人垄断专营权,来达到遏制私盐销售和走私的目的。

因此,这个局外人眼中充斥着任意征税和随意贿赂的腐败系统,实际上是受非正式规则约束的,运作良好的官商机制。尽管盐商们会利用自己庞大的经济资源来反抗督管他们的官员,但他们依然被这些官僚手中的权力牢牢地束缚着。商人对此全盘接受的一个重要原因就是他们及他们的后代也有可能进入帝国官僚阶层。在帝国社会高度流动的体制下,这种富有的大户请得起全国最好的塾师来教导族中子弟,帮助他们应考,从而进入官僚体系。既然成为制度的受益者的可能性比一般人大,他们就没有推翻现行制度的动力,同样也没有联合同业扩大政治影响,共同提高其社会地位的志向。事实上,由于他们的利益来源于政府特许,他们始终没有把自己当作是独立于官僚集团的阶层。士绅阶层同样如此,他们既是体制的产物,又能从现行体制中分享权力,因而也缺乏动机。

清代前中期，加强中央集权的趋势仍在延续，尤其是在康熙和乾隆两任皇帝强有力的干预下还有所发展，一方面加强对中央政府的控制，强化决策权；另一方面则变相收买官僚集团之外的士人，影响舆论。

清朝统治者深刻吸取明代的教训，限制宦官干政，即使是宫内事务也改由内务府主理。但集权体制下，皇权始终面临着官僚集团的忠诚与效率问题。他们巧妙地安插自己的私人仆从——包衣。这些人对皇帝忠心耿耿，可以制约地方官员，并及时反馈地方真实信息，其地位与宦官相似，但未取得宦官在明代时所拥有的极度权力。最聪明和最有进取心的包衣们不是被提拔为帝国侍卫，就是进了内务府当差。他们的地位完全是主子的恩赐，不过包衣并未净身，所以尊严并未受辱。而且，包衣与满人关系密切，还能避免满人的抵触。他们私下为皇帝提供情报，充当中国上层精英人物的中介，负责宫廷内务，成为皇族的心腹与谋士。密折制度的推行即通过包衣实现，他们通过呈送绕开内阁及军机处直送皇帝的奏折，把他们看到的诸如官员能力、民情反应和军务等事务如实汇报上去。这种皇帝与亲信间的私人关系不仅是对信息传递的补充，还有助于政策的推行。18世纪最大、最有力量的关系网正是编织在统治者的亲信和信任的人中间，即使是大力打击朋党的雍正也主要依靠与他个人关系深厚的那几个人，这些亲信成功地帮助他克服了改革的重重阻力。

从某种角度来说，帝国的各类事项归根结底其实都与政治有关，都专注于权力宝座。正如商人，无论多么富有，都渴望跻身官僚之列。士人亦是如此，无论多么锐意创新，也希望有朝一日能在京城为皇帝效命。1656年重开科举大大有助于恢复正常秩序，引导士人阶层的全部活动趋向于功名利禄这唯一正途。并为清王朝提供忠于新政权的年轻官吏，但要进入官僚集团非常难，大多数人二十四岁才能通过乡试，平均三十岁成为举人，三十五岁成为进士，而更多的人连乡试都通不过，仕途无望。这些人终日苦读圣贤之书，但鲜有能够安身立命的一技之长，极易成为不安定的隐患。为了消除这一不稳定因素，皇帝变相为体制之外的士人提供就业机会，如清前中期开展的庞大出版事业，共计有57部由国家主持或资助的大型官方出版物问世。其中最重要的著作是乾隆年代1772—1782年间编成的大型丛书《四库全书》。这些官方修编任务使许多官僚体制之外的士人获得工作，不少人从中得到施展才能与显示渊博学识的机会，摆脱生计之忧。在开明君主治下的知识分子，就整体而言，对自己的命运还算满意。

但围绕皇帝的个人关系网与密折制度并不意味着皇帝已获得了对官僚集

团的绝对控制权,对体制外士子进行安抚进而获得拥戴也并不意味着士民的绝对顺从。官僚化的不断加深使皇帝被堆积如山的奏折和繁杂的行政程序所包围,集权化的改革并不必然使政府更有效率。辽阔的国土面积和复杂的民情使得皇帝难以在千里之外实施其决策,中央政府如果要使具体的政策得以顺利实施,就必须依靠那些有权势的督抚并与之协商,统治者们都意识到他们的权力受到了制约。康熙皇帝的包衣曹寅想要试图制止两淮盐务局官员的腐败时,康熙私下告诫他道:"生一事不如省一事,只管为目前之计,恐后尾大难收,遗累后人,亦非久远可行,再留心细议。"①康熙皇帝这段话的潜在含义是大家所熟悉的,意即整个官僚体制无论在抗拒朝廷的指令还是抗拒内政改革方面都是既有韧性又有力量。

另一种不可调和的紧张关系在于,国家要想将其力量扩展到地方行政的愿望得不到地方精英合作就无法做到。地方精英不仅包括那些有科举功名的官员,还包括富裕的地主和商人,他们并不是彼此分隔的群体,富户和商人与士绅家庭的通婚、官员和地方有势力家庭的合作、满汉在政府中的合作以及各社会等级间普遍存在相互渗透。随着获取功名的难度越来越大,精英家庭为获得并维持较高地位不得不更加关注商业的投资和地产的管理。这种合伙资源多样化的情形使得同一家庭以及同一家族的不同成员去经商和治学,因而士绅与商人、地主难以完全分化出来。由于受交通技术条件的限制与地方势力离心化的威胁,政府既不能过分扩展自身职能,也不希望地方精英在地方事务中获得较大的影响力,最终不得不在这种两难选择中让步。至清中期,即使是知县所需管辖的人口也已超过十万,有限的财政收入使得负担过重的官员逐渐愿意把一些政府的功能委托给地方精英。地方官不再像清初时那样,在处理灌溉、调解纠纷、慈善救济、收税、办学、储粮和团练这些事务上进行监督,而是将主动权和责任交给这些精英。政府和商人之间的关系与之类似,官员们可能会非正式地将市政管理权让渡给那些省会府治以外城市的商人组织,这些组织在商业中心发挥了越来越多的公共功能。在 18 世纪,商人群体成了最有活力的社区领袖,是众多福利和市政服务的倡导者。财富与地位使得他们在城镇是天然的民间领袖,他们还与士绅一同在创造独特城市文化的过程中发挥重要作用。到 19 世纪,士绅和商人在城市中自我发挥政府功能的这一

---

① 中国第一历史档案馆:《康熙朝汉文朱批奏折汇编:第 1 册》,江苏古籍出版社 1984 年版,第 127 页。

过程仍在顺利进行。

虽然这种政府与地方精英共治的模式有效地实现了公共职能,但对于中央政府的地方控制能力确实是极大的削弱。地方官员为了自身的政绩与私利也乐于结交精英,并时常与地方精英联合抵制中央政府的政策。公开的抗议并不多见,反抗都通常采取比较温和的形式。1728年,雍正皇帝下令详细调查长三角地区拖欠钱粮的痼疾,但调查者遇到衙门吏员和地方精英的顽强抵制,花了两年时间才完成。调查结果显示,在江苏拖欠的1 000万两中大约一半是由税吏失职造成的,其余是官员腐败的结果。但由于没有足够多的收税官员,又没有地方精英协助管理,最后还是不了了之。相同的情况也出现在长江上游,1727—1730年雍正皇帝想要进行土地清丈时,地方精英同样发起了汹涌的抗议浪潮,并成功地迫使官员让步。当然这并非意味着政府已失去对地方的控制,而是在地方治理中政府必须与精英维持着彼此的平衡。如果商人与士绅对政府职能侵蚀过度,官僚集团甚至于精英自身的一部分,就会主张剥夺士绅的特权;另一方面,如果皇帝的政令完全忽视士绅的利益,言官们便肯定会抗议朝廷的过度干预,并呼吁施行更宽松的行政政策。

需要说明的是,尽管存在着各自利益不同的集团,但这些集团并未出现隔阂,社会也并没有被割裂。事实上,府、州、县甚至一个乡村,都至少包括与帝国最高政治阶层相关的京官、担任私塾老师或地方幕僚的下层士绅、不在政府部门任职却声望颇高的大家族、放高利贷者和市场掮客、富农、自耕农、成功的佃农和贫穷的农民。如果该村周围有一个大城市,情况就会变得更加复杂。同时,不存在一种绝对划分精英和大众的方法,各阶层之间并不固化。异族通婚、官员流动、商业成败和社会动荡等因素交织在一起,让不同的社会群体处于明显的变化之中。一个贫农或许不可能突然跃升至社会顶层,但一个有野心、小有积蓄、不乏才子的农民家庭通过不断努力,跻身士绅阶层,或许其某一代子孙甚至能进入管理帝国的官僚精英阶层。而养尊处优的精英阶层也可能因为职级变动、子嗣无能、经商失败等原因而家道中落。

总体来看,明清时期中国社会经济结构没有太大变化,虽然经历了17世纪的动乱,但总体上18世纪仍是16世纪的延续。直到18世纪初,帝国总人口的90%以上仍然是定居农业人口,农业依然是大多数人赖以生存的职业,这种状况一直持续到20世纪。但农业已不是致富的唯一途径,商业与手工业日渐繁荣,国内市场与国外市场都有着旺盛的需求,商人的社会影响力日渐增强。但此时的商人多与官僚集团存在暧昧关系,帝国最有权势的商人们恰恰是因其与政府关系最为密切而富甲一方。士绅阶层虽然也多有地产,但土地收入并非唯一的收入来源,努力跻身官僚集团虽是最优,但也并非唯一的选择,他们因自身的财富与科举功名带来的荣耀在地方事务中发挥越来越重要的作用。与其巨大的影响力相比,士绅在人口中的占比却相当小,至19世纪晚期全中国仅有约1.7%的人口属于士绅家庭。在权力的最高层,皇权集团与官僚集团的博弈仍在继续,皇帝拥有帝国最高决策权,但这种权力的行使受到官僚集团的重大影响。在地方行政方面,尽管中央政府并不愿意,但还是不得不默许地方官员与地方精英共治。这些地方精英在当地具有巨大的影响力,有些甚至能影响国内政治。

英国则与中国形成鲜明对比,在四个世纪中英国的政治制度与政治结构均在不断地变革。16、17世纪英国的社会变革主要有两个:第一是社会财富的两极分化;第二是上层各阶级中出现了更大程度的平等,乡绅的财富和力量相较大贵族增加了,商人和专业人员在财富、人数、地位方面相对于土地所有者阶级上升了。这里的乡绅主要指土地阶级中地位低于贵族的小地主,也就是社会地位在贵族之下、约曼农之上的那个特定阶层。英国著名社会学家拉斯莱特认为乡绅属于小贵族范畴,他将从男爵、骑士、缙绅和绅士列入乡绅范畴[①]。

在都铎王朝时期,英国的政治制度发生的最深刻、最具影响力的变化是由等级君主制向新君主制的转型。理论上,国王拥有英国最高的权力,但事实并非如此。按照《大宪章》以来的观念,国王应该靠自己过活,除非情况危急,否则不得征税,而国王有限的收入难以应付巨额的支出(主要为战争支出),开征新税需要议会批准,国王、大贵族与精英需就征税事宜达成一致,都铎国王们大多受到这个惯例的约束,因而议会能以拨款为条件在决策中施加自身影响。宗教改革后,议会逐渐成为国王、大贵族与精英三方协商的平台,立法成为议会的主要职能,国王与议会上下院之间保持着小心翼翼的平衡。"王在议会"原则的确立,也促成了"议会至上"宪法精神的萌发。经过近120年的改进、补充和更新,议会工作程序、规章和议事机构趋于稳定,政治程序开始变得复杂和繁密起来,立法成为最高决策权的体现。

都铎王朝100多年中,议会各方势力也产生了深刻变化。[②] 在玫瑰战争

[①] P. Lasleff, *The World We Have Lost*, London: Methuen & Co. Ltd., 1965, p.38.
[②] 同一时期的变化还有议会逐渐世俗化。亨利七世时期,有48个僧侣收到召集令状,而世俗贵族从来没超过43个;宗教改革期间,有49个僧侣贵族收到召集令状,同期被征召的世俗贵族则是51个;到伊丽莎白统治末期上院仅剩下26个主教,世俗贵族达到52个。

中,大贵族势力受到极大削弱。此前,贵族应召出席议会者最多达54个,而亨利七世即位后召集的首次议会,仅有29家受到征召,18家应召前来。都铎君主也吝于册封,所以大贵族的数目一般在50个左右。同时,都铎君主采用胡萝卜加大棒的方式收服贵族,只要服从君主的权威,大贵族就能成为都铎专制的受益者:在政治上,可以出入宫廷、出任官职、领导军队、参加议会;在经济上,可以得到特许权或直接参与工矿业、交通运输业、商业贸易等经营活动。

与此同时,精英阶层(包括乡绅、商人及律师等专门职业者)却得到大发展。首先,乡绅人数快速增长。16世纪20年代,乡绅占当时社会成年男子的0.7%左右。到17世纪初,英格兰的乡绅与其直系亲属的人数占到当时总人口的2%左右①。乡绅拥有的财产也在增加。15和16世纪,乡绅是最大的土地所有者,他们占有全国一半的土地。到1600年,乡绅的总收入是教俗贵族和富裕约曼收入总和的约3倍②。由于乡绅的重要性,他们被王室重用,在地方行政中担任治守法官,从国家公权力中获得声望、名誉和地位。乡绅阶层内部的财富差异很大,凡土地年收入10英镑以上或拥有动产300英镑以上即可跻身乡绅行列,17世纪初,乡绅按持有的地产大小可以分为3个等级:小乡绅持有50—1 000英亩土地,中乡绅1 000—5 000英亩,大乡绅5 000—20 000英亩③。他们采用先进的生产技术,参与圈地运动,按资本主义方式经营地产,与新兴资产阶级关系密切。成长中的乡绅们很快意识到进入议会、参与立法是维护和扩大自身力量的重要渠道。16世纪,英国下院人数从世纪初的296人急剧上升到世纪末的462人,增加166人,增幅达56%,所代表的郡由74个增至90个,城镇由222个增至370个。伊丽莎白女王时代,乡绅议员的比例平均高达66%。综览都铎王朝,下院中乡绅与市民的比例约为4:1。

其次,随着商业发展,对外贸易也得到国家的支持,不少有产者开始转而经营商业。商人大多出身于商人世家或贵族家庭,大致分为三类:经营国内外贸易与工矿业的大商人,奔走于全国各地的中小批发商,以及各城镇的店主和小贩。至"光荣革命"前后,英国大商人家庭约2 000户,中小商人家庭约8 000户,店主和小贩约50 000户,商人约占全国总户数的4.4%左右;当时的手工业者约有60 000户,也占全国的4.4%左右,因此工商业者大约占人口比

---

① K. Wrightson, *English Society*, *1580 - 1680*, London: Hutchinson, 1982, p. 24.
② J. M. Winter, *History and Society: Essays by R. H. Tawney*, London & Boston: Routledge & Kegan Paul, 1978, p. 88.
③ K. Wrightson, *English Society*, *1580 - 1680*, London: Hutchinson, 1982, p. 25.

例的 8.8%。

商人财富的增加使其社会地位随之提高,权力也随之扩大。16—17 世纪的英国,政治权力是基于财富的,只有富人才能支付得起各种官职的开销,出任官职也有明确的财产资格要求。商人手中的大量财富成为他们政治权力的基础。在伊丽莎白统治后期,商人在议会中的席位大大增加,权力也进一步扩大。在伊丽莎白女王一世 2 603 名议员中,17%为商人①。商人除自身参加议会外,还通过非正规途径对议员施加影响,每个利益集团都有自己的游说团,以贿赂的方式要求议员支持或反对某一提案。

大贵族与精英影响力的此消彼长,带来了议会上下院影响力的消长。15 世纪下院已获得和上院同等的宪政地位。下院也获有特权,包括自由言论权、议员豁免权和自行处分议员权。至伊丽莎白一世晚期,下院提案已占到议会提案总数的 4/5 以上。

国王依旧是英国强势的政治力量。都铎时期,国王与精英们有着一致的利益。精英们希望能获取更多的财富,国王希望能获得更多的收入,而这都以国家财富的增加为前提,因而需要稳定的国内环境与优质的外贸路线,强势的都铎君主制恰恰顺应了民族的需要。议会和法律看似使王权受到了限制,其实却提升了王权的合法性,并降低了统治成本。通过议会和法律,都铎君主可以用薄弱的官僚制度将中央的意志贯彻到地方,不仅弥补了都铎国家专制能力的不足,而且大大强化了政权的基础,这是都铎专制主义的一大特色。

17 世纪,权力的均衡状态被打破,大贵族与精英的势力持续增长,形成了对王权的制衡。1600 年前后,英格兰有 61 个"爵爷",1642 年有 136 个,这些人与他们的亲属门客、上层管家一起构成贵族等级,"构成了一个无形而有力的、能够延续下去的社会集团"。在英格兰和威尔士,1680 年这个集团总人数达到 6 920 人,他们在政治权力、生活方式、婚姻范围、亲属关系和庇护网络方面都具有"全英格兰"的性质。同样从 16 世纪到 17 世纪,乡绅家庭数量的增加也超过了同期人口增长的速度。1600 年英格兰有 500 家骑士、1.6 万家准骑士和乡绅,17 世纪末为 780 家从男爵、620 家骑士、3 000—3 500 家准骑士和 1.2 万—2 万家乡绅②。在都铎与斯图亚特两个王朝,不存在庞大的官僚机

---

① P. W. Hasler, *The History of Parliament: Vol. 1 The House of Commons*, 1558 - 1603, Sparkford: Haynes Publishing, 1981, pp. 12 - 13.
② F. Heal, C. Holmes, *The Gentry in England and Wales*, 1500 - 1700, Stanford: Stanford University Press, 1994, p. 11.

构,君主对地方社会的控制依赖不取俸禄的绅士。17世纪初,英格兰和威尔士的50多个郡掌握在3 000个"杰出"的乡绅手中;到17世纪末,主要掌握在5 000个乡绅手中。当时,社会管理机构由王室政府、郡县政府和教区三个层次构成,以中间一层最为重要。在松散而没有现代国家机器的情况下,乡绅担任郡县治安法官,既是王室政府代理人,也是地方社会代言人,这种双重身份使他们在英格兰的社会管理中发挥着关键作用。

虽然国王与议会有着利益一致的一面,但双方的分歧也越来越大,尤其是国王与下院直接的冲突日渐激化。自16世纪起,英国积极参与新大陆的探索、殖民与贸易,以国家力量同对手们展开竞争。为争霸而进行的频繁的战争使得国库入不敷出,虽然贵族与精英从国家的海外扩张中收获颇丰,但想从他们口袋里将钱拿出来并不容易,征税议案时常在议会受到抵制。国王为获取收入而谋求以封建特权获利,但收入有限,还激起了贵族与精英的不满。逐渐成熟的议会不再顺从,他们开始联合抵制国王的政策,维护自身集团的利益。1601年,伊丽莎白女王最后一次召开议会时,议会对政府提出的专卖品清单大为不满,女王及时做出数目减半的重大让步,才避免了冲突的爆发。至斯图亚特王朝时,由于国王信奉君权神授,意图实行专制统治,无视贵族与精英的利益,议会与国王矛盾进一步激化。1642年,英国内战爆发。查理一世被处死后,英国历史进入了11年共和国时期(1649—1660年),原先君主制下的各类行政机构随之瓦解。1649—1653年,实行议会治理制,一院制议会握有最高权力。由于克伦威尔希望以常规税收维持常备军,而议会则希望削减开支,解散军队,双方矛盾尖锐,1653年克伦威尔解散议会,实行个人统治,护国公成为无冕之王,权力并不比国王小。这种不受约束的权力给英国人留下了阴影,克伦威尔去世后英国旋即恢复了君主制。

1660年,查理二世复辟,国王与议会通过相互妥协达成了暂时的平衡。国王被迫同意不再恢复革命时代消灭的封建税收机构,认可议会完全取消国王对于贵族与精英的封建特权,承认议会对财政政策拥有优先决定权,接受议会规定的每年120万英镑的供应额度。议会也满足了查理二世的一些要求,惩处了57名"弑君者"。为防止国王长期停开议会,1664年议会重新通过《三年法案》,规定国王每三年至少召开一届议会。然而,平衡很快再次被打破,查理二世对内开始取消宗教自由,迫害清教徒,企图恢复天主教,并以王党成员把控议会,对外推行亲法政策,出卖英国利益来换取财政援助,国王与议会的矛盾再度出现。

17世纪70年代后期,英国早期政党政治兴起,议会开始分成辉格党与托利党两派。一般说来,辉格党代表新兴地主和资产阶级利益,托利党代表旧的土地贵族利益,但有时这种界限也是模糊的。总体上,辉格党支持对外扩张,认为这是英国争夺殖民地和海外市场的必要行动;托利党总体上反对战争,因为托利党人多数是土地贵族,战争对他们没多大利益。1685年,詹姆士二世继位,他很快走上了建立专制王权的老路,公开恢复天主教活动,残酷压迫辉格党人,并企图建立常备军。1688年7月,托利党和辉格党联合发动"光荣革命",君主立宪制确立。1689年2月,议会通过《权利宣言》,同年经国王和女王签署生效上升为《权利法案》。法案确定议会为最高权力机构,不经议会批准,政府不得强迫任何人纳税或捐助。1694年,《三年法案》的再次重申是对《权利法案》的重要补充,议会成为一个常设性立法机构,同时每届议会不得超过3年,以防止国王和权臣在议会中培植自己的势力。

"光荣革命"后,虽然国王和议会共享权力,但某种程度上国王仍是权力的中心,他不仅是立法机构的一部分,还是唯一的行政首脑,有权任命枢密院大臣及其他政府高级官员。但此后一系列变故使王权不断削弱,加上议会力量不断加强,英国从君主政治转向贵族政治。同时,议会与政府的有机联系开始建立,政府成员必须同时是议会议员[①]。随着内阁独立性的增强,内阁与议会下院之间的有机联系也逐步建立,以争夺内阁控制权为目标的政党活动开始勃兴。

内阁在斯图亚特王朝末期开始萌芽,但当时的内阁处于君主控制之下,没有独立地位。内阁成员由枢密院中一些地位较高、影响力较大的核心成员组成,因早期是国王以秘密方式召集,且通常与国王内室秘密开会,被时人贬称为"内阁"。其后内阁逐渐演变成为公开机构,1714年,内阁成为正式的称呼。内阁由十多名成员组成,包括大法官、财政大臣、国务大臣、掌玺大臣、枢密院长等。起先内阁大臣不分党派,但党派分歧极大地影响了政治效率,为此国王开始任命下院多数党领袖为内阁大臣,组建内阁。内阁与议会实现一致,政府运转效率大为提高。

汉诺威王朝时期,部分托利党贵族卷入了斯图亚特王朝的复辟阴谋,失去了国王的信任,辉格党进入优势期,实现了从中央到地方的权力控制。1714—1761年英国在两任汉诺威君主的统治下,政权一直控制在辉格党手中,国王

---

① 钱乘旦、许洁明:《英国通史》,上海社会科学院出版社2002年版,第194页。

利用政府大臣的任命权组建了多届清一色的辉格党政府,辉格党人通过封官晋爵、金钱收买等方式来控制议会,长期主宰英国政坛。由于君主大多缺席内阁会议,内阁逐渐获得了独立的地位,"首相"成为会议的召集人和主持人,于会议结束后将报告呈送国王。由于政府各项工作中,经济事务最为重要,"首相"重任落在财政大臣身上。一般认为,1721年,沃波尔成为英国历史上第一位"首相"。辉格党政府执政期间经济政策有明显的重商主义特点,尤其是推行有利于工商业发展的税收政策。为了刺激工农业产品的出口,政府取消了几乎所有的出口关税,降低了英国生产所需要的原料的关税,同时还大幅度降低土地税率。18世纪中后期,国内局势发生变化,乔治三世内外政策的失当直接导致王权进一步衰落。随着政党政治的发展和内阁制的完善,君主"统而不治"的时代拉开序幕,下院中政治力量的消长开始决定内阁沉浮——谁掌握下院多数,谁就能上台组阁,政府与下院保持一致。

理论上,议会下院由选举产生,因此它代表民意,但实质是贵族寡头制。18世纪是英国从农业社会转向工业社会的过渡期,社会进一步分化,呈现出三层式结构:处于顶层的贵族,居于底层的民众,与介于两者之间日益壮大的中间阶层。政治上的贵族寡头制与经济上的大地产制,使贵族阶层成为英国这艘航船的主人。贵族拥有头衔、地产和等级优势,通过出身和财产控制着国家权力,远非其他阶层可比。贵族人数极少,1800年英格兰有头衔的贵族仅有267人。他们有共同的血统、教育、追求、思想、语言、宗教和名望,庞大的地产和古老的家世血缘是贵族集团相同的基础,土地是其财富的体现,土地数量是衡量其身份的标准。贵族凭借其财富与权势牢牢地把持着从中央到地方、从政府到军队的各种职位。

贵族的政治特权首先表现为控制立法权,贵族是议会上院的当然成员,同时他们对下院拥有极大的影响力。选举虽然决定下院议员的组成,但事实上议席分布是几百年前形成的,具有选民资格的人很少,议席分配不合理,因此基本上控制在各地贵族手里。1715年,英国选民仅占总人口的4.7%,到1813年进一步下降到2.5%。1793年一份报告指出,在400多个下院议席中,256个议席是由11 075个选民选举出来的。在19世纪初,英国49个大城镇中的21个还不是选区。[①] 贵族们为了控制议席,增强政治影响,在选举过程中营私舞弊、贿赂公行。18世纪上半叶,贵族完全控制的下院席位为105

[①] M. Brock, *The Great Reform Act*, London: Hutchinson University Library, 1973, p. 10.

个,相当于下院总议席的 1/5 以上,到 1747 年增加到 167 个,1760 年 56 名上院贵族赞助了 111 名下院议员,1786 年受贵族赞助的下院议员达 210 个,占下院议席的 37.6%。1715—1785 年间贵族控制的议席翻了一倍,与 18 世纪初相比则翻了两番。① 据统计,1796 年下院有 120 名议员为贵族或贵族之子,占下院总数的 21%,另有数百人与贵族有亲戚关系,或是在贵族庇护下当选的,两者加在一起超过下院总席位的 70%。② 在国家官僚机构中,贵族的优势也非常明显。1782—1820 年间的 65 名内阁成员中 43 名是贵族,剩下的 22 人中 14 人是贵族之子,其他 8 人也与贵族有亲戚关系。地方政府也在贵族的控制下。各郡郡守职位也基本上被贵族把持,18 世纪英格兰和威尔士 294 名郡守中,255 人为贵族之子,其余的 39 人中,另有 7 人是贵族的亲戚。贵族的势力还体现在对军队的控制上。18 世纪的 20 名陆军元帅中,有 14 人是贵族,占 70%。海军军官中贵族所占比例通常更高,18 世纪先后有 23 人出任海军大臣,其中 16 人为上院贵族,1 人来自王室,2 人为贵族之子。③

贵族对政治权力的控制,源于其对农业财富的垄断,基础是庞大的土地财产。1688 年"光荣革命"时,英国世俗贵族的人数为 160 人,1720 年至 1780 年间大致稳定在 190 人左右。贵族阶层拥有大量土地财富,地产与贵族家庭的命运息息相关。1710 年议会制定相关法案,把拥有地产作为进入政治上层的必要条件。有资料表明,1700 年,英国贵族占有全国土地财富的 15%—20%,到 1800 年,这一比例提高到 20%—25%,全国有大约 20 名贵族每人占有 10 万英亩以上的土地。④ 工业化之前英国就有发达的手工业和商业贸易,但并不能改变农业社会的基本属性,"土地是最大的单一经济驱动力,财富的最大源泉是租金,土地也是最大的雇用者"。

伴随着工业化浪潮,中间阶层的人数不断增加,影响日益上升。至 19 世纪中叶,英国贵族(包括其家庭)仅有 4 万—5 万人,而中间阶层却有 400 万之众,约占到全国人口的 1/6。事实上,中间阶层并不是统一的整体,他们在收入来源、生活方式及意识形态方面均有较大差异,唯一的相同之处就是他们都不是贵族,是工业革命让他们拥有了相同的经济地位。工业资本家是其中最重要的一个群体,体现着工业革命带来的最重要的社会变化。工业资本集中

---

① 阎照祥:《英国贵族史》,人民出版社 2000 年版,第 253 页。
② 程汉大:《英国政治制度史》,中国社会科学出版社 1995 年版,第 223 页。
③ 钱乘旦:《英国通史:第 3 卷》,江苏人民出版社 2016 年版,第 181 页。
④ R. Potter, *English Society in the Eighteenth Century*, London: Penguin Books Ltd, 1982, p. 80.

在英格兰北部,企业家来源有:手工作坊主和工场主、发明家、部分商人以及部分从事炼铁、制陶、采煤等生产经营活动的贵族。这些人经过工业革命的洗礼,熔炼成一个有着共同生产活动和利益的集团,即工业资本家集团。在政治上,他们参与到议会改革运动中去,要求改变贵族垄断政权的局面,废除腐败的议会选举制度;在经济上,他们要求废除《谷物法》,实行自由贸易,并且反对政府对劳动力市场的干预。在共同利益的表达中,他们意识到自己是一个"阶级"。作为英国工业化的中坚力量,他们催生了工业革命,并从中获益,成为财富上的中间等级,他们最支持自由贸易政策,在政治上也十分活跃,要求实行资产阶级的统治。

工业革命造就的另一个阶级为工人阶级。到18世纪中期,约有40%—50%的家庭成为靠工资为生的家庭。作为一个阶级,他们的自我意识发展相当缓慢。直到19世纪上半叶,大多数工人还不是现代意义上的工厂工人。在18世纪末和19世纪初的许多重大事件影响下,工人运动逐渐兴起,并在1819年8月16日的彼得卢大屠杀中达到高潮。这次事件加强了工人的阶级认同,它成为一个阶级仇恨的象征。19世纪20年代,受到威廉·汤普森、罗伯特·欧文等人的影响,他们的阶级意识进一步发展。在1831—1832年的议会改革时期,伦敦、利兹和曼彻斯特的工人组建了他们自己的政治同盟,成为中间阶层的竞争对手。工人阶级独立地参与到议会改革之中,表现出阶级意识的成长。

工业革命之后,以农业收入为主的土地所有者们(贵族与乡绅)与中间阶层(除乡绅)之间逐渐分化,双方的利益不再一致,甚至发生冲突。18世纪60年代爆发的威尔克斯事件让中间阶层意识到:现存的议会制度并不体现民意,新兴的社会力量缺乏代表权,因而纠正时弊的唯一出路是让真正的人民代表进入议会。此后,中间阶层改革组织纷纷建立,他们利用手中资源大量发行改革宣传品,举办辩论会,发表政治演说,发起各种请愿运动,宣传改革主张,从而极大地激发了民众的热情。1780年,各地联合会代表在伦敦举行大会,大会提出:对公共财政实施监督,下院至少增加100名郡议员,实行年度议会,通过立法手段削减选举费用,并杜绝贿选行为①。正是在中间阶层运动的冲击下,小皮特政府进行了一系列改革,包括议会改革方案,将选举权扩大到

---

① A. Goodwin, *The Friends of Liberty — The English Democratic Movement in the Age of the French Revolution*, Boston: Harvard University Press, 1979, p. 61.

年收入 40 先令的公簿持有农及租地农，尤其是在 1785 年的方案中提出用 100 万英镑"赎买"36 个衰败选区的代表权。但因保守派势力强烈反对，该议案在下院被否决。

法国大革命这一外在冲击，对 18 世纪晚期的英国产生了重大影响。由于对法国大革命的过激反应，英国内部的政治运动受到极大限制，议会改革运动一时沉寂下去。冲击还引发了英国思想界的激烈辩论，辩论双方是以伯克为首的保守派和以潘恩为首的激进派，结果是辉格党陷入分裂并长期衰微。18 世纪 90 年代初，在小皮特的领导下，小皮特派、原托利党人、辉格党保守派实现了联合，这支重组的政治力量成为新托利党的主体，伯克的保守主义思想成为党派理念，一度涣散的托利党由此实现了重建与复兴，并把持政权达 40 年之久。而辉格党中的激进派则成为议会中坚定的反对派，对政府的内政外交进行猛烈的抨击。两党在政治上的分野逐渐明晰，政党政治的排他性显露出来。

议会改革是 19 世纪英国政治的主线，其目标是实现从寡头政治向大众民主的转变。贵族寡头统治确立之初（"光荣革命"后）是世界上最开放和包容的政治制度。当时，土地贵族是最强大的社会力量，由贵族集体统治具有某种合理性。进入 19 世纪后，中间阶层与工人阶级的力量逐渐增强，呼吁改革的团体与政府冲突日渐加剧，群众性集会此起彼伏，流血冲突时有发生。1827—1829 年托利党的分裂使反改革的力量被大大削弱。1830 年 11 月，在激进派、自由托利党人和极端托利派的共同支持下，辉格党重新上台，结束了托利党近半个世纪的统治。辉格党希望革除制度中最突出的弊端，但尽量保持现有的政治制度，他们同意扩大选举权，但不愿意过分分享权力，因而坚持选举权应建立在财产基础上，通过有限度的改革平息中间阶层的不满，孤立并弱化工人阶级，建立贵族和中间阶层之间的政治联盟。格雷（时任首相）认为，中间阶层的影响力已不可等闲视之，如果不对中间阶层做出让步，将很快导致现有制度的毁灭[①]。1832 年，在辉格党推动下，议会改革法通过，选举权被扩大至中间阶层，他们当选议员的机会大大增加，同时部分衰落选区的议席被废除或削减，新兴城市得到了这些议席。这次改革只是一次有限的改良，中间阶层分享了政治权力，但工人阶级仍然被排除在选民之外。而中间阶层在获得政治权

[①] J. Cannon, *Parliamentary Reform*, 1640-1832, New York: Cambridge University Press, 1973, pp. 250-251.

力之后,也立即投入到对自身利益的争夺上,1846年《谷物法》废除,自由贸易成为英国的国策,资本主义的发展进入新的阶段。

议会改革后,旧有的辉格党和托利党分别向自由党和保守党转化,英国现代政党正式形成。自由党以自由主义为理论基础,反对国家干预;保守党强调国家干预,主张工农业并重。随着选民人数不断增多,自主意识不断增强,政党的组织工作也日渐重要,地方党派俱乐部和政治媒体的数量和影响骤然增加。两党制逐渐成熟后,议员进入下院后统一服从党的领袖,在野党则建有"影子内阁"随时准备轮换上台。19世纪中叶后,内阁影响力日益上升,形成与议会互相制约的格局,党派政治的成熟使执政党可以以党纪约束党员,保证议案顺利通过。

第三节　中英政治经济结构变迁特点比较

通过前两节的梳理,可以看出15—19世纪两国的政治经济结构变迁呈现以下不同:

一、原工业化的农业国与迈向工业化的商业国

首先,两国经济结构变迁轨迹不同。中国经济结构基本稳定,由于中国广大的国土面积,人口的流动方向是由人口稠密区流向人口稀少的边疆地区,继续以农业为生,而英国由于国土面积有限,农业过剩人口不得不转而投向工商业,由乡村向城镇流动。

经过明初的恢复,至明中期经济进入高速发展阶段。农业仍然是全国九成以上人口赖以生存的职业,技术进步使农业走向多样化,无论是农具制造还是生产技术都有新的发展。改良土壤与挑选新品种的手段,特别是新耕作法的引进,在明代末年促进了农业的全面进步。占城稻的引进使得粮食产量大增,闽、浙一带出现了双季稻,岭南则有三季稻,农业产量有所增加,稻田亩产两石或三石,有些地区可达五六石。由西南从海路进入中国的红薯也大受欢迎,到18世纪已成为福建、广东居民可与稻米相比的主粮。高粱经由缅甸进入中国,到15—16世纪广泛种植。玉米由美洲传入,自17世纪起已开始到处种植。中国人口也由明初(1398年)的6 500万,增长到明末(1600年左右)的

1.5亿以上,1850年左右中国人口达到4.3亿。人口的激增导致人口的大流动,农民离开比较发达、人口密集的地区,如长江下游、东南沿海、华北、长江中游部分地区和岭南东部,到西面和北面的地方去开垦新的田地,如汉江的灌区、长江上游、西南地区和两湖地区,满洲和东面的台湾。同时,还进一步促进了全国市场的专业化分工,但从事农业及相关行业的人口仍占全国人口的九成以上。

从15世纪后期开始,英国人口稳步增长。由于人口迅速增加和"价格革命"引发了圈地,农村社会发生深刻变化,农场制兴起,农业开始转向资本主义生产,由此逐渐形成地区生产的专门化。1520年至1600年农村农业人口增长了近60%,而土地开垦的数量很少,同时由于农业生产是农牧混合制,对劳动力的需求进一步减少,造成了更多的失业。这些失去土地或破产的小农或是靠从事家庭工业维持生计,或是充当农业工人,或是向外迁移,城镇是他们的首选落脚地。工业革命进一步促进了经济结构的转型,从事工商业的家庭远远超过了农业家庭:1801—1803年间,从事商业的家庭有20万个,从事工业和建筑业的家庭有54万个,从事农业的家庭则下降到32万个[①]。1788年,农业占英国经济总量的40%以上,工业和建筑业不到21%;到1850年,农业的比例下降到21%,工业和建筑业上升到35%,运输业从不足12%上升到19%。19世纪初,近40%的家庭务农,约40%从事工商业;到1841年,英格兰和威尔士成年男性中只有约26%务农。

二、国内长距离贸易与广阔的海外市场

其次,两国的国民财富主要来源不同。中国的国民财富主要来自基于区域专门化的国内市场,而英国则主要依靠对外贸易。

明清时期的中国已成功地利用前工业时代的技术。农业、手工业、商业三者之间的关系至为密切。16世纪,区域经济的某种专门化已鲜明显露。稻米生产与出口大区已转至长江中游的湖南、湖北两省,长江下游则愈来愈转向商业与手工业。纺织工业居中国一切生产之首。茶叶种植遍布整个长江流域。长距离交易渐成规模,国内水运网的发达极大促进了市场的繁荣,商船往来频

---

① B. R. Mitchell, *British Historical Statistics*, New York: Cambridge University Press, 1988, p. 102.

繁,关东每年运大豆和小麦至上海,上海运布、茶等至关东。长江沿岸地区大宗商品主要有盐、米粮和金融业。山西票号的发展也极大促进了商业的繁荣。

对外贸易有两个主要的组成部分:与东南亚、日本和菲律宾的交易,和欧洲商业公司横渡印度洋和太平洋所进行的贸易。对外贸易的体量远小于庞大的国内市场,比如19世纪,出口茶叶只占茶叶总产量和贸易数量的13%—14%。[①] 同时,即使海关关税远高于内地商税,到18世纪末,国内贸易税收为400万两,而海关税收只有65万两。此外,尽管商业与手工业蓬勃发展,但相比于4 000万两以上的财政总收入商业类税收占比并不大。[②]

16世纪到17世纪中叶,英国国内的商业网围绕伦敦逐步形成。伦敦巨大的人口规模使得它的粮食和生活用品要靠全国各地供应,同时伦敦也向它们供应进口商品,从海外进口的商品通过沿海和内陆的商路运往各郡的港口,再转运到内地。各郡都有一大批大中城市,这些城市以邻近的地方性经济体为腹地,构成区域市场,是联结区域市场与伦敦的纽带;而各郡的小城镇是周边乡村手工业产品的生产和供应地,以及剩余农产品的集散中心,它们是沟通城乡的桥梁。

相对于国内市场,海外市场对英国而言更为重要。英国的海外扩张其实早在15世纪末即已开始,16世纪中叶后,为争取对有利贸易区和贸易线路的控制权,海外探险和商业扩张成为国家性的冒险事业。贸易公司的盈利,加上海上掠夺,使得英国贵金属大大增加,这些财富主要来自三个贸易领域,即对欧洲、殖民地和东印度的贸易。工业革命之后,英国的对外贸易进一步发展,转口贸易也大大增加,成为世界上最大的出口国。

三、稳定的政治制衡与变革的政治结构

最后,两国政治结构变迁不同。明清时期中国政治结构相对稳定,而同时代的英国政治结构则处于不断的变革中。

在四个世纪中,中国政治制度基本稳定,虽然朝代更迭,但清代对明代制度进行了大规模的承袭,所以国内各政治势力格局基本稳定。在地方行政方

[①] 这个估计是以吴承明考证的茶叶贸易数字为依据的,参看吴承明:《论清代前期我国国内市场》,《历史研究》1983年第1期,第96—106页。
[②] 相关数据详见本书第四章。

面,尽管中央政府并不愿意,但还是不得不默许地方官员与地方精英共治,这些地方精英在当地具有巨大的影响力,有些甚至能影响国内政治;在权力的最高层,皇权集团与官僚集团的博弈仍在继续,尽管皇帝拥有帝国最高决策权,但这种权力的行使会受到官僚集团的制约。与明代相比,清前中期皇权处于优势地位,并在重要的改革事项中为地方提供了支持,而在中期之后随着平衡的重新恢复,对制度的改革也趋于停滞。皇帝、商人、官僚及士绅形成相互制衡的关系,皇帝和商人在约束官员的问题上具有共同利益,当商人的地方影响力突出时皇帝与官僚会采取一致的态度抑制商人的过度发展,而皇帝对商人权益的过分侵犯也会遭到官僚士绅与商人的共同抵制。

英国的政治结构则处在不断的变革中。国家政治制度发生了巨大变化,议会取代国王成为全国的最高权力机构,而王室政府也逐渐向责任内阁过渡,政党政治从产生走向成熟,以争夺内阁控制权为目标的政党活动开始勃兴,内阁与议会下院之间的有机联系建立,不断发展的政治制度给了各阶级表达自身诉求的平台与机会。与此同时,社会结构板块也发生极大变化:都铎王朝时期王权强势,贵族与中等阶级处在成长之中,圈地运动导致自耕农分化,大量失地农民出现;17世纪国王与贵族精英冲突加剧,政权几经更迭,在"光荣革命"后趋于稳定,以贵族为代表的土地所有者开始成为国家主导;18世纪后期,工业革命催生了新的阶级,产业资本家与工人阶级崛起,他们与以农业收入为主的土地所有者们(贵族与乡绅)利益趋异,对财富的掌握使得产业资本家具有极强的政治影响力,得以在议会改革后与土地贵族分享政治权力。

第四章 15—19世纪中英财政制度变迁

第一节 变迁的起点

一、财政管理比较

(一) 明代财政管理

1. 财政管理机构

中华帝国长期以来演化出了十分成熟的官僚系统,从中央政府到各级地方政府都配备管理各种社会事务的官吏,分工细致。精致的官僚体系形成对皇帝的极大制衡,为了加强集权,削弱官僚集团的力量,明太祖在制度建立之时通过分化官僚集团的方法来实现皇权的绝对优势。

户部是理论上的国家财政主管部门,十三清吏司为户部的核心机构,分别对应帝国的十三个行省,每司有3—4名文官,司内部又分四科,分管各地图志、户口物产、会计、杂课收入及漕运等事务。户部太仓是通常所指的明朝国库,包括粮仓和银库两部:粮库用以存贮夏税、秋粮中的漕粮,常备粮400万石,主要供给京师官员与军队月粮;银库以储藏现银为主,包括夏税秋粮中的折银部分、盐课折银、户口盐钞、商税、马草折银、银课等。在户部之外,其他五部也都在某些方面涉及财政管理,其中工部与户部的职能交叉尤为突出。工部在许多地方设局抽分竹木,截取部分渔课,并可从各地征用物资和征派劳役,用以宫殿、陵寝、公共建筑和城郭的修造营缮,治水与屯垦,开发河渠与山林之利,制造军需装备与战船等。此外,京师需要的特供采用"坐办"的方法,由工部直接要求木材产地官员完成,开支由税粮弥补,或以这些原材料来代替正税。工部财力不足时,还会奏请皇帝以户部管理的地方税收来满足需要。同时,明代皇室财政与国家财政并没有明确的区分,甚至许多支出都无法准确界定为皇室支出还是政府支出。皇城中各种设施一应俱全,有银库、仓储以及原材料加工和制造工场,此外还有内府供用库、司钥库、内承运库等库、厂、房、门,所有这些衙署及生活服务设施超过50个,名义上分属户部、工部和兵部管理,实际上大臣们仅是保障供应,皇帝才是宫中的财务主管,是帝国财政的真正决策者。

多数时间,户部尚书仅相当于皇帝的会计出纳,实施一些有限的计划。财政分权造成了严重的后果,整个明代从未建立起中央国库,户部太仓仅是京师的银库之一。除非有皇帝的命令,库银不能在各库之间划拨。在崇祯之前,太仓所掌控的财政收入大约只占帝国总财政收入的12%。不仅如此,南京户部也不是北京户部的分支机构,其尚书直接对皇帝负责,在南方履行地域性职能,有自己的应收额度与银库、粮储。财权的分散保证了皇帝的财政集权,却导致了政府效率的低下,由于各部府库所储的金额都有限,而国家各项事务开支浩大,致使各部之间为了各自利益往往互相推诿。帝国的收支也像是错综复杂的大网,一个仓库可能要同时面对很多解运者,一个解运者也可能同时为很多部门服务,解运的物品种类繁多,很难在账目上合并,即使明中后期广泛使用白银后这种情况仍未改善。

各级地方政府也有其财政职能,宣德三年(1428年)全国省级行政机构基本定型为两京、南北直隶和十三布政司(山东、山西、河南、江西、湖广、福建、浙江、广东、广西、陕西、云南、贵州、四川)。各布政司为地方最高行政长官与省级财政主管,负责重要的统计数据,与各部协调预算、税收和"坐办",并管理省内的银库和粮仓。同样,省级的财政管理缺乏统一性,通常巡抚是直接对接皇帝,而布政使同各部保持正常的工作往来,前者是上报特殊事情,后者则是例行公事。府处在中间位置,财政职责主要是稽核各项事务,保证所有计划征收的钱粮正常解运。在所有各级官员中,县级官员的财政责任最重,除钞关税、竹木抽分、盐课等收入是由特定机构征管外,其他国家收入都经由县级官员征管。田赋,以及商税、房契税、盐课、门摊税、僧道度牒银、酒醋税、罚赎收入、户口食盐钞和部分渔课,辖区内的官田,物资的征用,各级政府机构佥派人役都由知县管理。此外,知县还要定期主持人口登记,编造黄册,编审乡村社会中的里甲体系,佥选粮长,上报自然灾害以便蠲免税收和救济饥荒。从财政管理角度讲,明代各级政府官员都围绕着将地方财源征解送达中央,供最高统治者支配这一目标而分工协作。

明代具有财政职能的还有特设财政机构:漕运衙门负责漕粮调运,盐政衙门负责盐课的征收,各税关负责常关税的征收,以及茶马司、市舶司等机构,受限于篇幅,不作论述。

2. 财政调度与预算

明政府每年具体的赋役数额和分派,有一套严格的程序:由户部先核算前一年的国库盈余、各地蠲免数额,并统计全国的赋税总额,再根据规定将应完税额下发各省;各布政司按数额分配至各府州县;府州县根据规定,留足必需数目后将起运送达京师;户部每年年终对全国仓储进行核查,据此计算次年的赋税该征数额,进呈皇帝过目。

明帝国税收大多由中央与地方共享,中央与地方政府的财政分配方式主要按起运、存留进行。起运分为中央和九边两项:起运中央主要是运往太仓、皇帝御用仓、沿运河的中转仓或诸部寺仓库;起运九边包括民运税粮和盐引两项,以民运税粮为例,陕西一省要供应甘肃、宁夏、固原与延绥四镇边饷,约占本省税额的70%。存留用以支付当地卫所军饷所需、藩王岁禄之用、官吏俸禄、地方赈灾与教化等项开支,内地各省的军费一般也从存留中支出。

明代财政管理建立在较低水平的侧面收受上,与定额税制度相适应,强调在低水平上的运作及半永久性基础上的联系,但是这种管理模式不可避免地落后于政府职能的发展。下层部门要为上层部门提供各种服务,而上层部门却缺乏对下层部门的维护和资助,最终使各项运作耗费巨大。这限制了提高行政效率的可能而过分依赖皇帝自觉地调整与监督,却给皇帝带来了想要的安全感。清代继续沿用这种方法,一直到19世纪才发生改变。

以现有资料可以推断,明政府存在某种程度上的预算理念,然而这种预算理念是僵化的原额主义,或称为半预算理念。在洪武时期,为加强皇权,限制大臣的相机抉择,同时为了保护小农的利益,防止官员在征税中营私舞弊,皇帝对国家的税收数额与支出项目进行了严格的规定。1393年,洪武皇帝宣布北方各省新垦田地永不起科,自此定额税收作为不成文的法律固定下来。这种定额制的财政运行方式导致在财政管理方面重视账目,却忽视具体的运作,皇帝的俭省政策使定额制度下的政府预算降到了最低,且从不调整。自明宣宗时期(1425—1435年)起,计划收入一直保持在2 700万石左右直至明代晚期。这对帝国财政来说是致命的,初期尚能勉强维持帝国运行的财政收入,显然无法保证帝国中后期的财政需要,政府的职能受到了极大的限制。

（二）英国财政管理

1. 财政决策

中世纪晚期的英国与中国相同，国王无疑具有最高财政决策权，所不同的是其权力的行使受到议会的制约，这种制约源于英国特有的政治协商传统。

1215年《大宪章》诞生之后，"无代表权不纳税"的理念逐渐深入人心。13世纪后半叶，议会正式产生，在一定程度上可以起到制约王权的作用。批税权是议会最有力的武器，也是它赖以存在和发展的基础。"非赞同毋纳税"成为议会维护自身权利的重要手段，议会通常以批税为条件要求国王同意某些请愿或做出某些改变。14世纪三四十年代，两院制议会形成，上院、下院分别在不同地方议事，在讨论完成后，由代表分别向国王报告结果，两院有时也进行协商，解决分歧。议会成为国王、贵族、精英之间沟通的平台。15世纪时，每位国王在夺取或维护王权时都要注意与议会配合：一是论证王位的合法性；二是由于持续不断的战争需要，国王不得不与议会协商批税。

议会下院又称平民院，主要由骑士和市民代表组成，代表通过选举产生，被选举人有财产资格限制。14世纪中期，议会下院基本上控制了批税权。下院主要讨论国王的征税要求，也提出各种请愿。上院又称贵族院，主要由大贵族组成，议员不是选举产生的，无任期限制。由于国王可以增封爵位，而议员死亡无须增补，所以上院议员人数不定。上院议长通常由大法官兼任。贵族也是国王的征税对象，也参与讨论国王提出的税收要求，但更多的是进行审判。15世纪中叶以后，由于玫瑰战争，贵族元气大伤，迅速衰落。下院地位相对提高，财政权扩大，成为议会的核心，形成了由下院动议和最后决定税额的拨款程序，同时还享有对财政支出的部分监督权。在立法方面，下院不仅有立法创议权，还与上院共享同意权。1489年，随着下院地位的提升，那些根据国王旨意提出的褫夺财产议案必须经过上下院共同认可方能成为法案，王室政府不得以任何非法形式侵犯国民的私有财产。

虽然14、15世纪的议会是限制王权的重要力量，但这时的议会是国王的议会，仍是依附于国王的机构，且非常设机构。财政独立意味着能够彻底摆脱议会对王权的钳制，都铎王朝的君主们深谙此道，纷纷在议会税收之外另辟财源。

亨利七世继位后即致力于重构国王与议会的关系，使国王管理议会而不是议会管理国王。通过继承兰开斯特公爵、约克公爵和里士满伯爵的领地，加之都铎王朝初期海外贸易扩大带来的关税收入，以及来自其他封建特权收入，亨利七世的年均收入从1485—1490年的5.2万英镑,上升到1504—1509年的14.2万英镑,他去世时国库充盈,约有200万英镑积蓄,相当于当时15年的常规收入。16世纪30年代,亨利八世以个人婚姻案为契机发动宗教改革,解散国内大小修道院,没收修道院财产,使王室固定收入增加了约两倍。伊丽莎白一世迫于国库空虚,大臣经常不能按期如数领取薪俸,便赐给他们各种专卖权,包括糖、盐、扑克等日用品,以及经营对外贸易、管理商品市场、承包关税等。由此带来的问题是腐败,最突出的表现是偷税漏税和卖官鬻爵,这些问题也为17世纪的内战和革命埋下了伏笔。

总体而言,都铎王朝前期的大政方针符合英国国家利益,实行重商主义政策,鼓励和保护工商业的发展,建立海军,拓展殖民地,建立海外市场。贵族与精英的利益得到满足,很少发生议会与国王的尖锐对立。议会形成国王、上院、下院"三位一体",国王居主导地位,拥有议会召集权、休会权和解散权,可以通过册封贵族、增设或取缔选区等方式影响两院的成分,影响议会运行和表决结果。但这并不意味着国王可以操纵议会,都铎王朝时期国王不在会期驾临议会成为传统,议员活动的相对独立性和行为自由得以保障。尽管议会在立法方面的职能已大大加强,但批税仍是它的主要职能。

2. 财政管理机构

中世纪时英国拥有欧洲最发达的中央财政机构,它以财政署为中心,还有主要处理国王和王廷财政事务的宫室和锦衣库,以及地方财政官。与其他行政事务一样,国家财政与王室财政区分不明显,三个财政机构的职能经常重叠。都铎王朝时,由于财政署办公地点固定,且易受到议会的监督,加上中世纪政府的二元性,财政署独立性的发展与国王的个人意志相矛盾,所以国王常常利用身边的个人财政机构处理个人和国家的财政事务,特别是在战争期间。

1) 财政署

财政署分为"上部"和"下部",每年于复活节和米迦勒节(9月29日)举行结账会议。当会议举行时,温切斯特国库由国库长和司宫带领下属前往指定的会议地点收取国王的收入,这些人组成财政署的下部,因此下部实际上是国库附属于财政署的一个临时机构。财政署的核心是上部,又称审计部。除国库长和两名国库司宫外,其他成员都是王廷的重要官员,称为"财政署男爵",国王有时也参加并主持会议。都铎王朝时,财政署已成为一个专业化的财政机构,王廷要员很少参加结账会议,他们的代表成为财政署的重要官员。到财政署交纳款项的人除郡守以外,还有其他各种人员,如国王地产的守护人、城市的执事、空缺主教和修道院长的土地守护人等。其中,郡守的款项是最主要的,包括国王在该郡的庄园的年收入、国王的司法利润、盾牌钱和协助金等。

由于财政署具有公共属性,并不会完全为国王的利益服务。但是,作为理论上的国家财政中心,财政署并不能实现对财政的全面有效控制,它对王廷各部门的财政控制仅限于审计它们的账目。当国王有令时,财政署通常并不能拒绝拨付。

2) 锦衣库和宫室

锦衣库与宫室都属于王室财政机构,某种程度上相当于国王个人的小金库,由于两者存在极强的替代关系,因而其财政权力也在长时间的发展中彼此消长。13世纪之前,锦衣库一直是宫室储放国王衣食住行所需的物品的地方,由于随侍国王,负责王廷生活开支,能够直接从财政署取得现款,并拥有独立的收支账目。14世纪时,锦衣库被纳入以财政署为中心的国家财政管理体系,从财政署接收其部分收入,并到财政署结账。战争爆发时,则扩大成为战争国库。但锦衣库的收入主要来自财政署的拨款,即来自议会批准的税收收入,这是导致锦衣库衰落的重要原因。

在中世纪时,宫室的收入主要有两项:① 在各地预支国王的收入,以国王的名义借款;② 通过行使国王的特权而获得的收入,如王室森林的收入、国王的铸币所得的利润等。宫室除支付国王个人和王廷的开支以外,还负责国王城堡的守卫和维修费用。由于与国王关系的密切性,当战争爆发时,国王更愿意以王室财政机构作为财政中心,此时宫室的财政权力便会扩大,不仅能从财政署获得大笔收入支付战争费用,同时大量外国借款直接由宫室支配。14世纪时,宫室一度衰落,都铎王朝建立后,宫室再次复兴。1487—1489年,宫室掌握的收入为1.7万英镑,占国王年收入的25%;到15世纪90年代,年均收入为2.7万英镑,1500—1509年,年均高达10万英镑以上,占亨利七世年均收入的90%多[1]。亨利七世对宫室的利用和发展,使得财政收入迅猛增加,年收入由约5.2万英镑,增至14.3万英镑[2],宫室成了比财政署更为重要的财政管理机构。"宫室财政"体制在亨利八世统治前期正式建立。宗教改革运动,为财政机构的全面改革提供了契机。在1530年国家年财政收入只有约

---

[1] R. L. Storey, *The Reign of Henry VII*, New York: Blandford Press, 1968, p. 102.

[2] G. R. Elton, *England under the Tudors*, London: Methuen, 1978, p. 53.

10万英镑;而1536年英国修道院的净收入就高达131 361英镑。毫无疑问,没收修道院财产能为财政拮据的国王带来巨额收入,这无疑也使得宫室成为重要的财政机构。

3) 地方财政官

郡守是具有重要财政职能的地方官员,负责征收和交纳自己辖区内的所有收入,某种程度上与明帝国的县级官员相近,承担着国家最重要的税收任务。在复活节时,各郡守交纳全年包税的一半,到米迦勒节时才全部交清全年的包税。国王封建特权的行使或折现,也通过郡守执行。例如,国王的长子受封骑士、长女出嫁以及国王被俘需交纳赎金时,国王有权向封臣征收特别协助金;当封臣的后裔继承封地时,需向国王交纳继承金,如继承人尚未成年,则其封地由国王监护,除维持被监护人的生活外,其余收入全归国王。此外,王室采买权的行使也通过郡守实现。

3. 财政调度与预算监督

由于此时的英国实际统治区域仅限于英格兰,国土面积十分有限,同时领主庄园自给自足和城市自治,加上官僚制度并不发达,使得事实上英国不存在严格意义上的财政调度或财政调节。国王、王室政府、议会对于财政的调度仅是财政资源在财政署、宫室、锦衣库三者之间的协调与转移。

14世纪后,财政署已能够对主要收支进行估计,账目审计、债务征收、国库记录被整理得井井有条。财政署的收支情况必须至少每年两次向御前会议汇报。当时,一切有实际用途的资金进出财政署都有英格兰中央政府收入和支出的事后记录,常常(通常是财政危机时)会用不同来源的数据编制一种接近于"王室预算"的收支表。通过对收支进行预测,财政署可以在一定程度上制订财政计划和控制财政收支。但这并非意味着财政署可以对财政进行有效管理,1660年前,分列的中央和地方政府收支十分复杂,因为拨给王室的战争经费难以估计但并非小到可忽略不计的资金是在城市、自治市镇和郡等层次上筹措和配置的。此外,收入计征和支出等工作移交给了不同的议会、议事厅、直辖领地和国家机关。在这个财政多元化时期,没有哪一个机构能单独承担王国收入的全部征管责任。

同样,此时的英国尚无有效的财政监督,由于官僚制度的薄弱,并没有对王室政府官员进行大力监督的必要;而王权强势的情况下,对于国王的财政监督更是难以进行,贵族与精英所能努力做到的是尽可能抓牢批税权,并尽量将王室政府收支置于财政署的运行框架内。

二、财政收入比较

15—17世纪，中英两国财政收入的主要来源均由税收、封建特权与皇室财产收入构成，所不同的是明代皇室财产收入占比较少，在国家财政收入中的占比几可忽略，而英国则占较大比例，同样作为明政府主要收入来源的税收，在英国尚不是国家的常规收入来源。在支出方面，军费开支都是财政支出的最大项目，两国的社会保障性开支都存在较大不足；不同在于行政开支与皇室开支占据了明政府的较大比例，但在英国则要小得多。

（一）明代财政收入

就财政收入构成角度而言，明政府的收入主要源自税收，大体可以分为田税、商税与杂税三类，其中田税由户部征收，商税由户部、工部及宦官分割收取，数百项徭役由国家各级机构分别摊派，经济价值巨大。而开纳事例等管理收入仅在突发情况下供政府应急，在财政收入中的占比也较小（见表4-1）。

表4-1 明代财政收入统计

时 间	米麦(万石)	布(万石)	绢(万石)	宝钞(万锭)	银(万两)
1430年	3 979	20.5	94.1	7 388.9	32.9
1440年	3 045	14.6	18.6	2 882.3	0.5
1450年	2 588	13.3	18.9	2 368.4	—
1460年	3 036	13.4	19.4	2 574.1	14.6
1470年	3 032	90.6	28.5	2 874.9	7.1
1480年	3 035	85.8	28.6	2 910.6	4.6
1490年	3 079	117.4	17.9	3 246.9	8.1
1500年	3 090	117.4	17.9	3 246.9	3.2
1510年	2 787	171.3	12.7	3 238.1	3.3
1520年	2 787	171.3	12.7	3 238.1	3.4

续 表

时 间	米麦(万石)	布(万石)	绢(万石)	宝钞(万锭)	银(万两)
1532 年	2 659	13.3	32.0	2 414.3	242.6
1542 年	2 659	13.3	32.0	2 569.2	223.9
1552 年	2 659	13.3	32.0	2 414.4	243.3
1562 年	2 660	13.3	32.0	2 414.4	259.0
1571 年	3 061	62.6	32.0	1 018.3	310.0
1602 年	2 837	39.5	14.8	0.1	458.2
1621 年	2 780	12.9	20.6	8.1	755.2
1626 年	2 780	12.9	20.6	8.1	398.6

资料来源：吴承明：《吴承明集》，中国社会科学出版社2002年版，第157页。

1. 税收

明代税收收入以田赋为大宗，盐、茶等专卖收入也是贯穿始终的重要项目，商税、矿税及各项杂课所占比重不大，且有较强的时段性。明前中期各种税率都较低，作为主要依赖土地收入的庞大帝国，税收仅为农业产量10%。而中后期特别是万历以后，随着财政入不敷出，税种增多、税赋加重，但大多是临时加派的杂税等。

1）田赋

田赋是国家赋税的最重要的部分，占财政收入的七成以上（见表4-2）。一条鞭法实施后，部分徭役银也摊入田亩中征收。

表4-2 明朝历代全国年均田赋统计

时 间	粮(石)	布帛(匹)	丝绵(斤)	棉花绒(斤)	折色钞(锭)
1402—1423 年	31 788 696	938 426	252 631	287 375	—
1424 年	32 601 206	140 352	223 697	69 575	—
1426—1434 年	30 182 233	129 701	416 422	240 985	73 740

续　表

时　间	粮(石)	布帛(匹)	丝绵(斤)	棉花绒(斤)	折色钞(锭)
1435—1449 年	26 871 152	177 074	254 660	192 424	97 309
1450—1456 年	25 665 311	206 829	250 196	244 088	104 968
1457—1463 年	26 363 318	130 347	267 916	266 916	79 255
1464—1486 年	26 469 200	800 292	198 158	276 817	756 294
1487—1504 年	27 707 885	1 151 779	2 336 764	165 372	—
1505—1520 年	26 794 024	1 666 460	201 153	112 894	—
1522—1562 年	22 850 535	133 206	73 171	246 559	—
1567—1571 年	24 068 189	563 121	413 784	221 965	8 636 402
1602 年	28 369 247	362 411	314 644	374 878	—
1620—1626 年	25 793 645	129 521	11 197	121 216	—

资料来源：梁方仲：《明清赋税与社会经济》，中华书局 2008 年版，第 9—25 页。

明代田赋主要沿袭唐宋以来的两税法，以夏税和秋粮为正项，以里甲户籍制度为征收的基础。田赋征收的具体情形非常复杂，由于经济发展的不均衡与土壤肥力的不同，各地难以通行统一的税则，政府制定的统一税率仅作参考，一般州县的田赋科则都有三等九则，多者达十几则或数十则，因而基层官员在田税的课征中拥有极大的自由裁量权。从田赋输纳的物品来看，明初以实物税为主，明中叶以后逐渐趋向折银征收。据黄仁宇估计，16 世纪明帝国来源于农业土地的总收入，含摊入田赋的各种役银和加派，大约接近 3 000 万两白银，但是有一个重要因素必须充分考虑，那就是实际征收额很少超过计划收入的 80%，有时还会更低。崇祯五年(1632 年)，全国有 340 个县(约全国 30%的县)欠缴国家税粮数额达一半以上，而这其中有半数的县是全额拖欠。

2) 盐课

盐税是第二大税收收入(见表 4-3)，若以货币计值，相当于税收总额的百分之十。

表 4-3　1575—1600 年左右盐课岁入估计　　　　单位：两

解运户部	1 000 000
实物解运某些军镇	500 000
由盐的管理部门直接解运军卫	220 000
南方存留	280 000
总计	2 000 000

资料来源：［美］黄仁宇：《十六世纪明代中国之财政与税收》，阿风等译，生活·读书·新知三联书店 2015 年版，第 308、371、393 页。

3）商业税

明代商业税种类繁多，但在税收收入中占比较小，主要包括：钞关税、竹木抽分税、市肆门摊税、门税、契税、商税、市舶税等项目（见表 4-4）。

表 4-4　1570—1590 年左右杂色岁入估计　　　　单位：两

来自工商业的收入		管 理 收 入		役和土贡折色	
钞关税	340 000	开纳事例	400 000	轻赍银	338 000
商税	150 000	僧道度牒	200 000	匠银	64 000
番舶抽分	70 000	户口食盐钞	160 000	芦课	25 000
房地契税	100 000	赃罚银	300 000	四司料价	500 000
竹木抽分	75 000	桩棚银	50 000	马差	400 000
矿银	150 000	香税	40 000	光禄寺厨料	360 000
渔课	58 000				
小计	943 000	小计	1 150 000	小计	1 687 000
总计			3 780 000		

注：田赋、役和盐课收入各项未包括在内。

资料来源：［美］黄仁宇：《十六世纪明代中国之财政与税收》，阿风等译，生活·读书·新知三联书店 2015 版，第 371 页。

2. 封建特权收入

除税收收入之外,政府还拥有大量源于封建特权的非税收入,包括各项管理收入和征发徭役两类。

1) 管理收入

明代的管理收入主要包括赃罚银、开纳事项和僧道度牒三项。赃罚银产生于司法领域:一为没官银,来源于盗贼追赃与官贵抄家等;二为赎罪银,犯人交一定银两可获从轻发落乃至释放。嘉靖四十三年(1564年)规定赃罚银按4∶4∶2的比例由户部、工部和地方政府分支。

开纳事例是朝廷以官衔、功名身份或某种政治荣誉换取的收入。明代捐纳尚未成为一项常规的收入,仅见于赈灾、工程营建或临时军需等特殊情形,所得收入未见系统的记载,据黄仁宇搜集的数据:正德三年(1508年)开纳事例银为430 000两;嘉靖四十四年(1565年)户部尚书高耀报告当年事例银为510 000两;张居正的私人信件中披露从隆庆四年(1570年)到万历八年(1580年),朝廷每年由此途径得到的银两是400 000两。

此外,为弥补财政用度不足,朝廷常以僧道度牒作为筹措紧急赈灾资金的手段。弘治元年(1488年)马文升奏:"成化十二年度僧一十万,成化二十二年度僧二十万,以前各年所度僧道不下二十万余,共该五十余万。"[1]天启初年,为筹集军费,"僧道度牒颁发二十万张,该银八十万两"[2]。

2) 各类徭役

对于封建国家来说,徭役创造了价值,成为国家无形的经济收入,尤其是明代僵化的财政体制之下,有限的收入完全无法支撑政府各项职能的开展,加派徭役成为政府实现职能的重要手段。

明代徭役制度可以分为三大类:里甲、均徭和杂役。明初的役法主要是里甲正役和杂役,均徭是在杂役的基础上演变而来的。每十年为一届,每甲轮流应役一年,十年期满,重造黄册,根据十年来各甲人户丁粮增减情况进行调整,重新排定之后十年各甲的轮役次序。由里甲承担的各种正役往往超出了一般的劳役,除催征钱粮外,还有出办上供物料、支应官府杂费、清勾军匠、根捕逃亡、押解罪犯等。通常情况下他们还要承担地方修路和水利工程的维护,

---

[1] (明)马文升:《题振肃风纪裨益治道事》,载陈九德《皇明名臣经济录》,明嘉靖二十八年刻本,第108页。

[2] (明)汪应蛟:《大兵四集新饷不敷疏》,载汪应蛟《计部奏疏·卷二》,明刻本,第3b页。

帝国驿递体系的开支及后勤也往往被摊入徭役。从里甲中征集的用品也十分广泛。"我朝(明)军国之需,有额派,有岁派,有坐派。洪武开国定制,如夏税、秋粮、渔课、盐课、茶课、桑丝、药材之类,皆有定则,此额派也。宣德以后,如宗室繁衍,加添禄米,增设职司,加添俸粮之类,此岁派也。又其后也,如营建宫室买运大木之类,此坐派也。盖额派无增损也,岁派有增无损也,坐派有事则派,事竣则停也。"①还有其他项目,数量不定,几年一纳,称为"杂办"。16世纪中叶以后,部分"坐办"转化为"岁办",由里甲完纳。

虽然徭役并没有给政府带来账面收入,但实际上是政府一项巨大的隐性收入。更重要的是,如果没有如此规模庞大的廉价劳动力支持,政府的各项重大工程根本无法开展。在此仅举几例:1558年修筑蓟镇城墙,雇募劳动力每英里费银6 357两,而当征发劳役时,当地人口实际上支付了七倍于此的金额。1565年的治河工程征发役夫30万人,但花费仅70万两。1578年夏至1580年治河,初时动用了5万名劳力,后增至10万人,共塞过大小决口139处,兴建了超过30英里长的新堤,保守估计需花费白银250万两以上,然而潘季驯上奏指出用银仅56万余两。1582年的治河工程动用30万名劳力,用时两年,而朝廷总花费估计只有20万两。

(二)英国财政收入

1642年内战爆发前,英国财政体制仍可以概括为王室财政体制,国王即代表国家,国王个人收入与政府收入并未分离,支出同样如此。就财政收入构成而言,国王的正常收入(王室地产收入、关税收入与封建特权收入)在财政收入中占据绝对比例;而议会批准的直接税收入,仅占据较小份额。

1. 王室领地收入

与中国几可忽略的皇室财产收入不同,直到内战爆发前,王室领地收入一直是英国国王收入的重要组成部分。都铎君主们通过没收去世贵族或叛乱贵族的土地,使王室地产大大增加。大贵族伯克利死后,亨利七世将他的70多座庄园被收归王室;亨利七世叔叔的领地和国王母亲的领地、爱德华四世遗孀的领地等也在其去世后被王室接管。1485—1509年,因叛国罪被没收地产的约有138人。亨利八世通过宗教改革,没收了大量修道院土地,这些地产可带

---

① (明)敖英:《东谷赘言·卷下》载《丛书集成续编(第213册)》,新文丰出版公司1988年版,第344页。

来年收入 13.2 万英镑。玛丽先后没收了年收入共计 2 万英镑的贵族土地。伊丽莎白一世没收了 10 多位贵族的土地。① 在 16 世纪的大部分 10 年期里，王田以及王室其他形式的次要财产提供了约占总支出 35％的收入，但这个比例在 17 世纪开始下降。参见表 4－5。

表 4－5　1551—1640 年王室领地年均收入估计

时　间	收入额（英镑）	时　间	收入额（英镑）
1551 年	164 490	1605 年	145 000
1560 年	115 000	1621 年	115 632
1572 年	129 000	1630—1635 年	127 960
1595—1599 年	142 066	1640 年	123 194

资料来源：R. W. Hoyle，*The Estates of the English Crown*，*1558－1640*，Cambridge：Cambridge University Press，1992，pp. 10－11。

2. 税收收入

此时的税收收入包括两个部分，作为国王正常收入的关税收入与作为特别收入的议会直接税。

在内战之前，关税主要有三大组成部分——古关税及补助金、桶税和英镑税。古关税开征于 1275 年，经议会批准爱德华一世以全国统一的税率对国内外商人出口的羊毛、羊皮和皮革征税。1303 年，爱德华一世颁布《商业宪章》，在古关税基础上提高羊毛、皮革、布匹等商品的税率。羊毛、毛皮和皮革补助金是 1294 年对古关税中羊毛税开征的附加税。15 世纪后期，羊毛关税和补助金的税率分别占羊毛售价的 25％和 48％左右。② 桶税是对进口葡萄酒课征的关税，源于英国国王对葡萄酒的优先采买权。14 世纪初，爱德华一世允许酒商改交进口关税，经过协商，商人同意将采买权折算为每桶 2 先令，约为葡萄酒售价的 1/30。英镑税产生于 1347 年，是针对羊毛和葡萄酒之外的进出口商品征收，按商品价值每英镑交纳 6 便士，即商品价值的 1/40。

---

① F. C. Dietz，*English Public Finance 1558－1641*，New York：The Century Co，1964，p. 295.
② E. M. Carus-Wilson，O. Coleman，*English Export Trade 1275－1547*，London：Oxford University Press，1963，p. 194.

议会虽然表面上拥有关税的批准权,但对关税并无控制权可言。因为依照惯例,每位国王即位之初议会便批准国王终身课征关税,并且税率的制定权属于国王。随着对外贸易的扩大,英国关税收入稳步提高,在内战爆发之前,关税收入在财政收入中的占比已达30%—40%。参见表4-6。

表4-6 16—17世纪英国关税统计

时间(年)	关税收入(英镑)	时间(年)	关税收入(英镑)
1505	27 000	1590	100 000
1540	40 000	1630	313 000
1559	83 000		

资料来源:F. C. Dietz, *English Public Finance 1558-1641*, New York:The Century Co, 1964, p.208.

议会批准的直接税收入是英国税收的另一组成部分,此时的议会直接税主要有动产税和补助金两种。内战之前,议会直接税还不是常税,地位也远不及国王的其他财政收入,仅在遇到战争等重大问题时,由议会批准征收以弥补财政不足。

动产税是按照一定比例对全国臣民的动产课征,1207年首次课征,1334年税率固定为城市居民动产价值的1/10,乡村居民土地收入的1/15。1624年,动产税停止课征。补助金是经议会批准的以土地收入、动产和工资为估税对象的税收,分别对教士与俗人征收。补助金课征之初按一定的比例,将税额分摊至各郡,由各郡自行制定税率,1523年起,补助金不再明确规定具体数额,改按规定税率估税,一直持续到1642年。参见表4-7。

表4-7 直接税收入统计

征收时间	动产税(次)	俗人补助金(次)	教士补助金(次)	税额(万英镑)
1558年	2	1	1	14
1562年	2	1	1	16
1564年	1	1	1	13

续　表

征收时间	动产税（次）	俗人补助金（次）	教士补助金（次）	税额（万英镑）
1570年	2	1	3	20
1575年	4	1	3	26
1581年	2	1	3	20
1588年	4	2	3	34
1592年	6	4	2	54
1597年	6	4	2	54
1601年	8	4	4	64
1605年	6	3	4	37
1610年	1	3	4	12
1620年	—	2	3	20
1623年	3	3	4	38
1625年	—	2	3	18
1628年	—	5	6	47
1640年	—	4	—	28
1641年	—	2	—	14
合计	47	44	46	529

资料来源：张殿清：《国王财政自理原则与英国基本赋税理论——都铎王朝末期突破国王财政自理原则的实证考察》，《华东师范大学学报》（哲学社会科学版）2007年第1期，第16—21页；陈曦文、王乃耀：《英国社会转型时期经济发展研究》，首都师范大学出版社2002年版，第323—324页。

3. 封建特权收入

封建特权收入是国王的第三类收入，由于商业的发达，英王的封建特权大多以折算货币的形式征收。

国王的直属封臣去世后，若继承人不满21岁，则地产由国王监护至成年，当其继承地产时，要向国王缴纳继承金（见表4-8）。

表 4-8　1541—1597 年监护权年均净收入统计　　　单位：英镑

时间	1541—1551年	1551—1561年	1561—1571年	1571—1581年	1581—1591年	1591—1597年
净收入	9 004	18 626	14 403	12 300	12 963	14 575

资料来源：J. Hurstfield, "The Profits of Fiscal Feudalism, 1541-1602", *Economic History Review*, 1955, No. 8, p. 56.

优先购买权是一种古老的特权，一类是从某些商人处获取某些特殊商品；另一类是国王有权按自己指定的价格从各郡获得货物，市价与国王价格的缺口，由全郡按一定比例分担。16 世纪晚期，伊丽莎白女王每年可通过优先购买权获利 3.7 万英镑，詹姆斯一世和查理一世时每年有 40 000—50 000 英镑[1]。

逃避骑士封爵的罚金也给国王带来了不少收入。16 世纪时，召集骑士成为英王敛财的手段，到 1635 年复活节，骑士罚金的征缴总额为 173 537 英镑[2]。

森林罚金收入指对违反《森林法》处以罚金而获得的收入。《森林法》在中世纪本已废止，查理一世时为增加财政收入而恢复。

船税最早可追溯至盎格鲁—撒克逊时期，当国家处于危难时，国王有权自沿海各市镇征募船只，无须经过议会批准。为支付造舰费用和海军军费，枢密院决定自 1635 年在全国课征船税，当年收入即达 20 万英镑[3]。1635—1640 年，枢密院每年都明令各郡缴纳一定数额的船税。然而，由于民众对船税的合法性心存质疑，抗税之举愈演愈烈，1638 年 61% 船税都没有征收上来[4]。

专营权是较为晚近的一项封建特权，是近代专利权之起源。伊丽莎白一世时期即已开始通过授予专卖权增加财政收入。1603—1624 年，詹姆斯一世恩赐的专营权比之前 50 年还多。1621 年英国市场上共有 700 多种专利商品[5]。17 世纪 30 年代，专营权收入有时高达 101 180 英镑，17 世纪 40 年代，

---

[1] M. J. Braddick, *The Nerves of the State: Taxation and the Financing of the English State, 1558-1714*, Manchester and New York: Manchester University Press, 1996, pp. 81-82.

[2] M. J. Braddick, *The Nerves of the State: Taxation and the Financing of the English State, 1558-1714*, Manchester and New York: Manchester University Press, 1996, p. 76.

[3] B. E. V. Sabine, *A Short History of Taxation*, London: Butterworths, 1980, p. 89.

[4] C. Hill, *The Century of Revolution*, London: Routledge, 2001, p. 55.

[5] C. Hill, *The Century of Revolution*, London: Routledge, 2001, p. 25.

在 100 000 英镑左右①。

此外,詹姆斯一世还把世袭称号拿来出售,他以 1 095 英镑的价格出售准男爵头衔,而且承诺数量有限。截至 1614 年,出售爵位为国王带来了 9 万英镑的收入,但他很快食言,并进一步降价出售头衔,到 1622 年售价已跌到 220 英镑②。国王还出售"特许权状",利用自己的权力允许特定的人不受特定法律或规定的限制③(见表 4-9)。

表 4-9 1560—1640 年国王财政收入构成及比例

时间	1560—1602 年	1603—1625 年	1626—1640 年
国王收入	27.00%	19.00%	11.00%
财产出卖收入	6.00%	9.00%	7.00%
铸币收入	1.00%	0	0
议会批准间接税收入	10.70%	17.84%	20.52%
未经议会批准的间接税收入	13.30%	22.16%	25.48%
议会批准的直接税收入	16.38%	9.28%	3.96%
未经议会批准的直接税收入	25.62%	22.72%	32.04%
经议会批准的总收入	27.08%	27.12%	24.28%
未经议会批准的总收入	72.92%	72.88%	75.52%

资料来源:M. J. Braddick, *The Nerves of the State: Taxation and the Financing of the English State*, 1558-1714, Manchester and New York: Manchester University Press, 1996, p.10.

借款是英国国王绕开议会获取收入,弥补财政不足的重要手段。1642 年以前的英国财政借款,可以分为无息借款和有息借款。

---

① M. J. Braddick, *The Nerves of the State: Taxation and the Financing of the English State*, 1558-1714, Manchester and New York: Manchester University Press, 1996, p.78.
② D. Hirst, *Authority and Conflict: England*, 1603-1658, Great Britain: Edward Arnold, 1986, pp.113-114.
③ C. Hill, *The Century of Revolution*, London: Routledge, 2001, p.103.

无息借款是国王凭借权势强行举借的款项,不仅不付利息,时常连本金也不偿还,某种程度上也具有封建特权性质。拒不借款给国王者,往往会受到拘禁,乃至惩罚。1496 年,亨利七世在国民财富调查的基础上大范围借款;亨利八世曾于 1522 年、1523 年、1542 年和 1544 年强行借款,其中只有 1544 年的借款得以偿还;伊丽莎白一世曾于 1562—1564 年、1569—1572 年、1588—1589 年、1590—1591 年、1597 年、1600 年向臣民无息借款;詹姆斯一世分别于 1604 年和 1611 年强行无息借款;查理一世分别于 1625 年、1626 年和 1628 年强行借款。

与无息强行借款不同,有息借款多经过协商,不仅要偿还本金,而且借款利息通常很高,以海外借款为主。都铎王朝时期,海外有息借款多来自当时的商业和金融中心安特卫普。海外借款具有明显的不便:第一,对于外国商人而言,英王的承诺远不能作为借款的担保,还需英国大商人或公司出面担保;第二,此时的金融借贷主要服务于商业贸易,是数额较小的短期借贷,而国王借款数额巨大且周期较长;第三,除高额利息外,借款常需支出一些额外的花费,如票据贴现时的损失等。随着国内商业的崛起,1574 年以后,英王的财政借款重心逐渐转向国内。不完全统计表参见表 4-10。

表 4-10 英国君主债务收入统计

国　　王	时　　间	债务规模(英镑)
亨利八世	1542 年	112 000
爱德华六世	1552 年	40 000
玛丽一世	1553—1558 年	250 000
伊丽莎白一世	1558—1603 年	461 000

资料来源:张乃和:《16 世纪英国财政政策研究》,《求是学刊》2000 年第 2 期,第 107—112 页。

三、财政支出比较

在财政支出方面,此时的中英两国具有极大相似性。至明后期,皇室开支、俸禄支出和军费支出三大部分已成为国家财政支出的最主要部分，国家在其他支出如水利工程建设、社会救济等方面投入极少，严重影响了社会生产力的发展和社会的稳定；同样在英国战争军费支出是最大的支出项目，王室花费虽然不少，但也并非十分巨大，在社会保障方面则基本无财政投入。

（一）明财政支出

1. 皇室开支

皇室支出主要是皇帝及后妃的开支，包括帝后日常生活之费，庆典、赏赐之费，宫中人役之费，帝后宫殿、陵寝之费等项目。至明中期以后，帝后生活逐渐奢侈，靡费甚巨，虽有内库银两，但仍不时动用国家财政收入。世宗时光禄用银从明初的13万两扩支到40万两。万历时，光禄用银最高也达30余万两。万历初年，仅负责帝后车驾的御马等房仓即每年支银148 000余两。宫中人役之费也不少，宦官、宫女、应役的工匠和帮工构成宫廷人口的主要组成部分，在15世纪后期，宫廷供养人数就已经超过10万人，包括在宫中服役的军士。

宫中庆典支出也颇为高昂，弘治十八年（1505年）武宗即位，吉凶之礼开支共用黄金5 000两，白银180万两。万历二十八年（1600年）以前的皇室婚礼珠宝估银934万余两（张建民和周荣，2013）。自永乐至成化八年（1472年）的近半个世纪中，赏赐宗亲即用去黄金70余万两，白银1 800余万两。

宫殿陵寝工程的营建开支也是重要的皇室支出。自正德以来，国家在宫殿、陵寝方面的营建开支越加沉重。"（嘉靖）十五年以前，名为汰省，而经费已六七百万。其后增十数倍。斋宫、秘殿并时而兴。工场二三十处，役匠数万人，军称之，岁费二三百万。"[1]万历年间兴建定陵，耗时六年，花费800万两。天启朝三殿大工，历时两年半，耗银近600万两，其皇陵建筑费用亦高达200余万两。

2. 俸禄支出

明代俸禄支出可分为宗室俸禄（见表4-11）和文武官员俸禄。在明代晚期，仅京师的俸禄支出就高达40万两以上。

---

[1] 《明史·食货志》，中华书局1974年版，第1907页。

表 4-11　宗室人口所需禄米总数及其在全国田赋收入中的比例统计

时　间	现存宗室人口	岁需禄米（石）	田赋收入（石）	比率（%）	备　注
嘉靖四十四年（1565 年）	28 840	8 600 000	28 850 595	37.655	《宗藩条例》《世宗嘉庆实录》卷 516
隆庆三年（1569 年）	28 452	8 478 696	26 817 845	31.616	《穆宗隆庆实录》卷 32,40
隆庆五年（1571 年）	28 924	8 619 352	26 817 845	32.140	《穆宗隆庆实录》卷 58,64
万历二十二年（1594 年）	62 000	18 476 000	28 369 247	65.127	《徐文定公集》卷一《神宗万历实录》卷 379
万历三十二年（1604 年）	80 000	23 840 000	28 369 247	84.035	同上
万历四十二年（1614 年）	103 200	30 753 600	28 369 247	108.405	
天启四年（1624 年）	133 128	39 672 144	25 793 645	143.338	梁方仲《中国历代户口、田地、田赋统计》

资料来源：张德信：《明代宗室人口俸禄及其对社会经济的影响》，《东岳论丛》1988 年第 1 期，第 77—82 页。

由于明代官员俸禄低微（见表 4-12），官员俸禄开支本不会很大，但事实上明中叶以后，官员人数的增加远快于国家收入的增长，严重的冗员问题使得官员俸禄数额巨大。据统计，1381 年帝国仅有官员 24 683 名，至 1474 年官员人数已增长至 80 000 名，而同时期的全国人口增长率仅为 3.3%，可耕地面积增长率为 30.3%。① 除俸禄外，所有的文武官吏，不管其职衔高低，每人每月俸米 1 石，服役的士兵与工匠减半。到 15 世纪晚期和 16 世纪早期，京城合乎领取禄米条件的人已超过 30 万，1502 年户部尚书报告，京城每年支出禄米 338 万石，一旦解运的漕粮不足或有额外支出，京仓就会发生亏空。

---

① 翦伯赞：《论中国古代的封建社会》，载《历史问题论丛》，人民出版社 1962 年版，第 102 页；梁方仲：《明清赋税与社会经济》，中华书局 2008 年版，第 12—14 页。

表 4-12 明代文武职官品级及俸禄标准

俸禄 品级	岁米 （石）	本色俸			折色俸		
		总额 （石）	实支米 （石）	折银折绢俸 合计支银 （两）	总额 （石）	折布俸 支银 （两）	折钞俸 支钞 （贯）
正一品	1 044	331.2	12	204.820	712.8	10.692	7 128
从一品	888	284.4	12	174.790	603.6	9.054	6 036
正二品	732	237.6	12	144.760	494.4	7.416	4 944
从二品	576	190.8	12	114.730	385.2	5.778	3 852
正三品	420	144.0	12	84.700	276.0	4.140	2 760
从三品	312	111.6	12	63.910	200.4	3.006	2 004
正四品	288	104.4	12	59.290	183.6	2.754	1 836
从四品	252	93.6	12	52.360	158.4	2.736	1 584
正五品	192	75.6	12	40.810	116.4	1.746	1 164
从五品	168	68.4	12	36.190	99.6	1.494	996
正六品	120	66.0	12	34.650	54.0	0.810	540
从六品	96	56.4	12	28.490	39.6	0.594	396
正七品	90	54.0	12	26.950	36.0	0.540	360
从七品	84	51.6	12	25.410	32.4	0.486	324
正八品	78	49.2	12	23.870	28.8	0.432	288
从八品	72	46.8	12	22.330	25.2	0.378	252
正九品	66	44.4	12	20.790	21.6	0.324	216
从九品	60	42.0	12	19.250	18.0	0.270	180

3. 军费支出

明初的制度设计意图通过卫所制实现军队的自给自足。到15世纪中期，卫所制衰落,募兵制成为明代中后期的主要兵制。万历末年,仅辽东镇的募兵数已经超过20万。募兵的待遇比卫所军队优厚,募兵一年所需饷银约为卫所兵的3—4倍。嘉靖二十九年(1550年)仅九边募兵银就高达59万两。隆庆四年(1570年),户部尚书张守直奏疏:"自嘉靖十八年被虏以来,边臣日请增兵,本兵日请增饷,盖自五十九万而增至二百八十余万。"①天启初年,山海关内外11万余人的骑步兵每年支出合计银400余万两,其他各处新兵约费银120万两,毛文龙部每年支饷80余万两,辽东军费仅此三项已高达600万两以上。

与日常的军饷与军械供应相比,战时军费的支出数额更大。帝国前中期,统治者无意对外扩张,对战争一贯持消极态度,但16世纪以后,随着国内外形势的动荡,帝国的战事大大增加,战争开支成为国家财政支出的大宗项目。万历年间,宁夏、朝鲜、播州三大战场征用银一千多万两,耗尽了太仓存银;辽东战事爆发后,问题更为突出,1618—1627年对后金的战争耗银达六千多万两。参见表4-13。

表4-13 明中叶后太仓支付军费在岁出银总数中所占的百分比

时间	太仓岁出银总数(两)	太仓支付军费银数(两)	军费占岁出银总数的百分比	备注
嘉靖二十七年(1548年)	3 470 000	2 310 000(+)	66.57	本年军费的支出包括募军、防秋、摆边、设伏、客兵、马料、商铺料价、仓场粮草,以及补岁用不敷等项
嘉靖二十八年(1549年)	4 122 727	2 210 000	53.65	表中的军费指的是京运的"边费"
嘉靖四十三年(1564年)	3 630 000	2 510 000	69.15	同上
隆庆元年(1567年)	9 710 000(+)	2 360 000(+)	63.61	这个军费银数仅指本年边饷银,而岁出总数则包括边饷与京俸禄米草等项折银
	5 530 000(+)	4 180 000(+)	75.61	同年补发年例银一百八十二万两,岁出与边支均告上升,军费的比重也随着增加

① (明)雷礼:《皇明大政纪·卷二十五》,明万历三十年博古堂刻本,第89a页。

续 表

时　间	太仓岁出银总数（两）	太仓支付军费银数（两）	军费占岁出银总数的百分比	备　注
隆庆三年（1569年）	3 790 000	2 400 000（+）	63.33	表中军费仅指"京运年例"
隆庆四年（1570年）	3 800 000（+）	2 800 000（+）	73.68	表中的军费仅指"边饷"
万历五年（1577年）	3 494 200（+）	2 600 000（+）	74.41	表中军费指的是"主客兵年例等银"
万历六年（1578年）	4 224 730（+）	3 223 051（+）	76.29	表中军费是根据《万历会计录》算出来的额定年例银，而不是当年的实际支出
万历十四年（1586年）	5 920 000（+）	3 159 400（+）	58.37	表中军费指的是"各边年例"
万历十八年（1590年）	4 065 000（+）	3 435 000（+）	84.50	表中军费指的是"各边年例等银"
万历二十八年（1600年）	4 500 000（+）	4 000 000（+）	88.89	表中军费指的是"京运年例"
万历二十九年（1601年）	4 700 000（+）	4 000 000（+）	85.11	表中军费指的是太仓库银额内支出的就变年例的岁费
万历四十年（1612年）	4 000 000（+）	3 890 000（+）	97.25	表中军费指的是"边饷"
万历四十五年（1617年）	4 219 029（+）	3 819 029（+）	92.49	表中军费指的是"岁出边饷"，而岁出总数则包括边饷与库、局内外等项用度

资料来源：全汉昇：《明中叶后太仓岁出银两的研究》，载《中国近代经济史论丛》，稻禾出版社1996年版，第289—297页。

4. 公共工程与社会保障支出

《万历会计录》是明政府为理财需要而编纂的国家收支会计册，分门别类对明太仓收支项目数额进行了统计核对，对政府的财政管理起到了半预算的作用，对于明后期财政运行具有重要指导意义。笔者查阅《万历会计录》并未找到太仓岁出中关于治河工程的相关支出数据，可以推测在明代河工水利并未成为一项常规性支出，仅遇大灾或事故后额外调拨钱粮支用，且此类大型工程项目中实际用度主要是由征发劳役承担（参看前文），故而即使有账面数值，也必然与实际花费相去甚远。此外，地方性的水利建设不一定动用中央财政收入，相当一部分经费来源于地方财政与地方官对民间的劝捐，也有民间出役。

另一方面，在农业社会，流民问题不仅会导致在册人口的下降与税收的减少，还会带来社会的动荡，威胁政权的稳定，因而是政府最重视的问题之一。赈济事项是政府重要的社会保障支出，但并非帝国的常规支出，支出数额也远小于前述诸项（见表4-14）。明代赈济有急赈、正赈、加赈等。急赈多见于洪水、地震等突发性灾害。正赈是官府赈灾的主体部分，一般用区别户等来确定赈济标准，同时赈济也常伴随着灾荒蠲免。在皇室支出、俸禄支出、军事支出如此庞大的情况下，明政府能够用于赈济的物资十分有限，对于灾害的救济多依靠地方设立的预备仓与义仓等，通过政府和民间力量的结合，达到赈灾救灾、稳定物价的目的。在这些仓储体系中值得一提的是常平仓，其设立目的在于稳定粮食价格，这一政策历代多有推行。常平仓由政府官员管理，本质上就是政府利用国家力量，对市场行为进行宏观调控，维持物价水平的稳定，"每遇秋成，官出钱钞收籴入仓。如遇歉岁，平价出粜。盖米价不踊则物价自平，如此则官不失得，民受其惠矣"。既避免了谷贱伤农与谷贵伤民，又可以为政府增加一定收入。

表4-14　明代太仓赈济省直地方支出银额统计

时　间	赈济的地点	太仓支放银额（万两）
1472年	山东	4.5
1477年	河南、山东	10
	顺天府	2—3
	兖州府	3
1478年	山东	3
1485年	直隶凤阳府	不确

续 表

时　间	赈济的地点	太仓支放银额(万两)
1487年	四川	5
1488年	四川	3
1489年	顺天府安东等县	1
1505年	陕西	20
1520年	凤阳府	3
1521年	陕西	20
1522年	陕西三边、山东	10
	两畿、山东、河南、湖广、江西、直隶江南、江北	20
	—	20
1525年	顺天、保定、河间	不确
1527年	四川、陕西、湖广、山西等处	不确
	陕西、四川、湖广、山西	不确
1528年	山西	7
1529年	河南卫辉等府	2—3
	延绥	不确
1530年	陕西	30
	顺天府	1.2
1531年	保定、河间等府	2
	大同	2.5
	上林苑监四署人户	0.2
	陕西	18
	陕西山丹庄浪	0.6

续　表

时　　间	赈济的地点	太仓支放银额(万两)
1532年	辽东	3
1536年	顺天、永平二府	2
1537年	陕西甘州等卫	2
	宁夏等卫	1
1540年	辽东	5
	顺天府属州县	2
	永平府	0.6
1541年	山西	10
1544年	永平府	1.2
1547年	陕西巩昌、汉中二府	5
1548年	陕西	4
	隆庆、永宁、滴水崖	1
1549年	蓟州等处	3
1550年	直隶、保定等府	4
1553年	上林苑蕃育等署	0.43
1558年	辽东	6
1559年	顺天、保定	不确
	顺天、永平二府	0.7
	山西三关	1
1560年	保定、河间等六府	1.5
	山西	0.5
	北直隶、山西	10

续　表

时　间	赈济的地点	太仓支放银额(万两)
1560 年	辽东	2
	陕西固原、宁夏	0.8
1562 年	辽东	0.3
1568 年	黄河河道受灾地区	2
1585 年	固原、甘肃、延绥、山西、辽东及河南、淮扬、凤阳与山东等处	39
1586 年	京师	银 641 两,铜钱 10.699 万文
	京师	不确
1593 年	河南、山东、江北	不确

资料来源：苏新红：《明代太仓库研究》，东北师范大学 2010 年博士学位论文，第 185—188 页。

(二) 英财政支出

内战之前,英国财政支出主要分为王廷支出和军事支出两类,其中王廷支出又包括王室生活开支与政府开支。

1. 王廷支出

都铎王朝之初,政府机构沿袭前代,一是宫廷会议,一是国王内廷,两者均秉承国王旨意处理国务。由于国王是国家元首,各项开支也由国王承担,主要包括官员的工资、英国驻外机构的费用等。

行政性开支在王室支出中占比不大。亨利八世时期,为提高行政效率,从原来人数众多召集不便的宫廷会议中抽选出一部分核心人物组成枢密院。伊丽莎白一世时期,枢密院成为全国行政的核心,成员固定在十七至二十人。17 世纪早期,枢密院职能增加,人数也随之膨胀,并增设处理专门事务的常务委员会;至 1630 年,枢密院大臣增至 42 人;1617 年,枢密院设有 12 个常务委员会,计 70 人;1623 年增设 3 个,计 28 人;1629 年增设 3 个,计 52 人;1630 年增设 1 个,计 10 人;1632 年增设 2 个,计 18 人;1634 年增设 3 个,计 24 人[1]。在

---

[1] C. Cook, Wroughton J., *English Historical Facts, 1603 - 1688*, New Jersey: Rowman and Littlefield, 1980, pp. 21 - 24.

17世纪,官员的薪俸、年金一般每年几百英镑不等。

王廷组成部分包括私人行政机构、警卫室、侍从室和马厩。1509年之前,每年王室支出约为1.3万英镑,16世纪30年代约为2.5万英镑,16世纪40年代超过4.5万英镑①。爱德华统治末年,宫廷日常开销为5.5万英镑,玛丽一世去世那年削减到4万英镑②。伊丽莎白一世时期,宫廷支出也大体控制在每年4万英镑左右③。宫殿建筑是王室支出的大项之一,在英国兴建王宫被认为是国王的私事,需要国王个人承担。1497年,亨利七世修建里士满宫,1502年又修建附属建筑,耗资超过两万英镑④。亨利八世统治时期不停地改建汉普敦宫,共计花费62 000英镑⑤。"亨利八世死后,一直到1603年,都铎王朝的君主们没有建筑或购买过一座新的宫殿。"⑥

都铎王室的生活开支也不十分高。亨利八世第一任王后凯瑟琳的账本显示,1524—1529年她的花费为:维修房子600英镑,骑士、女仆和律师等工资789英镑,奖励他人97英镑,长袍衣柜877英镑,私人钱包162英镑,马厩665英镑等,总计花费在4 100到4 830英镑之间。⑦ 而16世纪后期到17世纪前期处于社会下层的自耕农年收入约为2英镑(40先令)。⑧ 相对而言,斯图亚特王朝的君主们则较为奢侈,詹姆斯在即位的十年之内购买珠宝首饰的花费就高达185 000英镑。

2. 军费支出

在16世纪,战争几乎成为欧洲的主题。英国传统的军役制度在中世纪晚期逐渐衰落,募兵开始成为战争的主导,加上火器的使用,军费陡增。为了争夺海上霸权,都铎王室斥巨资建立了皇家海军。从亨利七世起,英国就开始重视发展海军,还鼓励臣民参与远洋贸易,资助民间探险,对民间建造排水量超过100吨的船只给予补贴。亨利八世继承了这个传统,他建造了47艘战舰,

---

① F. C. Dietz, *English Public Finance: 1485-1641*, London: Barnes and Noble, 1964, p. 89.
② R. Lockyer, *Tudor and Stuart Britain*, 1471-1714, London: Longman, 1964, p. 130.
③ R. Lockyer, *Tudor and Stuart Britain*, 1471-1714, London: Longman, 1964, p. 212.
④ A. Weir, *Henry VIII and His Court*, London: Jonathan Cape, 2001, p. 114.
⑤ A. Weir, *Henry VIII and His Court*, London: Jonathan Cape, 2001, pp. 291-292.
⑥ J. Guy, *Tudor England*, Oxford: Oxford University Press, 1988, p. 434.
⑦ R. M. Warnicke, *Elizabeth of York and Her Six Daughters-in-Law, Fashioning Tudor Queenship*, 1485-1547 (*Queenship and Power*), Switzerland: Springer Nature, 2017, p. 82.
⑧ K. Wrightson, *The English Society*, 1580-1680, London: Hutchinson, 1982, p. 14.

并购买 26 艘,抢取 13 艘。① 自 1512 年起,他新建两座海军船坞,并在泰晤士河开辟海军基地。伊丽莎白一世时期,海军建设仍在加强。16 世纪 70 年代,海军舰船开始侧重灵活性,并配置远程火炮。1577 年建成"复仇"号,排水量 500 吨,造价 4 000 英镑②。1570—1587 年间,皇家海军新造舰只 25 艘。③ 1588 年击败西班牙无敌舰队的战斗中,皇家海军的 34 艘军舰是英国舰队的核心。

除去这些为维持军队运转所投入的资金,战争时期的花费也是触目惊心(见表 4-15),多发的战争使得王室负债累累,伊丽莎白一世去世时留下了 40 多万英镑的巨额债务。斯图亚特王朝入主英国后,与西班牙的海上争霸仍在继续,1625 年双方再次爆发战争。1639 年,苏格兰起义,查理一世迫于巨额的军费开支召开停开 11 年的议会,最终引爆了国王与议会之间的矛盾。

表 4-15　都铎王朝战争开支统计

序号	战 争 地 点	战 争 时 间	战争开支(英镑)
1	欧洲大陆和镇压叛乱	1491—1500 年	107 600
2	欧洲大陆	1511—1514 年	892 000
3	欧洲大陆	1522 年	500 000
4	苏格兰	1543—1546 年	2 000 000
5	法国	1557 年	350 000
6	苏格兰	1560 年	178 000
7	法国	1562—1563 年	245 000
8	镇压北部叛乱和苏格兰叛乱	1569—1570 年	96 000
9	支持尼德兰革命	1585—1603 年	1 500 000

① D. Quinn, A. N. Ryan, *England's Sea Empire*, *1550-1642*, London: George Allen & Unwin Ltd, 1983, p. 46.
② G. R Elton., *England under the Tudors*, London: Methuen, 1978, p. 355.
③ D. Quinn, A. N. Ryan, *England's Sea Empire*, *1550-1642*, London: George Allen & Unwin Ltd, 1983, pp. 68-69.

续 表

序号	战争地点	战争时间	战争开支（英镑）
10	西班牙无敌舰队战争	1588 年	160 000
11	法对西班牙的行动	1589—1603 年	180 000
12	法国	1588—1597 年	380 000
13	爱尔兰	1567 年、1579—1581 年、1595—1603 年	1 900 000

资料来源：1-2. F. C. Dietz, *English Public Finance: 1485-1641*, London：Barnes and Noble, 1964, p. 91；3. S. Gunn, *Early Tudor Government*, *1485-1558*, London：Bloomsbury Publishing, 1995, p. 111；4. D. M. Palliser, J. C. Holt, Robin Hood., "London, Thames and Hudson, 1982", *Nottingham Medieval Studies*, 1983, 27：p. 103；5. P. J. Helm, *England under the Yorkists and Tudors*, New York：Humanities Press, 1968, p. 317；6-13. 陈曦文、王乃耀：《英国社会转型时期经济发展研究》，首都师范大学出版社 2002 年版，第 321 页。

3. 社会保障支出不足

由于新航线的开通和新大陆的发现，英国对外贸易迅速增长，羊毛出口和毛织业飞速发展，随之而来的圈地运动导致了大量无地农民的出现；同时 1450—1640 年英国人口大约增加了一倍半，新兴的工商业无法吸收如此多的劳动力，流民问题十分严重；加上亨利八世的宗教改革取缔了 608 个修道院，传统上依靠救济的贫民也加入了乞讨和流民大军。

1535 年议会提出法案，主张创建公共工程系统来解决失业问题，并通过征税来资助该项工程。1563 年、1572 年、1597 年议会不断修订《济贫法》，这些条款最终在 1601 年得到了完整体现：对那些因生病或年老而不能工作的人，提供面包和衣物等物资给予户外救济，或者把他们安置到教区或布施院；对那些身体健全的乞丐，如果他们拒绝参加工作，则要被强行安置到感化院。该法还创造了一种由地方税支撑、基于教区管理的济贫体系，它对英格兰的济贫制度的形成起了重要作用，极大地缓解了政府的救济负担。

内战之前的政府救济支出难以找到确切的记录，由于济贫体系在相当大的程度上依赖于强制流民劳动就业，可推测其支出数额应存在不足，即使如此也已是政府支出中不可忽视的一项。这个体系在其后百余年中变化不大，其大体支出规模我们可用 17 世纪中期后的数据作以参考：1680 年英国每年用于救济的资金为 53.2 万英镑；1700 年英国的济贫开支为 60 万—70 万英镑，而当年英国政府的财政收入也不过是 430 万英镑；到 1780 年济贫开支几乎达到 200 万英镑；至 1800 年，英国有约 28% 的人接受救济。①

四、应对危机比较

(一) 明王朝对农民的加派

从表 4-16 所示，明中后期的太仓时常处于亏空状态。虽然这些数字本身并不能揭示全部的真相②，但我们有理由相信，即使最终没有出现记录中的亏空，太仓的实际情况也是为避免亏空而尽力使收支基本相抵。出现这种情况的主要原因在于原额主义下，明政府的每一笔收入与支出都有固定的数额和用途，甚至在实际收入之前，支出已预先划定，帝国像预先设定了目标的机器一样运行。这种模式在明初政府职能较少时尚且可行，随着时间的推移，有限的支出已不足以支撑政府职能。军费激增是明中后期最突出的问题，自给自足的卫所制衰落之后，政府事实上并没有可以用于募兵的专项收入，因此不得不新开财源。

表 4-16 明代中叶后太仓银库岁出入银数比较

时　　间	岁入银(两)	岁出银(两)	岁出入银盈亏(两)
约正德十三年至嘉靖六年 (1518—1527 年)	2 000 000	约 1 330 000	盈 670 000
嘉靖七年(1528 年)	1 300 000	2 410 000(+)	亏 1 110 000
嘉靖二十七年(1548 年)及前数年	2 000 000	3 470 000	亏 1 470 000

---

① R. Potter, *English Society in the Eighteenth Century*, London: Penguin Books Ltd, 1982, pp. 110, 131.
② 亏空原因部分在于官员会计核算中对账目的混淆，以及对预算亏空和实际亏空的混淆。黄仁宇 (2015) 曾以 1584 年的太仓收支为例作了说明，当年朝廷核算后预计太仓将出现 118 万两亏空，遂决定改折漕粮 150 万石、棉布 102 410 匹和绢 45 522 匹，依当时的物价折算价值约为 170 万两，因而实际上当年应有 50 万两的盈余，但在官方记录中却仍记亏空 118 万两。参见 [美] 黄仁宇：《十六世纪明代中国之财政与税收》，阿风等译，生活·读书·新知三联书店 2015 年版，第 393 页。

续 表

时　间	岁入银(两)	岁出银(两)	岁出入银盈亏(两)
嘉靖二十八年(1549年)	2 125 355	4 122 727	亏 165 611
嘉靖三十年(1551年)	2 000 000(＋)	5 950 000	亏 3 950 000
嘉靖三十一年(1552年)	2 000 000(＋)	5 310 000	亏 3 310 000
嘉靖三十二年(1553年)	2 000 000(＋)	5 730 000	亏 3 730 000
嘉靖三十三年(1554年)	2 000 000(＋)	4 550 000	亏 2 550 000
嘉靖三十四年(1555年)	2 000 000(＋)	4 290 000	亏 2 290 000
嘉靖三十五年(1556年)	2 000 000(＋)	3 860 000	亏 1 860 000
嘉靖三十六年(1557年)	2 000 000(＋)	3 020 000	亏 1 020 000
嘉靖四十二年(1563年)	2 200 000(＋)	3 400 000(＋)	亏 1 200 000
嘉靖四十三年(1564年)	2 470 000(＋)	3 630 000	亏 1 150 000
嘉靖四十四年(1565年)	2 200 000(＋)	3 700 000(＋)	亏 1 500 000
隆庆元年(1567年)	2 014 200(＋)	5 530 000(＋)	亏 3 515 800
隆庆二年(1568年)	2 300 000(＋)	4 400 000(＋)	亏 2 100 000
隆庆三年(1569年)	2 300 000(＋)	3 790 000	亏 1 490 000
隆庆四年(1570年)	2 300 000(＋)	3 800 000(＋)	亏 1 500 000
隆庆五年(1571年)	3 100 000(＋)	3 200 000(＋)	亏 100 000
万历元年(1573年)	2 819 158(＋)	2 837 104(＋)	亏 17 951
万历五年(1577年)	4 359 400(＋)	3 494 200(＋)	盈 865 200
万历六年(1578年)	3 559 800(＋)	3 888 400(＋)	亏 328 600
约万历九年(1581年)	3 704 281(＋)	4 424 730(＋)	亏 720 449
万历十一年(1583年)	3 720 000(＋)	5 650 000(＋)	亏 1 930 000

续 表

时　间	岁入银（两）	岁出银（两）	岁出入银盈亏（两）
约万历十四年（1586年）	3 890 000（+）	5 920 000（+）	亏 2 030 000
万历十七年（1589年）	3 270 000（+）	约 4 390 000（+）	亏 1 000 000
约万历十八年（1590年）	3 740 500（+）	4 065 000（+）	亏 324 500
约万历二十年（1592年）	4 512 000（+）	5 465 000（+）	亏 953 000
万历二十一年（1593年）	4 723 000（+）	3 999 700（+）	盈 723 300
约万历二十八年（1600年）以前	40 000 000	4 500 000（+）	亏 500 000
约万历三十年（1602年）及以前	4 700 000（+）	4 500 000（+）	盈 200 000
万历三十二年（1604年）①	2 000 000（+）	4 582 000	—
万历三十三年（1605年）②	2 000 000（+）	3 549 000（+）	—
约万历四十五年（1617年）	3 890 000	4 219 029（+）	亏 329 029
泰昌元年（1620年）	5 830 246（+）	6 086 692（+）	亏 256 446
天启元年（1621年）	7 552 745（+）	8 568 906（+）	亏 1 016 161
天启二年（1622年）	4 968 795（+）	5 927 721（+）	亏 958 926
天启三年（1623年）	7 893 137（+）	10 776 982（+）	亏 2 883 845
天启五年（1625年）	3 030 725（+）	2 854 370（+）	盈 176 335
天启六年（1626年）	3 986 241（+）	4 279 417（+）	亏 293 176
崇祯元年（1628年）	7 064 200（+）	9 568 942（+）	亏 2 504 742
崇祯三年（1630年）	9 136 357（+）	9 500 628（+）	亏 364 271
崇祯四年（1631年）	12 249 195（+）	11 125 252（+）	盈 1 123 943
崇祯七年（1634年）	12 812 000（+）	12 153 000（+）	盈 659 000

续　表

时　间	岁入银(两)	岁出银(两)	岁出入银盈亏(两)
崇祯十二年(1639年)③	20 000 000	约 20 000 000	—
崇祯十五年(1642年)④	23 000 000(＋)	约 23 000 000(＋)	—

注：① 这两年的岁出入银数由管库主事余自强和张联奎分别在万历三十二年(1604年)和三十三年(1605年)任期内经手收放，是差事结束时盘点移交的数目，准备差满候考的，不能算作当年真正的岁出入数，姑并列之以作参考。

② 这是御史郝晋约略估计当时三饷起运输京(岁入)和发放输边(岁出)的数额，实际盈亏的情形不详，姑存待考。

③④ 这是署司事员外郎尹民兴在崇祯十五年九月二十九日上奏时所列三饷岁额银数(其中练饷岁用为八百七十万九千两有零，比原定七百二十九万两的额数超出百余万两)。并且说："入尝(常)不足，出尝(常)有余。"(《明清史料》乙编第五本，第424页下，《核饷必先清兵》残稿)很明显表示岁出超过岁入。至于赤字是多少，却没有进一步详述清楚。

资料来源：全汉昇：《明中叶后太仓岁出银两的研究》，载《中国近代经济史论丛》，稻禾出版社1996年版，第289—297页。

虽然长期以来，任意征税和支出被认为是专制国家的一个关键属性，但事实上，中国皇帝既不能随意征税，也不能任意支出，皇帝权力的行使受到官僚集团，以及地方官员与精英在税收制度实际执行中的制约。另一方面，官僚集团与精英阶层并未完全分化，"以商致富，以宦贵之，以末聚财，用本守之"正是其真实写照。自古以来"士"为四民之首，具有极高的社会地位，掌握着帝国最宝贵的资源——行政权力，其奢侈生活的维持常常离不开精英阶层的供养，离任之后往往选择经商或成为地主；商人和地主为了提高家族地位，也往往选择攀附官员，同时不遗余力地培养宗族后代考取功名。《白银帝国》一书认为，明万历年间几乎到了"无官不商"的地步，四分之三的进士、举人家族中有从商的背景。因此，虽然官僚集团与精英集团的利益并不完全一致，但从某种程度来说，两者构成同一阵营，组成利益共同体。

因而当明朝中后期财政面临崩溃局面时，国家只能以提高农业税收来应对危机。国家既不能加征田税以外的税收，也无法向精英阶层强行借款，否则必然会被精英阶层的利益代言人反对，事实上这样的抵制活动屡屡成功。万历年间反矿监税使的"斗争"即是一例。李三才上《请停矿税疏》直言"皇上爱珠玉，人亦爱温饱"。叶向高同样上书要求万历撤回矿监税使。"不与民争利，藏富于民"成了官僚与精英抵制商业加税的理论武器。皇帝固然可以撤换部分官员来杀鸡儆猴，却无法将整个官僚机构裁撤，因为他的统治也依赖于地方精英的支持。难于对大地主商人征税的同时，中小商人也因利润微薄而无法承担过多的赋税。17世纪初，为弥补赤字，政府加征商业税收，但税收的提高引起了手工业的危机。山东临清73家布作坊中有45家关门，33家绸缎作坊中则有21家倒闭，城市中工匠叛乱大大增加。1596—1626年，城市暴动在当时经济最活跃的苏州、松江、杭州、北京以及所有手工业大中心几乎年年发生。1603年，门头沟（位于北京以东30公里）私营矿山的矿工甚至游行至京城抗议。

与此相反，对农业税加征却不会受到多大的阻挠。因为各级官僚与生员不仅从国家得到赐田，而且可以减免赋税，不服劳役；不仅在官时享有，即使退休之后也同样如此，自耕农负担的增加反而有利于他们趁机兼并土地、聚敛财富。同时，在明代以农立国的思想下，田赋是帝国最稳定的收入来源，在200年内维持着低税率，基本没有加征，在理论上即使加征，也不会对百姓带来困扰，因而暂时性提高农业税率成为解决财政困境的最理想的方法。这种尝试首先源于地方政府，在最初也被证明是切实有效的。

加征最早以兵饷的形式出现，始于抗倭战争。16世纪中叶，在倭患频发的紧急情况下，东南沿海省份获得了一定程度的财政自治。面对危机，官员们对正赋加征附加税，并将现有的收入部分截留以应付危机。（官员们也曾尝试过其他收入来源，但通常数额很少，征收难度很大。）战事结束后，由于募兵继续存在，所以兵饷只能保留，成为一项固定收入。在绝大部分地区，它被逐渐合并成单一的附加税，数额依地方军队的实际开支而定。其后这种方法也被中央政府采用，但新收入的设定往往是以预估的支出数额向民间摊派，因而在加派后太仓也难有盈余。万历二十七年（1599年）播州之役时，太仓存银耗尽，为筹集军饷，户部令四川、湖广加派地亩银充作军费，可见战时对田赋进行加派已成为通常性的做法。明末"三饷"的加派仅是由中央政府将这种地方性的应急方法推至全国。

万历四十六年（1618年），努尔哈赤起兵，朝廷援引播州旧例，开征"辽饷"。其后经过四次加征，加派额达到每年685万余两。崇祯十一年（1638年）为镇压农民起义，增兵12万，加派剿饷280万两，由于起义依然没能在短期内平息，只得每年继续征收。崇祯十二年（1639年），朝廷新增练兵73万，再加练饷730万两。至此，明末"三饷"加派合计在正额之外加派田赋银1 670余万两。此前的加派因明军短时间内取得胜利而未造成重大社会危害，但"三饷"加派之后，由于战事迟迟未能结束，这些沉重的负担完全加在了中、小土地所有者身上,再加上北方诸省连遭大旱,这些地区的怨兵饥民等揭竿而起,汇成了反明大起义的滚滚洪流,明王朝最终被这股洪流所淹没。

(二) 斯图亚特君主以特权敛财

英国的财政危机几乎与中国同时爆发。玛丽女王去世时把 6.5 万英镑的债务留给伊丽莎白,伊丽莎白的债务又累积到 36.5 万英镑,超过了政府全年的财政收入,到 1606 年王室负债额累计已达到 60 万英镑之巨。① 不仅如此,王室财政赤字也在直线上升,1606—1610 年赤字 334 000 英镑,到 1613 年达到 500 000 英镑,1618 年为 900 000 英镑。② 斯图亚特国王们不得不尝试采用各种方式扩充财源。

在国王的各项收入中,王室地产收入无疑是难以增收的。在历次财政危机中,国王通过变卖资产,寅吃卯粮的方法来筹集资金,使得王室地产不断减少。亨利八世时,通过宗教改革没收了大量修道院地产,但至其过世时已有大半被转让或出售。伊丽莎白一世即位时,仅有 1/4 仍为王室所有。1588 年对西班牙的战事结束后,女王又出售了 25% 的王室土地筹集资金;詹姆斯一世在位时又出售了 25% 的王室土地。

通过税收来增加收入也绝不是一个好的选择,在征税问题上,议会上下院的利益是一致的。都铎王朝君主以战争为由征税时常得到精英阶层的支持,因为强大的国家能够为海外贸易提供后盾。没有强大海军的支持,他们很难在贸易中占据优势。由于王室不断出现赤字问题,要求议会同意额外增加收入,议会将税款控制在一个合理的数额内征收,并且以纳税为交换要求国王尊重传统的产权和制度。与都铎国王们不同,斯图亚特国王们来自相对落后的苏格兰,对英国的政治体制与议会并不认同,他们迷恋君权神授理论,生活奢侈,并不愿以限制王权来换取税收,执政期间长期停开议会,大大侵害了英国贵族与精英的利益,迅速激化了王权与议会之间的矛盾。詹姆斯一世首先想在间接税上想办法,1606 年对葡萄开征进口税,1608 年对所有进口商品都开征进口税,并提出把 1 400 种商品的税率从 30% 提高到 40%,这一系列要求引发了 1610—1614 年的"议会风暴",国王只得宣布解散议会。对议会直接税的

---

① 钱乘旦、许洁明:《英国通史》,上海社会科学院出版社 2002 年版,第 146 页。
② H. Tomlinson, *Before the English Civil War: Essays on Early Stuart Politics and Government*, New York: St. Martin's, 1983, p. 106.

争取同样并不乐观,与议会的讨价还价通常只能够达成远低于支出需求的协议,而议会的审议通过仅仅表示一个不确定、旷日持久、困难的征收过程的开始,且这个过程常常以严重低于目标水平的收入结束。1621 年詹姆斯一世召开议会要求拨款 50 万英镑,然而议会仅仅批准 15 万英镑,附加条件是国王必须对西班牙开战。不久,国王再次要求拨款 90 万英镑,议会仅以 7 万英镑作以敷衍。不仅如此,召开议会还意味着国王要面对议员的诘问与责难,这对于信奉王权至上的斯图亚特国王来说是难以忍受的。

既然不愿削减开支,国王只能绕开议会,以封建特权收入作为主要的增收手段。至查理一世时,各种封建特权均已被充分利用。

第一,扩展来自封建监护权的收入。至詹姆斯一世统治末期,监护权年均收入约 4 万英镑,1635 年上升至 5.4 万英镑,1641 年为 7.5 万英镑。[1]

第二,通过优先采买权获益。16 世纪晚期,伊丽莎白女王每年可通过优先购买权获利 3.7 万英镑,詹姆斯一世和查理一世每年有 40 000—50 000 英镑。

第三,对逃避骑士封爵的人课以罚金。1630 年,政府规定年收入 40 英镑以上的人都要接受骑士称号,到 1635 年复活节,骑士罚金的征缴总额为 173 537 英镑。

第四,对违反《森林法》者课以罚金,并重新确定古老的森林边界,对侵蚀边界者予以处罚。

第五,授予亲信专营权及出售爵位。伊丽莎白晚期即已开始通过授予专卖权增加财政收入,斯图亚特王朝时愈演愈烈。1603—1624 年,詹姆斯一世恩赐的专营权比之前 50 年的还多,1621 年他将大约 700 多种商品的专营权赏赐给宠臣。与此同时,他还把世袭称号拿来出售,这不仅侵害了贵族的利益,而且被认为是贵族的耻辱。查理一世即位后继续行使君主特权,将明矾、肥皂、煤炭、食盐、砖块、玻璃、皮革、纽扣、啤酒、油脂和别针等差不多所有日用品的专卖权出售给朝臣、亲信等,由此获得大笔款项。

第六,强行借款。斯图亚特王朝大多以威逼利诱的方式获得贷款,也往往不按期还款。1604—1605 年间的强行借款,国王直到 1609 年 12 月才最终清偿。1617 年的强行借款,直到 1628 年才偿还。查理一世为强行借款下达特

---

[1] M. J. Braddick, *The Nerves of the State: Taxation and the Financing of the English State, 1558-1714*, Manchester and New York: Manchester University Press, 1996, p. 75.

别令状,逮捕了 76 个拒绝借贷者,强行贷款 23.6 万英镑。

第七,在全国范围内课征船税。1635 年,王室政府向全国征缴船税,打算筹集 20.8 万英镑的资金,但因其非法性引起民众反对。1638 年和 1639 年,国王又相继发出征收船税的令状,但收到的税款不到预计的 1/3。

查理一世急于对苏格兰发动战争,但战争经费没有着落,只好于 1640 年重新召集 11 年未开的议会。然而,议会迅速宣布船税非法,要求国王不经议会同意不能课征特权税。国王与议会的矛盾被迅速引爆,旋即在 1642 年爆发内战。内战之后,英国各方势力重新洗牌,逐渐走上了财政改革的道路。

第二节 变革中的制度

一、中国财政制度的完善

明初僵化的财政制度至中期已难以为继,地方政府与百姓不堪重负,为了实现官民两利,地方政府率先尝试改革,而中央政府为现实需要默许地方政府进行改革试验。即便后来经历了改朝换代的动荡,清代还是对明代制度进行了大规模沿袭,也延续了明代财政改革的趋势。当立足稳固之后,清代统治者开始吸取明代教训,依据现实情况,对财政进行有计划的改革。

(一) 税制改革

1. 从地方试验到一条鞭法

1) 田税改革

改革开展最早也最有成效的是江南地区。作为全国最重要的税区,由于历史原因,在明初赋役沉重,从平均每亩纳税来看,浙江为全国的 1.59 倍,苏州为 8.54 倍,松江为 7.1 倍[①]。进入明中期后,赋重役繁、逋负累年的问题日益突出。

宣德五年(1430 年),周忱(1381—1453 年)奉命巡抚南直隶江南诸府,开地方财政改革的先声。为抑制豪绅地主拒不纳耗的法外特权,周忱创立"均征加耗法",将每府每年田粮及各项杂派等,一并以秋粮正米为则加耗,田则重者

---

① 郭厚安:《明代江南赋重问题析》,《西北师大学报》(社会科学版)1984 年第 4 期,第 13—21 页。

加耗少,轻者加耗多,借助耗米的征派均平田亩科则。此外,明代钱粮折征的官价低于市价,因而征收折色可减轻税负,周忱规定税则较高的农户,两税可全折,负担适中的可折征半数,较轻者全纳本色。

此后,江南其他各府地方官员也根据自身情况继续试行新的田赋征收办法。总体而言,自周忱以来至正德年间(1506—1521年),江南各府的田赋制度改革一直围绕附加税,经过"论粮加耗"和"论田加耗"的多次反复,相关探索一直持续到张居正改革前夕。田赋改革的内容从对"加耗"方式的调整,逐步触及田则本身。

正德十四年(1519年)许庭光上疏请求湖州官民田"各均为一则办纳税粮":首先计算全府应纳的正粮、耗米和折银,将总数按全府官民田平均分摊,对于税率不等的官民田,通过摊派不同比例的本色米和折银米调整其负担。嘉靖十六年(1537年),欧阳铎奉旨清理江南田赋,他实行"计亩均输",对原黄册上记录的科则不作改动,用耗米和金花银来调整不同科则田地的负担,实际上取消了官民田等则的差别。其他各府的官民田一则起科改革大体相似,改革也影响到福建、江西等地。

2) 一条鞭法以前的役法改革

明中叶以田赋为核心的改革主要施行于江南地区,因为"江南重赋",而在江南以外的地区,虽然也存在官民田赋税不均的现象,但远不如江南地区突出。因此,明中叶江浙以外地区的赋役改革侧重徭役方面。

均徭法改革是为改善各级官府佥派杂役时负担不均所实行的一种改革。明初,一切徭役只分为正役与杂役,由于杂役多无定例,在摊派过程中弊病丛生。正统二年至四年(1437—1439年),按察佥事夏时于江西始创"均徭法",并进呈《均徭册式》,提出在黄册之外另造均徭册,将杂役中一些具有经常性的差役被划分出来纳入"均徭"之下,查勘各户实在丁粮多寡,按上、中、下户分等,根据杂役的轻重预先分配,按年份轮流应役。以后,陆续为广东、四川、福建、陕西、南直隶等处采用。天顺元年(1457年),朝廷正式诏令行均徭法,至弘治时,均徭法已基本成为全国的制度。均徭法对明初役法作了两点重要的改革:首先是把那些具有经常性的差役和其他只属于临时性的"杂泛差役"划分开来,并把前一类的差役名额加以确定,稍后更折合为各项工食代价银两,作出固定的开支细数,以免临时点佥的弊病;另一点就是于原有黄册之外,另造"均徭文册"。由于黄册上关于上、中、下三等户的记录多已失实,不足为凭,所以进行查勘各户的丁粮实数,重订户则,作为编派均徭的根据。

其后的役法改革逐渐出现折银征收的趋势，均平法是其中较有影响一项。"均平"的改革，是用按丁粮征收货币赋税作为地方公费开支，取代原先亲身应役的办法。均平法改革较有成效和影响较大的是广东省，在成化年间（1465—1487年）广东多数地区已经普遍实行均平法，原先无定额的法外科敛，开始过渡成一种规范化的定额赋税。

成化、弘治年间，福建地区也进行了类似于广东省的徭役改革，时称"纲银"，把繁杂的里甲支应编为一纲，出钱代役，明了简便。另有针对均徭法的弊端而进行的"十段锦法"改革，总计一县丁粮，重新均分编派轮役，从而克服里甲之间因丁粮悬殊而造成的差役不均。正德十五年（1520年）御史沈灼推行"八分法"，将福建的里甲之役大部分变为折银征收，并有一半以上摊入田粮。嘉靖四十四年（1565年），南直隶和浙江也曾实行十段锦法。

"一串铃法"是明中叶在北方地区较流行的一种针对赋税征解过程的改革，嘉靖末、隆庆初施行于北直隶和山东等地，在某种程度上均平了大小户对于钱粮收解的负担。

在明中期，四川赋役征收改革最著名的是"一把连法"，"将各项事宜通行议拟，成之为目：一曰税粮，二曰岁支、均徭、里甲、课程、驿传、年例、杂役、杂用"，"既分析详明，输运又虑置机密，可以杜势豪趋避之计，亦足以弥里书飞诡之奸，简而易行，一而易守，真能补旧议之偏、全蜀之弊也"。

经过明中叶的一系列赋役改革，赋役合一、赋役折银的趋向已十分明朗，为万历年间一条鞭法在全国范围的推行，创造了必不可少的条件。

3）一条鞭法

万历初年在全国范围普遍推行的"一条鞭法"，其改革的主要内容及其基本趋势，实际上在更早的时候已经开始，一条鞭法是集这些改革之大成的必然结果。在张居正改革之前，一条鞭法已经在局部地区推行很久了。

"一条鞭法"最早是嘉靖十年（1531年）由御史傅汉臣提出的，嘉靖四十年（1561年）前后，一条鞭法在南方一些省份盛行起来，其中比较早的是江西、浙江和南直隶，其次是两广和福建。嘉靖四十年至隆庆元年（1561—1567年），庞尚鹏在浙江多次改革赋役制度，最初行均平法，后又行十段锦法，最后归结为一条鞭法，万历四年（1576年）至六年（1578年）他又在福建巡抚任内力行一条鞭法，使其成为定制。隆庆三年至四年间（1569—1570年）海瑞在南直隶执行一条鞭法。大约从万历五年至十二年间（1577—1584年）广东、广西两省多数地区也已盛行一条鞭法。

至万历年间，国家财政赤字严重，太仓入不敷出，全面的财政改革已迫在眉睫。时任首辅张居正实施了一场综合性的改革，在节流方面，他贯彻"量入为出，加意撙节"的原则，尽量压缩朝廷开支，对冗官冗员和糜费过度的问题进行整顿。他向神宗提出"节流爱民""以保国本"，废止宫中的上元佳节烟花和花灯费等；对冗官冗员进行裁汰；通过"减客兵，清粮糗"的办法减少朝廷边防军费，"岁所省，凡得数十百"，同时减少抚赏费，所省也达百余万。

节用只是张居正改革的前奏，清理田赋和改革徭役才是财政改革的重点。明中叶国家税收减少的主要原因在于贵族、官僚和地主隐瞒田产，偷税漏税，只有加强政府对田地的控制能力，才能从根本上解决明代的财政危机。万历八年（1580年）九月，张居正奏请皇帝于全国范围开展丈田均粮运动，并将清丈田粮列为官员考成的首要内容，赏罚分明。万历十一年（1583年），清丈基本完成，鱼鳞册的重新整理，使赋税征收又有了可靠的依据，从而为一条鞭法的大规模实施创造了条件。

万历九年（1581年），一条鞭法正式全国推广。具体来说，改革主要包括合并编派（包括各项差役的合并、各项税粮的合并以及役与赋的合并）、合并征收（包括征收期限的合并和征收管理的合并）、折银征收和解运方式等方面。尽管各地的具体做法不尽相同，但整体而言，一条鞭法中的赋役合并、丁田摊役、折纳征银等基本特点，都在各地的具体实施中得到一定的体现。

一条鞭法是中国赋役制度史上继两税法之后的又一次重大改革。从直接效果来看，挽救了明王朝的财政危机，扩大了赋役摊派面，缓和了社会矛盾，使得帝国一度出现短暂的复苏。由于清丈田粮查出了大量的隐藏田产，在税收总额不变的前提下，每亩的征派数量大大减轻。此外，将部分丁银摊入地亩征收，也减轻了对户丁的征派而加重了对地亩的征收，对减轻无地或少地的农民的负担，改善农民处境也有一定的作用。简化赋役征收的项目和手续，使赋役合并，以田为纲，以银代役，人民与政府之间的赋役关系更多体现在货币上，徭役制度进一步走向衰落，出现了"摊丁入亩"的趋势。

2. 摊丁入亩

"摊丁入亩"是清代最为重要的赋役改革，是明代一条鞭法的继续和深化。通过此次改革，帝国最终实现了人头税、徭役与田税的合一。一条鞭法的主要目的是"总括一州县之赋役，量地计丁"，将力役折银征收，丁银纳入田赋，实现赋役合一。但改革并未切实推行，明末局势的动荡与官吏的腐败使得法令难以得到有效贯彻，"三饷"加派之后，赋役更加混乱，一条鞭法名存实亡。清初虽然沿袭明代的一条鞭法，但由于频繁的战事和规章的紊乱，轻徭薄赋难以有效落实，政府征收役银之后，仍用各种方法额外差派。正赋既多于明代，赋外还有加派，丁银外还有杂役，赋役制度混乱不堪，导致民间逃户严重，政府财政困难日益加剧，成为赋役制度改革的根本原因。

清初的一系列措施成为摊丁入亩的开始，分为三项：首先，清丈地亩，查明各地田亩总数及土地占有状况，防止隐田逃税。顺治三年（1646年）清丈首先从江西开始，其后至康熙、雍正年间政府先后十三次对全国土地进行分区分类的清丈。其次，缩小了官僚与地主的赋役优免范围。顺治十四年（1657年）废除原先的优免条例，规定官员、吏员及生员等只免其自身丁役，其他所有正项及丁银仍照数交纳。最后，推行均田均役改革，按照拥有田亩来确定徭役的轻重。均田均役事实上是明代均徭法思路的延续，核心在于"论田起役"，康熙元年（1662年），均田均役法开始在苏、松两府推行，康熙十年（1671年）推行全国。对赋役制度的整顿以及清丈、均田均役法的实行，为摊丁入亩打下了良好的基础。

摊丁入亩虽然是一条鞭法的深化，但两者也有不同，一条鞭法中的"丁银"主要是一种代役银，而摊丁入亩中的"丁银"不仅有徭役折银的性质，还是一种固定化的人丁税额。早在明中后期，部分州县已有摊丁入亩的个例，清初，某些地区食盐钞银、匠班银的摊丁入亩也在进行[①]。这些探索也为摊丁入亩的全国推广提供了借鉴。

当时，未能全国推广摊丁入亩的主要原因在于全国丁额没有定数，康熙后期"滋生人丁永不加赋"的政策成为推行摊丁入亩的重要条件。康熙五十二年（1713年）上谕："嗣后编审增益人丁，止将滋生实数奏闻，其征收办粮，但据五十年丁册，定为常额，续生人丁，永不加赋。"[②]此后，丁银以康熙五十年（1711年）的总额固定为335万两。为弥补人丁去世导致的缺额，康熙五十五年（1716年）补充规定："新增人丁，钦奉恩旨永不加赋，令以新增人丁，补充旧缺额数。向系照地派丁外，其按人派丁者，如一户之内，开除一丁，新增一丁，即以所增抵补所除。倘开除二三丁，本户抵补不足，即以亲族之丁多者抵补；又不足，即以同甲同图之粮多者抵补。其余人丁，归入滋生册内造报。"[③]该政策

[①] 郭松义：《明末三饷加派》，《明史研究论丛》1983年第二辑，第220—245页。
[②] 昆冈：《户部·户口》，载《钦定大清会典事例·卷157》，光绪朝本，第3b页。
[③] 昆冈：《户部·户口》，载《钦定大清会典事例·卷157》，光绪朝本，第3b页。

实施之后,要求摊丁入亩的呼声顿起。康熙五十五年(1716年)御史董之燧上疏指出"永不加赋"后依然存在"地卖而丁存"的弊端,最好的解决办法就是"摊丁入亩"。皇帝议准:"买卖地亩,其丁银有随地起者,即随地征丁。倘有地卖丁留,与受同罪。"①同年,又议准了广东摊丁入亩:"就各州县地亩分摊,每地赋银一两,均摊丁银一钱六厘四毫有奇。"②广东成为最早实行摊丁入亩的省份。虽然摊丁入亩始于康熙末年,但其全国推行主要集中在雍正年间。雍正二年(1724年),在皇帝亲自主持下,直隶正式推行摊丁入亩。此后,各省纷纷仿效,至雍正十三年(1735年),全国大部分地区都实行了摊丁入亩改革。

摊丁入亩的基本原则是"因田起丁,计亩科算",标志着中国近两千年来的封建赋役征收由对人课税转向对资产课税,原来分别征收的田赋和丁银,现在统一转化为依田亩而征收的正式收入,废除了徭役与人头税,使赋税制度大大简化。另一方面,财政负担将主要落在拥有大量田产的地主豪绅身上,能有效实现对无地农民和小自耕农的保护,不仅有利于平衡社会各阶层的经济实力,而且丁银负担落在能力强的人户身上,收入基础将更为可靠。摊丁入亩实行之后,流民问题大大缓解,农民安心生产,政府的田赋收入稳步增加。雍正二年(1724年)全国垦田数为68 300万亩,税银收入2 630万两,税粮收入470万石,在其后的三十年间,全国垦田数增加了2 500万亩,税银收入增加281万两,税粮收入增加370万石。从某种意义上说,摊丁入亩的完成标志着封建社会徭役制度的终结。

3. 清查亏空与耗羡归公

康熙中期以后,从中央到地方,库银亏空的现象十分严重。1722年,康熙皇帝去世时国库存银只有800万两,仅为政府年财政收入的27%。在主要由中小自耕农构成的经济中,薄弱的经济基础使得税基特别脆弱。频发的自然灾害、不时爆发的战争、必要的蠲免和赈济使得中国历代政府必须在国库中保持一个净盈余,而非仅仅是收支平衡。政府被认为应有足够的储藏,以备不虞之灾,然而现实却令人失望。

民欠与亏空是帝国府库空虚的主要原因,也是明清财政管理中长期存在的问题。这两类短缺有很大区别,民欠是指赋税征收时官员未能全额收税的结果,主要原因在于百姓;而亏空专指政府仓库现有经费与应有数目不相吻

---

① 昆冈:《户部·户口》,载《钦定大清会典事例·卷157》,光绪朝本,第7b—8a页。
② 昆冈:《户部·户口》,载《钦定大清会典事例·卷157》,光绪朝本,第14b页。

合,主要由官员导致。有明一代的统治者始终未能解决府库的空虚,清代也继承了这一制度性的难题。康熙皇帝认为府库的空虚主要在于民欠,其强化催征和赋税蠲免的政策都反映了这一点,而继位的雍正皇帝则深信问题的根源在于官员的挪用与腐败。

清初亏空有着复杂的制度原因。明清时期的起运、存留制度中,起运比重极大,通常占赋税的七八成,地方政府仅存留两三成,主要用于军费、驿递和地方开支①。以山西为例,康熙六十一年(1722年),存留占全省赋税比重的30.4%,然而存留中的84%用于军费和驿递,仅有16%用于地方开支,即真正用于地方开支的收入仅占全省赋税的4.8%;又如江西的真实地方开支仅占总赋税的6.8%;其他省份也基本类似②。如遇战争等重大突发事件,中央会进一步加大起运比例。另外,存留的动用也有相应的规定,即便是为公共目的的支出,未经中央政府同意也是非法的。显然,对官员而言,在公务上有所作为而不引发亏空几乎是不可能的。

同时,明清时期官员的公私消费事实上含混不清,官员个人俸禄不仅要承担自己及眷属的生活费用,还要负担部分明显与行政开支密切相关的开销,如衙门人员的薪水和少量办公费用等,即俸禄实际用于衙门内部消费;而军事防御,地方赈济,或是建筑工程,如城垣和桥梁维修、仓廒建设、水利设施等衙门外的开支,才被认为是公事花费,即外部花费。明清官员俸禄的低微,无法满足衙门内部的诸多花费,为了保证衙门的运转、赡养家眷,他们不得不在征收赋税时多征多派,以补足个人开销的不足与办公经费的短缺,并用于官员间的交际,于是,官场陋规盛行。

正是由于地方政府内部与外部花费的双短缺,使得帝国正式财政制度之下存在着庞大的非正式经费体系。虽然非正式经费体系的存在使各级地方政府能够较好地实现其职能,为正式制度提供了充足的弹性,但由于其不受监督的特点,渐渐腐败丛生,不少经费沦为官员的个人消费。同时,这种非正式的经费体系将帝国的各级官员纳入其中,官僚集团成为联系紧密的利益集团,所有的官吏都定期向上司呈递数额固定的白银作为礼物。下级官员送礼讨好上司,建立依赖关系,为所欲为,无所顾忌;上司收受属下的节礼,当属下有不法

---

① 由于清代皇室子孙不再分封各地,其供养也不再由地方政府负责。
② [美]曾小萍:《州县官的银两——18世纪中国的合理化财政改革》,董建中译,中国人民大学出版社2005年版,第30—33页。

行为时为他们提供庇护,徇私枉法。陋规所消耗的资源是触目惊心的,在帝国府库空虚的同时,帝国的官吏们却享受着锦衣玉食的生活。以两广的情况为例,雍正二年(1724年),两广总督收受属下节礼47 110两,广西巡抚收受节礼12 400两;粤海关的陋规每年平均六七万两,被税关供职人员和省内大员瓜分;1727年,广西关税盈余银15 000两,梧州和浔州关每年另有盈余31 400两。这些银两不只是地方官员的花费,还有送往中央各部的部费,如广东每年向刑部解送饭食银6 042两,用以支付解送罚金和没收财产到部的费用,以及为刑部书吏提供饭食银和办公往来费用。

这些沿着官僚体制拾级而上的大部分经费,都是源于征税中对普通百姓的各种加派。由于这些灰色地带缺乏监管,导致各级官员上下其手,耗羡征收日益苛重,大部分地区对耗羡的征收为正税的20%—40%,最高的省份甚至达到50%。出于稳定政局的考虑,康熙对这种非正式制度的存在持默许的态度。加派日重之下,百姓无力缴纳正项钱粮而产生逋欠,大部分地方政府都存在不同程度的亏空,中央政府也深受其害,极少得到足额赋税。

雍正元年(1723年),皇帝连下十一道圣旨,将亏空归罪于官员和胥吏的腐败,要求各级政府追补亏空,清查钱粮。为防止户部与各省通同作弊,皇帝专设了独立机构——会考府,由亲信大臣主理。

在三年限期内各省清查出的亏空总额高达上千万两。理清纷繁复杂、真假难辨的账目是一项繁重的任务,但真正的挑战在于如何将这些亏空变成实实在在的钱粮。要成功地消除亏空以及腐败,仅凭皇帝一纸诏令是远远不够的。不仅有关亏空原因或将来的防范措施意见不一,大量无法确定亏空责任人的问题不久也凸显了出来。无奈之下,许多省内官员再次求助于非正式经费体系。

耗羡作为一种重要的附加税形式早在宋代就已出现,随着明代白银的货币化使用而日渐重要。尽管实际的耗羡损失只有1%—2%,但自明以来地丁钱粮的耗羡率一直稳步提高,耗羡与实际的银两损失日渐脱离,渐渐包括了几乎所有依百分比的、普遍性的没有特定名目的加派。由于其特殊的附加税性质,耗羡一直处于既合法又违法的模棱两可位置。当皇帝禁止以陋规和捐俸弥补亏空之后,耗羡的特性使它成为一个理想的选择对象。征收耗羡与捏造簿册、敲诈百姓等声名狼藉的行径不同,耗羡虽被普遍视作一种侵贪,但确实与地方政府的真实收支水平密切相关。正是基于这种考虑,促使一些官员建议耗羡合法化以弥补过去的亏空。

耗羡归公的实施与一条鞭法相似，最初均由地方政府试行，并将情况通过巡抚和布政使转呈中央政府。在具体实施过程中，雍正没有颁布统一的命令或法规，各省在耗羡率和征收及提解的方法上都因地制宜。

耗羡提解的初步方案最早由湖广总督杨宗仁于1723年提出并在湖北实施，该方案意图建立向多层次官员提供养廉银的长期制度，而非消除亏空的临时措施。他指出，湖广耗羡的征收率定为10%，其中68%提解至省作为公费银，剩余32%为州县官的养廉，正项额不足5 000两的州县免于提解。"养廉银"用以供给的衙门内部花费，也支付官员及其眷属的生活费用以及衙门人员的薪水；而"公费银"用于前文所述的衙门外部花费，包括城垣和桥梁维修、仓廒建设、水利设施等开支。

雍正二年(1724年)，河南巡抚石文焯上奏，河南耗羡征收率定为每年正项的10%，共约40万两，将通省州县耗羡全部提解布政使藩库，其中24.5万两用于养廉和公费，剩余约15万两用于弥补亏空和偿还借支的正项钱粮。河南方案较湖北方案有了三个方面改进。

首先，所有耗羡提解藩库，以养廉银和公费银的形式进行再分配。这是控制加派和腐败的一大飞跃，银柜的开启改由省级官员承担，州县官不再有动机征收法外之赋，同时养廉银在耗羡分配中有优先权，不论是遇到灾害、民欠或其他情况，官员的收入都可以保证，剥离了官员和上司间的经费利害关系。

其次，养廉银以需求进行平等分配，而不是依据职位或特定地区的赋税收入水平。州县依公务繁重程度、是否地处要冲和到省城的距离划为三等，拨付相应不同的养廉。

最后，河南方案向省内所有官员提供了养廉，包括湖北方案中未涉及的督抚、粮道和学政等。

其他省份在实践中综合了河南和湖北的方案。

此外，雍正坚持，改革所得经费只能置于地方政府而不是户部的管理和监督之下，使用与奏销有别于正项钱粮的繁杂程序。

耗羡归公是帝国财政制度的重要进步，创造出了一种新的、由各省专用的赋税类型，在整肃吏治和弥补财政方面有双重的作用。因为耗羡是在既有的地丁钱粮基础上征收，不需要新的机构负责征收，也不需要额外编审造册，而且其征收可并入自封投柜制度，减少了地方官员的腐败动机，政府也能够向纳税人通报应缴耗羡的确切数目，同时也向各级官员提供了可靠的经费来源。

在巡抚和布政使的监督下，将耗银分为"养廉银"和"公费银"两类，既为各级政府提供了一个用于衙门内部的固定额度拨款，同时也为外部公共事务提供了一笔更有弹性的经费。耗羡归公使大量先前进入官员私囊的经费可以被用于公共目的，在一定程度上扩大了政府对于公共工程的责任。

（二）加强中央政府调控

1.《万历会计录》

在一条鞭法推行的同时，另一项意义深远的工程也取得了圆满的成功。这一具有标志性意义的事件就是《万历会计录》的编纂。

自明中期起，一系列制度改革渐次展开，财政资源总收分解的趋势日渐明显，财权越来越向户部集中。为加强财政管理，户部两任尚书利用本部旧档开载的数字和法令，加省直册报数据，历时近十年编成《万历会计录》。

隆庆六年（1572年），王国光出任户部尚书，他整理部中条例，用时数年编成初稿，离任后由继任张学颜继续订正，万历九年（1581年）编成，拟名为《万历会计录》，书内不仅项目门类齐全，而且将财政数据更新到了编纂之年，成为明代后期财政管理的重要参考。《万历会计录》共计四十三卷，"首遵《大明会典》，次考历年条例，次查本部册籍，补其缺遗，厘其讹误……分理则以司冠郡，以郡冠县；分款则以总冠撒，以撒合总。先田粮旧额、现额，岁入、岁出，次省郡，次边镇，次库监，次光禄，次宗藩，次职官，次俸禄，次漕运，次仓场，次营卫，次屯田，次盐法，次茶法，次钱法，次钞关，次杂课"。门类或机构之下再细分项目，大多数项目都有"沿革事例"一项，记述相关门类或项目的规制及其演变。如卷十五《北直隶田赋·庄田子粒》项下，记载了大量万历九年（1581年）裁革庄田备边的内容："万历九年，清出给爵地二百五十七顷四十亩七分，赎地一万八千一百八十个"，"（万历）九年，顺天巡抚张梦鲤、保定巡抚辛自修、屯田御史王国各题清查过勋戚庄田应留应革数目……"等；卷三十《内库供应》则记录了采买物料如何估价："商价时估，递年上下二估。本部山东、河南等司官，九门、盐法等委官会同科道照：时岁丰歉，多寡不定，大约亦不甚远。今备录万历九年题准会估之数，以备查考。"

《万历会计录》是向政府预算管理方向的一次迈进，并为清初编写《赋役全书》打下良好的基础。但这还不是一部真正意义上的国家财政预算，而是为户部的财政管理提供一种财政计划"成例"，反映了当时户部财政管理上定额化和定制化的诉求，它是"户部经管之明代国家财政会计总册"，但不包括中央其他部院的独立财政部分、徭役部分,以及田赋存留部分的折银情况。① 这种定例使得政府收支被预先进行分配,收入机构无法利用其内部资金来增强自身职能,同时每个部门的预算收入实际上也仅是一种计划性最大收入,只有在最理想的情况下资金才能完全到位,因为分散的供给方法会不可避免地导致疏忽过失。

2. 完善籍册管理

清代继承了明代的籍册式管理,立国之初即开始筹备赋役籍册的修订。顺治十四年(1657年)详密而完备的《赋役全书》编成,明确了以"万历则例"为征税基准的原则,分列原额、除荒、实征、起运、存留、本色、改折、新增等事项。康熙二十七年(1688年)重修《赋役全书》,化繁为简,并删去与《奏销册》重复部分,其后以《赋役全书》定基本税额,以《奏销册》记临时增减,两者相辅使用。因摊丁入亩导致赋役制度变化,雍正十二年(1734年)《赋役全书》重新更定,经过修订也采用"四柱册"样式(原额—新增—开除—实在),与《奏销册》中的"四柱式"趋于一致。

基层政府的赋役征发则恢复了明代籍册,"有丈量册,又称鱼鳞册,详载上中下田则。有黄册,岁记户口登耗,与赋役全书相表里。有赤历,令百姓自登纳数,上之布政司,岁终磨对。有会计册,备载州县正项本折钱粮,注明解部年月。复采用明万历一条鞭法"。② 为了防止税收舞弊,清初曾创立"由单"制度,向官员和百姓提供简明易懂的实际应缴税额通知单,然因实施困难重重,终告失败,于康熙二十四年(1685年)废止。其后,政府对明代的里甲制度进行改进,在新组织单位的建立上考虑那些彼此关系亲近、超出税收关系的民户的自然组合,继而推行"滚单"和三联印票制度。滚单上记有每一民户的成员及土地数量,两税应缴税款,本色和折色数目,这些项目又被进一步分为十限,并详列每限应缴数额,三联印票为一式三份的票据,地方官、纳税人与征税经办人各持一份。此外,康熙年间还专门制定《征收条约》。可以看出,政府希望通过赋税籍册的编撰、变更,一方面使籍册规范简明;另一方面尽量防止胥吏从中作弊。

3. 奏销制度

钱粮的奏销与考成是户部进行财政监督的主要方式。奏销制度是清代特

---

① 万明、徐英凯:《明代〈万历会计录〉整理与研究》,中国社会科学出版社2015年版,第40—41页。
② 赵尔巽:《清史稿·食货二》,民国十七年清史馆铅印本,第1b页。

有的财政监督方式,目的在于全面控制财政收支,分为常规奏销与军需奏销,通过奏销制度户部建立起了在财政管理中的权威。经过整顿,顺治八年(1651年)钱粮年终奏销,奏销册的"四柱"格式,以及核查等形成制度。不同类别的财政款项,各有其不同的奏销程序,各支出项目,如俸禄支领、河工经费等也有其奏销程序。顺治十一年(1654年),户部首次有了对全国每年收支的总奏报。

康、雍两朝奏销制度得到进一步完善。康熙四十五年(1706年),关于临时性非常规支出的钱粮月终奏销形成定制,在月报制的基础上,年终再统一奏销。雍正三年(1725年),冬估制正式确立,各省年末上报次年支出估计额以备拨款。同年,春、秋拨制亦趋于完善,即户部在各省冬估册的基础上,对各省征收、库存钱粮分春、秋进行两次拨解。

雍正之后,常规奏销制度又有了上下忙造册和比较奏销法两方面改进。嘉庆二十年(1815年)开始,春季和秋季的上、下忙征收分别造册,以适应地丁钱粮的上、下忙征收,并将此与春秋拨册及州县交代制结合起来,在年度奏销照旧进行的同时增加了对上下忙钱粮征收情况的总体奏报。道光二年(1822年)设立比较奏销法,包括了本年额征钱粮与上三年的比较,及积欠钱粮与上三年比较,管理效率大大提高。

战时军费奏销与常规奏销相比,具有临时性、多变性和复杂性的特点。针对军需奏销的混乱,康熙十三年(1674年)谕令,每次拨饷均造册奏销,以杜绝贪赃舞弊。此后,各地收到拨饷,即将旧管、新收、在途钱粮数额,及预估后续所需分别造册上报,户部据此拨解。其后,户部又题准军队过境所用钱粮另外造册奏销,一年一次,而协饷省份拨解则即时造册报销,战后再进行统一核算。然而因战后临时军需机构裁撤,军费奏销任务移交地方政府,接手官员事务不熟,且历时已久,名目繁多,难以稽考,往往成为一笔糊涂账,这也是乾隆以前战争军费缺少记载的主要原因。为此,乾隆十九年(1754年)、二十年(1755年)分别采用大臣建议,对战时军费奏销制度进行重大改进,减少了由军费奏销过程中的许多弊端。但是,尽管已有明确制度,在实行中仍然不得不有所变通,实际操作中多是采取战时的随时造报与战后的统一报销相结合。

4. 协饷

户部在管理职能加强的基础上,进一步将各省划分为盈余省份和赤字省份,通过协饷平衡各省的收支。在中央政府协调下,由经费有结余的省份拨协支用不足的省份。一般来说,经常受协的为陕西、甘肃、云南、贵州、四川、福建等省,经常拨协的为山东、河南、浙江、江苏、湖北、湖南等省。和平时期受协省份与拨协省份关系较为固定,在拨付时优先邻省,邻省不足时由次邻省拨付。同时,又有协饷造册的具体规定,一是规定了户部、拨协省份和受协省份的预先造册;二是规定每年分春、秋、冬三季造报,不得逾期。

(三) 公私分离

与明代财政管理体制的混乱相比,清代的财政管理体制分工明确,管理效率有了很大提高。清代充分吸取了明代国家财政与皇室财政不分的教训,明确地将财政分为国家财政与皇室财政,其中央管理机构分别为户部与内务府,①两者的职能与经费也已经有比较明确的划分。

内务府管理皇室财政和内廷事务,是清代独创的制度,是在厘革明代二十四衙门弊端的基础上建立的。虽然内务府在机构设置上参照了明代,但在职官设置上却满臣与宦官并用,而权在满臣。内务府堂掌理内务府一切事务,下设七司三院。其中,广储司管理内务府库藏及出纳,内库最初设有银库、皮库、缎库和衣库,后增设茶库、瓷库,掌管内廷所用各色物品,所有物品的支发与奏销均有细致的规定。会计司管皇家庄田地亩、皇室财产、征纳钱粮、俸禄支给等。由于皇室财政与国家财政明确分开,在清前中期少有对国家财政的侵蚀,皇室支出也大为缩减,使得政府能够将更多的资源投向其他各项支出。

清代国家财政管理体制仍沿袭明代,各级政府官员与特设机构官员大体相同。明显的进步在于,清代的户部发展承袭了明末户部职权扩大的趋势,真正成为政府的财政中枢,"掌天下土田、户口、财谷之政,平准出纳以均邦赋",②主管一切财政经济事宜。

(四) 克服定额收入

税收收入虽然是国家的主要收入来源,然而作为国家最重要的财政制度,税收相对稳定,无法因国家的临时需要而灵活调节,当出现战争、河工大工或灾荒等重大事项时,往往捉襟见肘。捐纳与报效作为封建特权收入,是税收之外的重要财政来源,是临时筹措经费、解决财政急需的重要手段。与明代相比,清代将捐纳与报效的作用发挥到了极致。

---

① 工部仍具有一定的财政职能,但其主要职能并非财政,故不在此论述。
② 《钦定大清会典·卷八》,载《摛藻堂四库全书荟要》,世界书局1985年版,第1a页。

明代时亦有捐纳以应急需,但明政府对商人的限制较多,商人及其后代不得为官或参加科举,捐官仅得到荣誉性的虚职;而清廷通过加级、议叙、旌奖或直接卖出实职官位或生员资格,对商人的吸引力大大增加。清代的捐纳始于顺治六年(1649年),《清世祖实录》卷四十四称:"今议开监生、吏典、承差等援纳"。"纳监生"是生员等纳读书资格,即所谓"民间俊秀子弟、在学生员纳银入国子监肄业";"纳吏",限于捐纳各级官府的小吏;"纳承差"则是纳一般的办事人员。三藩之乱期间,因财政困难,康熙开捐官的先例,"文官捐始康熙十三年,以用兵三藩,军需孔亟,暂开事例"①。此次捐官从康熙十三年(1674年)至十六年(1677年),仅捐纳知县就达500多人,收入200余万两。

至嘉庆、道光年间,捐纳在财政收入中所占地位更为突出。仅嘉庆五年(1800年)的捐纳银就超过4 000万两(未包括山西与直隶)(见表4-17)。道光朝的捐纳也达3 400多万两,其中超过半数解往户部,"封贮""军需""解甘"三项主要是用于军费支出,其他部分主要用于地方开支(见表4-18)。

表4-17　嘉庆年间捐纳银数统计

省　别	开捐日期	捐纳银数(两)
山东	嘉庆五年?月	2 039 700
陕西	嘉庆五年四月	1 667 610
甘肃	嘉庆五年三月	365 450
河南	嘉庆五年?月	2 061 950
安徽	嘉庆五年四月	1 492 700
江苏	嘉庆五年?月	5 729 180
浙江	嘉庆五年?月	4 837 670
湖北	嘉庆五年四月	2 259 230
湖南	嘉庆五年四月	3 259 300
江西	嘉庆五年三月	5 176 267

① 赵尔巽:《清史稿·选举七》,民国十七年清史馆铅印本,第1b页。

续 表

省　别	开捐日期	捐纳银数(两)
四川	嘉庆五年四月	2 497 950
云南	嘉庆五年？月	419 220
贵州	嘉庆五年？月	268 550
广东	嘉庆五年四月	6 054 160
广西	嘉庆五年闰四月	964 190
福建	嘉庆五年三月	1 631 040
总计		40 724 167

资料来源：汤象龙：《道光朝捐监之统计》，载汤象龙《中国近代财政经济史论文选》，西南财经大学出版社1987年版，第35页。

18世纪末与19世纪初，出售监生等荣誉头衔的捐纳收入一年约为三百万两，卖官捐纳收入则约为二百至三千万两。这项收入在19世纪早期对中央政府而言甚为重要。根据罗玉东的估计，捐纳占政府总收入的比例，在雍正时期为9%，在乾隆时期为17%，在嘉庆时期为54%，在道光时期为36%，在咸丰时期为23%[1]。

"报效"是指大商人对政府的捐献。其中最主要的是军需报效，始于雍正朝，"或遇军需，各商报效之例，肇于雍正年，芦商捐银十万两"[2]。乾隆、嘉庆年间的盐商报效最为突出，次数频繁，数额巨大，如两淮盐区，乾隆朝有三十三次，嘉庆朝有十次。从表4-19来看，乾嘉两朝盐商报效银高达6 500多万两，其中军需报效为4 093万两，占62.6%；水利报效约为1 070两，占16.4%；备公报效为1 057万两，占16.2%；赈济报效为310余万两，占4.8%。

然而随着盐政败坏和盐商资本衰竭，道、咸两朝盐商报效已较罕见，同治以后已寥寥无几。

---

[1] 王业键：《清代中国的财政制度》，载《清代经济史论文集》，稻乡出版社2003年版，第288页。
[2] 赵尔巽：《清史稿·食货四》，民国十七年清史馆铅印本，第6b页。

表 4-18 道光朝捐纳银数及用途

单位：两

省别	解部	封贮	修缮	军需	赈济	解甘	其他	合计
山东	237 700	363 416	207 320	69 000	20 000	250 000	10 825	1 158 261
山西	230 095	256 977	32 000	21 000	40 000	150 000	1 600	731 672
陕西	515 200	410 000	47 456	102 652		260 000	35 000	1 370 398
甘肃		250 000		186 000				436 000
河南	531 200	600 000	358 000	38 262	266 314	550 000	53 000	2 396 776
安徽	761 000	360 000	208 352	93 288	241 614		24 520	1 688 774
江苏	1 974 131	1 164 452	353 839	83 918	176 730		168	3 753 238
浙江	2 440 480	210 000	703 696	198 095	110 197		159 783	3 712 054
湖北	782 000	550 580	219 442	24 800		500 000	23 400	2 210 419
湖南	1 489 000	812 000	295 700	274 094	80 000		27 000	2 978 604
江西	2 944 600	580 000	453 600	72 000	21 000		20 756	4 091 956
四川	490 000	790 882		50 000			295 833	1 626 715

续 表

省 别	解 部	封 贮	修 缮	军 需	赈 济	解 甘	其 他	合 计
云南	109 600	175 504		9 976			141 000	436 080
贵州	297 370	288 220					24 276	609 866
广东	3 280 811	559 988	134 812	2 822			108 700	4 087 133
广西	618 300	323 328	20 000	111 600			28 276	1 101 504
福建	1 434 440	570 000	62 960	39 160			73 522	2 180 082
总计	18 135 927	8 265 347	3 097 267	1 377 477	955 855	1 710 000	1 027 659	34 569 532

资料来源：汤象龙：《道光朝捐监之统计》，载汤象龙《中国近代财政经济史论文选》，西南财经大学出版社 1987 年版，第 38 页；陈锋《清代财政通史（上）》，湖南人民出版社 2013 年版，第 526 页。

表 4-19　乾嘉两朝盐商报效统计

盐区	类别	乾隆朝(两)	嘉庆朝(两)	小计
长芦	军需	1 800 000	526 000	2 326 000
	水利		460 000	460 000
	赈济	100 000	246 000	346 000
	备公		60 000	60 000
山东	军需	600 000	274 000	874 000
	水利		720 000	720 000
	赈济		80 000	80 000
	备公		40 000	40 000
两淮	军需	15 100 000	10 000 000	25 100 000
	水利	2 317 600	2 500 000	4 817 600
	赈济	2 077 891	300 000	2 377 891
	备公	9 270 000		9 270 000
两浙	军需	2 700 000	4 500 000	7 200 000
	水利	1 600 000		1 600 000
	赈济		300 000	300 000
	备公	1 000 000		1 000 000
两广	军需	1 800 000	3 300 000	5 100 000
	水利		3 100 000	3 100 000
	备公		200 000	200 000
河东	军需	300 000	30 000	330 000
合计		38 665 491	26 636 000	65 301 491

资料来源：陈锋：《清代财政通史(上)》，湖南人民出版社 2013 年版，第 530 页。

二、英国财政制度的重构

英国的财政改革起步较晚,虽然都铎王朝时期已有尝试,但在强势王权主导下的国家推行财政改革无异于痴人说梦。随着国内政局的改变,以内战爆发为契机,不断成长的议会开始成为改革的推动力量,议会中的主导力量也决定了改革的方向,英国财政制度走上了快速变革的道路,实现了由王室财政体制向现代财政体制的转型。

(一) 财政管理机构近代化

宗教改革为财政机构改革提供了契机。宗教改革中,亨利八世没收教会财产,增加了王室收入,1530 年王室固定收入约为 10 万英镑,十年后就增加到每年 22 万英镑①。为了有效保证宗教改革的经济收益,亨利八世通过议会设立了一系列税收法庭,而议会借机通过法案详细规定了这些税收机构的目的、职能、人员和规章,打破了内廷对财政的控制。到 16 世纪中叶,英国主要有 5 个职权分明,互不隶属的财政管理机构:财政署管理传统收入、兰开斯特公爵领地法院管理其领地收入、增收法院管理国王的收入及 1535 年后获得的土地收入、首年俸和什一税法院管理原先交至教会的收入、监护和继承法院管理封建收入。为解决管理机构的混乱,议会 1554 年通过法案,将增收法院、首年俸和什一税法院并入财政署,并通过法令对各机构的管理权限、结账时限、人员职责、征收机制都作了规定,以财政署为核心,组成一套既服从王权管辖,又有明确分工的财政机构体系。②

随着财政署的复兴,国库大臣权力日增。斯图亚特王朝早期,国库开始取代财政署成为财政管理的中心,管理制度在大臣制和委员会制之间摇摆。同时,国库的官员构成也发生了较大的变化,主要官员多由世俗人士担任,教职人员渐少参与。

内战之后,议会逐步强化了对王权及其政府的控制。随着议会对财政收入的控制权更加稳固,并逐渐建立对财政支出的控制,近代化的议会和中央财政管理机构关系得以确立。

---

① G. R. Elton, *The Tudor Constitution: Documents and Commentary*, New York: Cambridge University Press, 1982, p. 57.
② G. R. Elton, *The Tudor Revolution in Government: Administrative Changes in the Reign of Henry VIII*, New York: Cambridge University Press, 1960, p. 223.

内战爆发不久,国库和财政署即停止运作,财政职能由借款委员会、复利计算委员会、财产没收委员会、王室地产出卖委员会等执行,这些委员会的领导权控制在军队手中。中央对财政的控制比较松懈,财政收入的筹集、分配和使用多由各郡自行管理。1649年初,内战胜利,下院通过决议废除王位,取消上院,原先君主制下的行政机构解散。

共和国时期,议会仍坚持加强对财政管理的监督,对政府的税收要求进行限制,并就政府财政支出需求等事宜作了调查。因在税收金额上议会与护国政府产生了巨大的分歧,1653年,克伦威尔解散议会,并于1654年重建财政署和国库,国库继续实行委员会管理制。

复辟初期与内战前无异,国库依旧是财政管理中心,继续由国库委员会管理。财政署负责国王的土地收入,其他各种收入归入国库。但由于王室地产几经变卖,财政署管理的财政收入很少,在国家财政管理中的作用也因此而削弱。之后数年,国库获得重大发展,树立并强化了其在财政管理和其他事务上的权威:首先,剥夺了枢密院和国务秘书随意签发付款凭单的权力;其次,改革财政署官员的终身任职制,加强账目审核,完善国库卷档制度,将付款凭单和各项收入对应入账;再次,建立财务周报制度,各支出部门官员每周都必须向国库委员会汇报收支状况、部门利润和债务等。同时,国库—议会的新型关系开始建立。国库委员会成员不仅向下院解释国王的财政需求,寻求下院支持,还试图影响下院关税和消费税法案的制定。为筹措军费,委员会说服查理二世同意把125万英镑议会拨款完全用于对荷战争,而不挪作他用,为此国库需向议会作款项用途说明。进入70年代后,关税、消费税和炉灶税的包税制相继废除,改由直属于国库的各税收委员会征管,国库对税收收入的控制权大大加强。经过复辟时期的发展,国库已渐具现代财政部的特征。

"光荣革命"后,国库(即后来的财政部[①])在国家财政管理中的作用日益重要,成了最重要的中央财政管理机构。1714年起,委员会管理制成为国库管理的固定模式。18世纪20年代,财政大臣成为委员会的核心,其助手负责委员会的执行工作及财政调控。国库委员会下设7个部门,分工负责政府各部门的财政事务。国库逐渐具备现代财政部的特征,议会加强了对财政的控制,也通过下院的一些专门委员会,加强了对财政收支的审计和监督。

[①] 国库作为现代财政部的性能和特征,虽然是在历史演变过程中逐渐形成的,但是被称为"财政部"的时间,应该定在1833年,是年财政署被废除,财政大臣成为本部门的首脑。

（二）税收体系的建立

内战爆发后，王室政府被推翻，王室地产与封建特权随之消失，财政收入结构也发生了巨大变化，关税课征权被议会收回，消费税和固定税额税等议会新税种开始课征，税收成为共和国政府可靠且稳定的财政来源。此后，英国不再以专制王权下的个人及特权收入为基础，而逐渐向以一般国民赋税为基础的近代财政国家迈进。

内战之后的很长一段时间内，关税仍是英国政府最重要的税收收入，曾一度占间接税收入的90%以上，但关税制度并没有太大改进，税额的增长主要因为英国对外贸易的增长。其后由于国内自由贸易的呼声使税率不断降低，关税在政府税收收入中的占比逐渐下降，并最终稳定在20%—25%，而消费税则逐渐成为英国政府最重要的间接税收入。

1. 消费税

传统上认为，消费税产生于荷兰，1643年由约翰·皮姆引入英国。而事实上，如果说消费税是课征于英王国国内制造和消费产品的税收，那么在1641年以前就已经开征。查理一世在其统治的最后几年里，竭尽所能拼命敛钱，织物、淀粉浆、肥皂、眼镜、金银丝、扑克牌，甚至沙特维尔水厂以及德文郡和康沃尔郡旅馆都要征税。

在内战期间，议会为筹集军费开征消费税，最初的消费税只限于麦酒、啤酒、苹果酒和梨子酒且只限于战时征收，随着战争的持续，征收对象又扩展到肥皂、衣服和烈酒。1644年肉、盐等生活必需品也成为课税对象，1645年帽子、淀粉和铜也被纳入其中。内战结束后该税种依然征收。

1660年查理二世复辟后，消费税继续被议会授权征收，并且进一步扩大征收范围，包括啤酒和其他含酒精饮料、食盐、番红花、啤酒花、铅、锡、玻璃、食油、肥皂、淀粉浆，以及金、银或者铜丝等多种消费品。由于王室地产收入已相当微薄，为了弥补国王因为丧失封建特权而减少的收入，经议会批准，一部分消费税国王可世袭课征；另一部分消费税国王可终身课征，用于政府日常支出，如啤酒、咖啡等。这一时期的消费税收入稳中有升，严格意义上的消费税对于间接税净总收入的贡献度大约已经达到了40%，其中有60%来自啤酒和其他含酒精饮料。

王权复辟后较长一段时间内，消费税的征收管理主要实行包税制。在经历更加深入的包税制实践以后，英国对关税和消费税征收部门管理方式及其运作的法律和制度基础进行了基本变革，1683年，消费税包税制最终废除，改由消费税税收委员会直接征管。在战时需要的压力下,消费税征收部门获得了迅速、明显的发展,在 1688 年以后扩展成为负责征管范围更大(啤酒、苹果酒、梨酒、蒸馏烈酒、食盐、麦芽、生皮、糖果、啤酒花、石瓶、纸张、印花纺织品、肥皂、玻璃制品、淀粉浆、金银丝等)的征收部门。消费税征收部门显然成了英国效率最高的国家行政部门,并且具有多个现代行政部门的特点,包括招聘考试、培训、论功升迁、固定薪酬和养老金以及标准化的税收计征和上缴伦敦的官僚行政程序。此后,消费税收入进一步攀升,逐渐超越关税成为英国政府最重要的税收收入。参见表 4-20。

表 4-20　1654—1668 年消费税净收入统计

时　间	收入(英镑)	时　间	收入(英镑)
1654 年 7—12 月	206 362	1668—1669 年	328 716
1654—1655 年	333 913	1669—1670 年	280 470
1655—1656 年	353 255	1670—1671 年	292 940
1656—1657 年	374 415	1671—1672 年	436 958
1657—1658 年	449 174	1672—1673 年	440 324
1658 年米迦勒节至 1659 年复活节	215 902	1673—1674 年	384 624(?)
1661—1662 年	261 051	1674—1677 年	1 408 278
1661—1663 年	253 173	1677—1680 年	1 570 097
1663—1664 年	357 302	1680—1681 年	377 061
1664—1665 年	316 886	1681—1682 年	419 596
1665—1666 年	251 436	1682—1683 年	417 045
1666—1667 年	273 563	1683—1684 年	392 289
1667—1668 年	360 562	1684—1685 年	482 680

资料来源:W. A. Shaw, *The Beginning of the National Debt*, In T. F. Tout (ed.), *Historical Essays*, Manchester:Manchester University Press, 1916, xvii.

2. 土地税

直接税的征缴对于英国来说始终是一大难题。除非被认为做到了大致的公平，否则很快就会转变为普遍的逃税，并且导致税收大大低于预期水平。当不公平非常明显、国家需要太难满足时，抗税行为时有发生，对政治稳定构成了威胁。虽然曾有不少有能力的财政大臣表达了改革税制的热情，但是直接税计征体系仍充满反常和低效率现象。在英国，直接税的计征水平、结构和方式都反映了王室与郡县、中央与地方、君主与贵族在王国内部政治权力分配方面的妥协。

作为直接税，土地税成为常税，无疑是英国税收体系的一大改进。土地税的前身来自古老的议会补助金与内战后开征的固定税额税。

固定税额税是内战期间议会为军筹集军费而开征的直接税，是都铎王朝以来议会补助金的变形，用以取代过去的十五分之一税、什一税以及补助金。固定税额税既定且基本估值保持不变，以财产为课税依据按比例征税，是克伦威尔空位时期最重要的财政收入来源。最初，税额税按一定比例分配到各郡和市，再把具体数额分配至市镇、教区，由当地税收委员会依地产、职位和不动产收入估定税率。起初每周征收一次，1645年改为每月征收一次。

在1679年以前，固定税额税是最常课征，也是带来最多收入的议会直接税。这一时期征税方法是，先把议会批准的税收总额按一定比例分配到各郡，然后再由各郡分配到百户区、教区和市镇。固定税额税的课征虽然引起了下院的极度不满，但是在绝大部分时间里，它一直持续课征。经议会批准，查理二世先后共课征固定税额税14次。1660年9月，为了满足国王当月的财政支出以及两个月内的陆海军开支需要，议会首次批准查理二世课征月税，月税额为70 000英镑，为期2个月。这次批准的70 000英镑的月税额成为之后6次月税的课征额度标准。17世纪70年代固定税额税的课征频率和课税总额虽然有所下降，但税负仍然十分沉重。

议会补助金与内战之前并无不同。1663年7月，议会首次批准国王查理二世课征补助金，补助金的课征起点、税率和课征程序与以前大体相同，课税时都制定有估税册和征税册。1671年3月，议会再次批准国王课征补助金。这次补助金征收改行"三层分级模式"，郡一级设征收委员会，其下设收入总长，基层则委任当地市民负责估税。

"光荣革命"后，为缓解财政困难，议会再次批准课征固定税额税。由于掌握课税对象的动产情况相对困难，所以课税依据逐渐向不动产转化，成为土地税的雏形。在1692年战事紧张的情况下，政府实施了一项有限的变革，这次课税不再明确规定课征的固定税额，而是根据财产数额，按照一定的比例估税课征。议会下议院表决通过了对全部所得按20%的税率征税的议案，凡有免税水平以上所得和财产的人，无论以往的月税收配额是多少，都被要求进行所得和财产重估，并且按照实际支付能力为新政权的生存做出贡献，征到的税额很快从170万英镑增加到了200万英镑。在随后的5年里，议会继续为开展专用和通用的个人纳税义务重估而进行立法，课征对象主要演变为土地收入。1697年，它被命名为"土地税"，并最终成为常税。

整个18世纪，土地税都是根据用于1692年评估并于1698年正式推行的地方财产和收入估值计算的配额来征收。土地税在课征时较为迅捷，而且税收额也比较理想，成为政府的重要财政来源，政府所需收入战时通常会较之于一成不变的估值上涨20%，而和平时期则会下降5%，即在战争时期政府把税收需要推高到约定的上限，而在和平恢复后再降低到约定的下限[①]。1688—1714年间，英国财政收入总计122 000 000英镑，其中的46 000 000英镑来自土地税[②]。

由于经济的发展，尤其是18世纪下半叶工业革命使英国财富不断增加，土地税的地位相对下降。到1793年，土地税收入只占全国财政收入的五分之一左右[③]。至18世纪末，一种新开征的以窗户、房屋、仆人、马车、骑乘马和其他次要但显而易见的中产阶级生活体现为课征对象的新税种——个人所得税带来了比土地税多一半的收入。这一直接税税种成为现代税收体系的重要组成部分。

3. 个人所得税

相较于前述税种，个人所得税的创制不仅经过了漫长的时间，而且还历经曲折。在17—18世纪，尽管相关规则为地方估税官提供了依法将各类财产和所得纳入税收体系的机会，但课税所得和家庭的范围仍然受到限制。这个时期只有非常不得人心的成就——壁炉税和等级人头税补充、拓宽和深化了直

[①] R. Bonney, *The Rise of the Fiscal State in Europe*, C. 1200 – 1815, Oxford: Clarendon Press, 1999, p. 88.

[②] M. J. Braddick, *The Nerves of the State: Taxation and the Financing of the English State, 1558 – 1714*, Manchester and New York: Manchester University Press, 1996, p. 99.

[③] J. Rule, *The Vital Century, England's Developing Economy*, 1714 – 1815, London: Longman Group Limited, 1992, pp. 289 – 290.

接税的财政基础。

王权复辟后,议会以年金的形式取代国王的收入,每年拨款 120 万英镑用以维持国王个人生活与政府开支,然而年金的征收并不顺利,实际征收额比计划少了 25 万英镑①。与此同时,第二次对荷战争已是一触即发,也需要政府筹集足够的军费。1662 年 5 月,议会批准开征壁炉税,对年租金 20 先令或屋内动产 10 英镑以上的住房按每壁炉 2 先令课税。起初,壁炉税的征收由各郡治安法官负责,1664 年改由国库派遣的收入总长负责,由于征管效率低下,1668—1684 年课征改行包税制。与消费税征管的改革类似,包税制实践为政府提供了有用的信息、经验,政府的征收部门管理方式及其运作的法律和制度基础进行了基本变革。1684 年,壁炉税的包税制被废除,改由壁炉税与消费税税收委员会直接管理,直到 1689 年壁炉税取消。

复辟时期的人头税也与以前不同,改为根据社会地位、官职等级以不同的税率对民众课税,课税对象主要是动产。1660 年 8 月议会首次批准课征人头税,贵族按爵位征税,医生、律师、商人等按职业征税,凡土地年收入或动产价值不低于 5 英镑的国民税率为 5‰,16 周岁以上但收入不足 5 英镑且非救助对象的国民,每人缴纳 12 便士。1667 年、1678 年,为筹措战争军费,议会又两次批准课征人头税。

虽然在 17—18 世纪,英国的各种直接税都有征收,但大多没能成为常税,只是作为应对财政危机的临时手段。精英阶层极力抵制任何形式的直接税,这种情绪仅仅在极端的国家紧急状态下才被暂时克服。

长年的战争使英国财政十分窘迫,1784 年国债已达 2.43 亿英镑,年利息就达 900 万英镑,相当于国家财政收入的一半,政府每年财政赤字高达 200 万英镑②。到 1797 年政府支出高达 5 770 万英镑,财政赤字 3 630 万英镑,其中仅支付国债利息一项就需 1 360 万英镑,接近年度财政收入的 2/3。同时,英国还面对着拿破仑军队的威胁。在战事压力下,首相小皮特设计了一种富有成效的临时税收——非累进所得税,凡年收入 200 英镑以上者纳税 10%,年收入 60—200 英镑相应递减,低于 60 英镑者免税。1799 年,经下院批准,个人所得税正式开征。然而这一针对中高收入人群课征的税收始终饱受非议,1802 年对法战争结束,议会旋即废止了个人所得税。1803 年,因战争重起而

---

① R. Douglas, *Taxation in Britain since 1660*, London: MacMillan Press Ltd., 1999, p.7.
② L. Cowie, *Hanoverian England*, *1714－1837*, London: Bell & Hyman Limited, 1967, p.365.

恢复征收。1815年拿破仑失败，战争结束后个人所得税再度废止。直到1842年，皮尔为应付500万英镑的财政赤字提出财政预算案，政府复又临时性恢复个人所得税，对年收入150英镑以上的人每英镑征税7便士，课征3年。这次的提案并未引起议会的强烈反对，人们对税收的态度已发生了潜移默化的改变，已能容忍和认可税收增加。其后为了解决克里米亚战争的军费，1853—1860年再次征收个人所得税，税率为每英镑4便士。个人所得税逐渐被人们接受并最终成为常税。

（三）公债体系的建立

公债是当今世界各国政府重要的融资手段，是以国家信用为基础，由国家发行有价债券向社会筹集资金并承诺到期还本付息的债务关系。由于发行主体是国家，所以具有最高的信用度，被公认为是最安全的投资工具。公债制度虽然不是英国最先创立的，却是最先在英国取得成功的。

公债制度最早产生于意大利的佛罗伦萨和热那亚。但文艺复兴前后的200年间，公债的快速发展却导致了共和政体的破产。公债并不是单纯的经济制度，而是政治共同体演化的结果。英国公债体系的建立也经过了长期的实践，在各方势力的博弈中逐渐完善，在议会的保障实施下取得巨大成功，逐步成为政府最重要的融资工具，成为英国崛起的最重要因素之一。

内战爆发以前，英国的财政借款实际上是国王个人借款，本质上属于私债。克伦威尔空位时期，虽然推翻了王权，但政府的债务性质并未改变，政府融资依旧以个人借款为主要形式。

复辟时期是公债发展的重要时期，现代意义上的短期国债即在这一时期产生。复辟之后，国王的个人收入大幅下降，1661—1685年和1686—1688年，国王的个人收入只占财政收入的5.41%和6.97%[1]，国王及其政府的日常开支主要来自关税、消费税和壁炉税，额外支出则主要以固定税额税、人头税和补助金补齐。同时，贵族与精英阶层处于强势地位，他们也要求自己的出借款项必须具有明确的抵押。既然王室政府的主要收入来源变为议会批准的税收收入，这也自然导致借款担保逐渐变为议会税收。

---

[1] M. J. Braddick, *The Nerves of the State: Taxation and the Financing of the English State, 1558-1714*, Manchester and New York: Manchester University Press, 1996, p. 10.

17世纪60年代中期,英国通过仿效荷兰并结合自身特点,创立了新的借款手段——以议会税收为担保的财政署符契借款。其中,不可流通符契刻有债权人姓名,以特定税收为偿还担保;可流通符契债券不刻写债权人姓名,也无特定税收作为担保,但是能够在市场上流通,债权人可通过出售收回借款。1665年,国库以6%的年息发行债券,筹到了20万英镑,有来自全国的900多人认购。这不仅降低了每位借款人面临的风险,同时也使得政府能以较低的利息筹得所需资金。

此时的借款虽然已经开始具有短期国债的性质,但是仍未成为真正意义上的公债,同时国王个人借款仍偶有发生。另外,虽然有议会税收作为担保,但民众仍对这一新事物持怀疑态度,公债利率仍然偏高,议会对此也并不热心。

议会对公债态度的转变很大程度上得益于帝国频发的战事。1692年,因对法战争急需,议会第一次考虑以议会税收为担保长期借款,并且积极主动地参与其中,初步确立了长期借款的基本程序。政府开始明确新税收的用途,并成为一种常规做法,每一笔新的借贷均受到法规约束,对新的长期借贷依法支付利息。1693年,英国议会通过法案,以出售终身年金来筹集100万英镑,年息14%,政府不还本只付息,直到持券人去世为止。年金用某一征收期限为99年的税收作为担保,这成为英国永久公债的开端①。

公债制度的建立还带来了一项重要的副产物。1694年政府又开始筹措新的长期贷款,以筹备对法战争的经费。伦敦商人们抓住这一绝好的机会,与政府达成协议,由他们负责承销政府以8%利率发行的120万英镑公债,并由认购者组成一个被称为"英格兰银行董事公司"的股份公司,这是世界上第一家中央银行,该公司将拥有发行与公债等额货币的权利。英格兰银行的提案很快得到议会批准,这个方案大获成功,11天内公债就被认购一空,1 208位认购者成为英格兰银行的股东。此后,英格兰银行又继续为政府筹措了更多的贷款,每一笔借款都与特定的税收捆绑,这样就消除了每一笔借款的风险。此外,英格兰银行负责打理政府的借款账户,保证政府承诺的持续性。1698年,政府创设了一个单独的基金,在收入不足以偿付特定贷款时,可动用这个基金弥补不足。公债逐渐得到民众的认可,政府负债规模增加了,但公债的利率却下降了,17世纪90年代早期的长期公债利率是14%,到90年代末已降

---

① [意]卡洛·M.奇波拉:《欧洲经济史:第二卷》,贝昱、张菁译,商务印书馆1988年版,第500页。

至6%—8%,1727年降至4%,到18世纪40年代末已降至3%。参见表4-21、表4-22。

表4-21 1688—1815年英国战争军费支出和国债借款

时间	总支出(英镑)	总收入(英镑)	借款额(英镑)	借款占支出比例(%)
1688—1697年	49 320 145	32 766 754	16 553 391	33.6
1702—1713年	93 644 560	64 239 477	29 405 083	31.4
1739—1748年	95 628 159	65 903 964	29 724 195	31.1
1756—1763年	160 573 366	100 555 123	60 018 243	37.4
1776—1783年	236 462 689	141 902 620	94 560 069	40.0
1783—1815年	1 657 854 518	1 217 556 439	440 298 079	26.6
总计	2 293 483 437	1 622 924 377	670 559 060	29.2

资料来源：P. G. M. Dickson, *The Financial Revolution in England: A Study in the Development of Public Credit*, New York: St Martin's Press, 1967, p.10.

表4-22 1618—1750年政府债务增长

时间	政府支出(百万英镑)	债务(百万英镑)	价格水平(1701=100)
斯图亚特王朝时期			
1618年	0.5	0.8	—
17世纪30年代中期	1.0	1.0	
1680年	1.4	—	113
1688年	1.8	1.0	99
光荣革命后			
1695年	6.2	8.4	116
1697年	7.9	16.7	122
1700年	3.2	14.2	115

续　表

时　间	政府支出（百万英镑）	债务（百万英镑）	价格水平（1701＝100）
1710 年	9.8	21.4	122
1714 年	6.2	36.2	103
1720 年	6.0	54.0	102
1730 年	5.6	51.4	95
1740 年	6.2	47.4	100
1750 年	7.2	78.0	95

资料来源：D. C. North, B. R. Weingast, "Constitutions and commitment: the evolution of institutions governing public choice in seventeenth-century England", *The journal of economic history*, 1989, Vol. 49, No. 4, pp. 803-832.

公债体系的建立为政府提供了强大的融资能力，在危急时刻政府能够动员国境内几乎全部的经济力量，帝国的军事实力得到了充分保障。它通过在伦敦资本市场上发行不可兑现或者长期债券举借的贷款，避免了开征不受欢迎的战时税。这种长期债务制度的发展允许英国既能维持在当下的积极态势，又能在时间上向后分摊战争费用，把它变成由未来几代英国公民纳税分担的责任，在不引发纳税人暴动或不同程度的抗税的情况下获得了为保卫王国和发动战争所必需的资源。

公债体系的建立比税制改革对英国财政崛起的作用更加直接明显。内战爆发以后，税制改革已经起步，但财政资源没有出现明显、持续的增加，"光荣革命"后才真正出现了财政资源的显著增加。到 1697 年，"光荣革命" 9 年后，政府支出翻了 4 番，达到 790 万英镑，支出增长的直接原因是英法之间爆发了新的战争，但更重要的是政府获取社会资源的能力提高了。至拿破仑战争结束后，英国财政可支配的收入比大约 2 个世纪前财政拮据、命运不济的斯图亚特王朝君主整整多了 36 倍[1]。

需要指出的是，正是税制改革为公债体系的建立提供了必需的条件。即使在 1694—1713 年 "财政革命" 以后，英国政府通过发行债券借款的能力也取

---

[1] P. K. O'Brien, P. A. Hunt, "The Rise of a Fiscal State in England, 1485-1815", *Historical Research*, 2007, Vol. 66, No. 160, pp. 129-176.

决于其偿还公债的能力。永久公债名义本金在詹姆斯二世治下是 200 万英镑，到 1720 年政府债务达到了 1688 年债务水平的 60 倍以上，相当于全部国民生产总值，到 1815 年永久公债的名义本金已经增加到了全国总收入的 2 倍以上。若没有不断增长且稳定的税收支持，很难想象政府能够以公债动员如此规模的资源。因此，英国崛起为一个具有强大经济功能的国家，事实上有赖于其财政体制实现两个相互关联方面的发展：一方面，具有公信力的公债机构危机时强大的经济动员能力足以维持积极的国家表现；另一方面，现代化税收体系源源不断地提供履行债务定期付息义务所必需的收入流。因为履行债务定期付息义务是保持公债体系公信力的先决条件。新的收入体系支持了英国的崛起，这两方面相辅相成。

（四）预算审计制度的建立

19 世纪中期之前，与中国相同，英国的腐败问题也是触目惊心的。内战以及"光荣革命"改变了英国的政治格局，君主专制变为贵族寡头统治，王室政府变为责任内阁，下院多数党成为政局的主导，却都没能改变政府与议会内部的腐败。

英王乔治二世曾将首相沃波尔视为异己，但沃波尔主动示好，在议会讨论王室年金时主动提出将国王和王后的年金提高到 80 万英镑和 10 万英镑，此举使乔治二世大为感激，由此转为大力支持沃波尔。同时，沃波尔对议员们许以特权、官职、荣誉等承诺，使议会下院牢牢处于他的控制之下；另一方面他利用财政权划拨秘密活动经费，专门用于操控选举、收买议员。在当时的议会选举中，买卖选票司空见惯，某些选区甚至将议员席位明码标价。1734 年大选中，沃波尔花费近 12 万英镑使 326 名辉格党人当选，确保了辉格党在议会的优势[1]。甚至第一次议会改革之后，议会选举腐败依然盛行，在 1832—1868 年间的 10 次大选中，就有 346 份诉愿书提交到议会，揭露贿选问题[2]。同时，在 19 世纪中期之前，政府各部门也都有较大的收支自主权，在动用自己的收入抵补支出时无须议会或财政部批准，上缴财政部的与向议会报告的仅是净收入，产生净支出时则由议会授权拨款抵补。这些处于监管之外的巨额款项，也使得议会无法对政府的真实收支情况进行评估。

---

[1] 程汉大：《英国政治制度史》，中国社会科学出版社 1995 年版，第 267 页。
[2] E. J. Evans, *Parliamentary Reform in Britain*, 1770-1918, London：Longman, 2000, p. 65.

为了有效控制财政运行,解决腐败问题,英国在探索中逐步建立了预算与审计制度。

为防止税收被挪用,1688年"专款专用"作为永久性、系统性的制度被确定下来:由议会为特定目的而建立专项基金,指定专项收入用于专项支出,或者将多种收入来源归属于专门的账户,以满足特定的支出需要。由于军事支出是英国近代以来最大的支出项目,国王的征税要求大多源于军事目的,因而税收是否严格用于军事用途是贵族控制下的议会最为关心的项目。光荣革命后,军事支出预算必须送呈下院,如发生超支,政府必须提交详细的数据。

18世纪初,议会确立"增加公共支出的动议权仅属于君主及其政府"。下院主动放弃支出动议权,以保证公共收入不至于因不同议员的压力而分散。这一原则在19世纪被现代化,形成一种相互制约的关系:议会对支出的控制只能通过压缩支出建议数,而增加支出的动议权则属于政府。

随着工业时代的到来,政府的内外事务日益繁多,政府机构也相应增加,行政经费以平均每年5%的速度攀升;与此同时,贵族政治的裙带关系长期延续,腐败风气盛行。对此,新兴的资产阶级极度不满,出于自身利益他们希望建立廉洁高效的政府,使行政管理像工业生产一样有效。在资产阶级日益增强的政治影响力下,议会财政监管改革大大加速。

1782年,议会通过"民用基金法案"。该法案将王室年俸划分为8个大类,标志着提交详细的公共预算数的开始,政府此后再也无法任意决定王室年俸中的公共支出,大量的公共支出改为由拨款来满足。由于全部税收与支出都专款化,下院对于一个时期的征税总量和政府支出总量缺乏了解,难以控制。1787年,议会立法,在英格兰银行建立政府公共账户——统一基金。从此以后,"统一基金"作为单一的总基金接纳并记录政府的所有收入与支出,为全面综合报告政府的财政活动奠定了基础,过去复杂的"专款专用"的制度宣告终结,极大地增强了下院削减和终止税收的权力。在此基础上完整的财政报告制度开始形成,财政部于1802年开始出版年度财政账册。1816年,英国诞生了世界上第一个完整的政府预算。六年后,财政大臣开始向议会提交政府财政指导方针和活动内容报告,同时对经费的日常使用情况或对议会的调查提交说明,这些都标志着英国政府预算制度基本建立。

为了解决行政支出中的"坐收坐支"问题,1848年5月,下院议员进一步提出政府各部门必须向议会呈送全部年度预算,辩论中他们指出:政府各收入部门从总收入中用于抵补支出的数额高达590万英镑;同年各个支出部门在议会拨款之外还获得了 110 万英镑;关税有近 200 万英镑被直接用于工资和补助金等;有 55 万英镑消费税和 32.8 万英镑王室土地收入被用于管理费用等。提案通过后,财政部指示所有的政府部门都必须如实向议会呈送全部的年度预算数。除了详细审查政府提交的预算数之外,下院还做出决定,即使议会供应委员会通过的预算数,也必须由拨款法案授权才能成立。1854 年,议会又通过《国家收入及国库支出法》,规定政府所有的财政活动一律纳入国库管理。

在加强预算管理的同时,英国的国家审计制度也逐渐成熟。1689 年 3 月,下院通过拨款法案,授予国王每年 120 万英镑年金,其中 60 万英镑用于宫廷和非军事开支,其余用作海陆军开支,国王的个人开支和政府开支不可混同。1690 年财政法案进一步将政府岁入分为国王正常岁入和议会特别拨款,前者用于支付王室花费、大臣薪俸、和平时期的军费等,后者主要用于战争和其他非常需要,不能随便挪用。同年,议会成立了第一个现代意义的公共账户委员会审查政府的开支。但情况并没有发生太大改观,在王室政府掌握行政权的情况下,对公共行政管理支出的审查仍然无法有效进行。王室年俸中的行政管理支出虽然处于财政部的控制之下,但财政部遵循国王的指示,而不是议会的指示。同时,"光荣革命"后很长的时期内,英国政治都处于贵族寡头统治下,贵族集团直接或间接地控制着帝国的议会、军队与政府,因而对他们来说,只要保证帝国的军费不会需要他们提供过多的税收,政府内部的腐败恰恰是维持贵族寡头统治下所必需的。

18 世纪后期,在新兴资产阶级的压力之下,政府开始进行一系列改革,以缓和社会矛盾。1780 年 4 月通过的《丹宁议案》规定,除了君主私人金库和秘密经费外,所有的公共账户都要提交给公共账户委员会。1785 年,议会通过《更好地检查和审计本国王公共账目法案》,创立公共账目审计委员会以取代无效的审计师职位。

1832 年议会改革后,新兴资产阶级与贵族集团分享政治权力,新的自由党与保守党逐渐形成,政府的审计制度建设也进一步加速。1852 年,格莱斯顿担任财政大臣,主持公共财政改革。1861 年 4 月,议会通过"格莱斯顿议案",成立"公共账户委员会"专门负责对决算进行审查。1866 年,议会立法由议员、总审计长及职业审计员组成新专家委员会,委员会在审计基础上,向下院报告财政部的拨款是否真正依据议会的拨款规定使用。

在现代政党制度下,预算制度与审计制度开始真正意义上发挥作用,即使执政党轮换也难以影响议会的财政监督,反对党的存在使得执政党难以一手遮天,丑闻与腐败将直接断送执政党的执政前途。政府的行政制度与官员选拔也随之同步进行了改革,从而保证了财政资金的绩效。

第三节　中英财政制度变迁特点比较

在分别梳理两国财政制度变迁路径的基础上,可以看出两国变迁的不同特点:

一、维护国内秩序稳定与争夺海外霸权

首先,两国财政制度变迁的目标不同。中国政府以维护国内稳定为主要目标,具体表现为减轻农民负担,促进商业发展,加强财政管理;而英国政府以对外竞争为主要目标,具体表现为在保障私人产权的基础上增加财政收入和加强财政监督。

自15世纪下半叶起明帝国进入防御时期,对外由攻势转为守势,帝国的中心目标转向对国内政权的维护与巩固,政府的职能不断收缩,对经济的干预也在逐步减小。17世纪满清入关后,为了快速稳定局面对明财政制度进行了大规模的承袭,并以此为基础进行改革。在长期的演化过程中,中国政府的收支结构基本稳定,对增加财政收入的动力并不大,在原额主义之下,各年份财政收入基本保持稳定[①],支出结构同样稳定,开支主要用于国内外战争、维持常备军与庞大的官僚队伍,另外,到了清代,各项公共工程支出和社会保障支出有明显增加。

而15世纪末英国的则逐渐开始海外扩张,16世纪中叶后,为争取有利贸易区和贸易线路的控制权,海外探险和商业扩张成了国家性的冒险事业,对外战事频发,为此政府不得不扩充军备。在这四个世纪中,英国即使不处于战争之中,也处于备战之中。从收支结构来看,英国政府增加财政收入的意愿非常强烈,从收入体系重建也可以看出,公债体系的建立为政府提供了强大的融资能力,危急时刻能在不引发纳税人暴动或抗税的情况下动员起境内几乎全部

---

① 耗羡归公带来了国家总收入的增加,而在改革之后,政府年收入再度恢复稳定。

的经济力量,新税制则为政府发行公债提供了有力担保,在不侵犯私有产权的条件下,政府的财政收入不断增长;在支出方面,军费支出始终是英国政府的最大支出项目,行政经费与王室花销次之,对社会保障支出在长时间内并没有大的变化。

二、制度的完善与制度的重构

其次,两国制度变迁方向不同。中国财政制度变迁路径为制度本身的完善,无论是赋役合并征银、扩大地方财权,还是加强财政监管都是在现有制度基础上的完善,而英国财政制度则实现了重构,收入结构从以封建收入为主转向以现代税收和公债为主,从缺乏财政监督到建立现代预算与审计体系。

中国的财政改革的主线是加强财政管理,包括税制简化、公私分离,预算制度与地方分权,主要是在原制度的基础上进行完善,除政府开始优先以捐纳补足财政缺口以外,财政收支结构则没有太大变化。

在财政管理方面,《万历会计录》使得政府的原额主义财政管理大大加强,并为清初编写《赋役全书》打下良好的基础,但这并非真正意义上的国家财政预算,而是为户部的财政管理提供一种财政计划"成例",反映了当时财政管理上定额化和定制化的诉求。即使是在清代建立的奏销制度也并未实现向现代审计制度的改革,这种改革仅是使原有的财政管理体制更加有效。公私分离虽然降低了皇帝对国家财政的侵蚀,但在集权体制下这种制度并不能得到有效保证。

万历初年,全国推行一条鞭法改革,赋役合并折银征收极大简化了征管程序,减轻了对人民的人身束缚,同时政府的收入也增加了。清代摊丁入亩的改革进一步完成了对人课税逐渐转向对资产课税的转变,将财政负担主要落在拥有大量田产的地主豪绅身上,保护无地农民和小自耕农,不仅有利于平衡社会各阶层的经济实力,而且收入基础也更为可靠。这一改革意义重大,但税制并无大的变化,对于收入结构也未产生重大影响。

耗羡归公既为各级政府提供了用于衙门内部的固定额度拨款,同时也为外部公共事务提供了有弹性的经费,在一定程度上扩大了政府对于公共工程的责任,在财政改革上具有重要意义,但从制度变迁来看事实上仅是非正式制度向正式制度的转化,也并非对制度的大幅变革。

此外,以捐纳代替加税来应对财政危机,并非创新的做法,仅是扩大了来自封建特权的收入,虽然降低了危机时对百姓的侵夺,提高了制度的稳定性,但却对商业造成危害,同时也是造成官僚体系腐败的重要原因。

而英国则在这四个世纪中实现了财政体系的巨大变革。内战之后英国财政收入结构重建,封建特权收入被取消,王室收入不再是重要的国家收入,议会税收开始成为主要的收入来源,英国逐渐向以一般国民赋税为基础的现代财政国家迈进。消费税总体上是对生活物资与生产资料征税,自开征后很快超过关税,成为英国政府最重要的间接税。土地税和个人所得税作为直接税,均以财产为课税依据,体现了公平原则,成为新税制体系的重要组成部分。另一方面,公债成为英国政府应对财政危机的新手段。虽然源于过去的王室借款,但由于政府收入来源转变为议会税收,自然导致借款担保的变化,已不同于过去的私人借款。发行公债需要以稳定的税收作为担保,而稳定的税收也使得公债公信力提升,融资能力增强,两者相辅相成,使英国崛起为一个具有强大经济功能的国家。

同时,对财政监督的改革也在逐步推进。"光荣革命"后,贵族主导的议会开始加强对王室政府的监督,专款专用与支出审查成为常态。工业革命后,资产阶级影响力日益增强,对政府的财政监管也大大加速。1822年,财政大臣开始向议会提交政府财政指导方针和活动内容报告。1866年,议会通过《国库和审计部法案》。在现代政党制度下,预算制度与审计制度开始真正意义上发挥作用,即使执政党轮换也难以影响议会的财政监督,从而保证了财政资金的绩效。

三、自下而上与自上而下的制度变迁

最后,两国制度变迁类型不同。中国财政制度变迁主要表现为自下而上的制度变迁,改革主要由地方政府率先试验,并在成功基础上呼吁中央政府推行全国改革,而英国则表现为自上而下的制度变迁,改革通过议会立法,主导阶级将自身意志施加于立法程序,进而推行有利于自身的制度改革。

由于管理庞大帝国面对的信息不对称与有限理性,明清中央政府难以直接推行适合全国的改革政策,在改革方式上中央政府通常允许地方政府因地制宜,通过试验探索适合国情的改革措施,在地方成功的经验基础上推行全国。

以一条鞭法为例,明中叶起,赋役不均问题日渐突出,中央政府默许地方政府进行一定限度的改革尝试。在赋役矛盾突出的江南地区,以加耗调节赋税负担成为改革的方向。江南以外地区则以役法改革为主,江西始创"均徭法",广东推行"均平法",福建进行"纲银"改革,南直隶和浙江实行"十段锦法",北直隶和山东等地实行"一串铃法",四川实行"一把连法"等。至万历初年,赋役合并折银的趋向已十分明朗,同时国内财政的困境也使得改革迫在眉睫,在张居正的力推之下,"一条鞭法"得以在全国通行。

摊丁入亩同样如此。早在明末,部分地区已开始了摊丁入亩的实践。康熙五十年(1711年)"滋生人丁永不加赋"的政策成为推行摊丁入亩的重要条件。康熙五十五年(1716年)议准了广东摊丁入亩。雍正元年(1723年)六月,山东巡抚黄炳请求实行摊丁入亩;七月,直隶巡抚李维钧上疏提出试行方案,其后在雍正的支持下,摊丁入亩开始有序推行全国。

耗羡归公改革则体现得更为明显,雍正初年的清查亏空为耗羡归公的推行提供了契机,各省官员纷纷上疏请求将耗羡归公作为解决亏空的途径,并以此为地方官员提供额外的办公经费。在雍正的支持下,多地开展了耗羡归公的试验,较为典型的有湖北模式、山西模式与河南模式,为耗羡归公的推行积累了宝贵的经验,改革最终得以推行全国。

英国则不同,在代议制下各阶层的利益都能得到表达,有实力的阶层会通过主导议会来影响立法,英国新税制、公债体系与预算审计体系的建立普遍沿袭了这一模式。

由于批税权始终掌握在议会手中,因而税收体系的重建也以议会为主导,在税制设计上也对议会主导力量较为有利。在内战期间,议会批准征收消费税,生活必需品成为课税对象,由于"累退性"明显,穷人的税负格外沉重,但因课征对象人数相对固定且数量较少,易于管理,被议会多次批准征收。作为直接税,土地税成为常税,是英国税收体系的一大改进,其前身来自古老的议会补助金与内战中开征的固定税额税。"光荣革命"后,国家财政短绌,为此议会再次批准征收固定税额税,由于掌握动产情况相对困难,课税逐渐转向不动产,凡有免税水平以上所得和财产的人,都被要求进行所得和财产重估,并且按照实际支付能力为新政权的生存做出贡献。此后议会继续为开展专用和通用的个人纳税义务重估而进行立法。

公债同样是经过议会批准创制。由于出借人大多为贵族与精英阶层,作为议会的主导力量,他们要求自己的借款必须有明确的抵押,议会税收成为借款的主要担保。17世纪晚期,议会不但批准以议会税收为借款担保,而且还积极主动地参与公债发行,并初步确立了公债发行的基本程序。

预算与审计制度的主要职责就是控制财政运行,解决财政腐败问题。为防止税收被挪用,"光荣革命"后"专款专用"制度被确定下来,议会为特定目的而建立某一专项基金,以满足特定的支出需要。18世纪后期至19世纪前期,议会不断要求政府详细全面地说明公共账户内的各种数据。1782年,议会通过《民用基金法案》,标志着提交详细的公共预算数的开始。1822年,财政大臣开始向议会提交政府财政指导方针和活动内容报告。1861年,议会成立"公共账户委员会",专门负责对决算进行审查。1866年,议会又通过《国库和审计部法案》,标志着审计制度的建立。

第五章 15—19世纪中英财政思想变迁比较

第一节 中国财政思想变迁

一、明中后期财政思想

明代中叶,由国家主导的远洋探索宣告结束,陆上扩张也因战事失利而受阻,国家由扩张姿态转向防守,帝国的中心目标转向对国内政权的维护与巩固。对于财政管理的态度发生了明显变化,肯定理财的人逐渐增多。政府非必要职能也开始收缩,国家力量逐步退出商业相关领域,部分放开了以往严控的专营事业,但农业仍是帝国最为重视的行业。

(一) 政府职能

中国传统国家观发源于儒家思想,经过漫长的发展至明代已基本成熟。邱濬(1421—1495年)综合并发展了前人思想,认为国家的职责在于"立政养民",将"养民"与"立政"联系在一起,使"立政"目的更加明确。民是国家的基础,是君赖以存在的根本,天子要实行符合百姓利益的善政。

在前工业时代,人口增减对国家财政实力有着极大的影响,也决定了国势盛衰。"天下盛衰在庶民,……,是故为国者,莫急于养民。"①"而民之中,农以业稼穑乃人所以生生之本,尤为重焉。"②因此"立政养民",就要大力发展农业生产。只有农业发展了,百姓的衣、食、住、行才有保证。对此,邱濬提出了蕃

---

① (明) 邱濬:《固邦本》,载《大学衍义补·卷十三》,明成化刻本,第 19a 页。
② (明) 邱濬:《正朝廷》,载《大学衍义补·卷一》,明成化刻本,第 10b 页。

民之生、制民之产、重民之事、宽民之力等十项"固邦本"的主张。

(二) 理国之财与理民之财

到明中期,知识分子对理财的态度已发生重大转变,即使是一些保守者也开始承认儒者可以言理财。刘定之(1410—1469年)认为,"对口谈玄理者,问之以金谷则耻言;手较朱铅者,付之以牙筹则羞执。不观《禹贡》,不知理财为圣君之急务;不读《周官》,不知理财为圣相之首事。国用视之为盈缩,民命倚之为惨舒,而可不知乎?"①他将理财分为三个层次:理国之财、理民之财和生民之财。理财当然要理国之财,但不知理民之财也是不对的,"徒知理国之财,而不知理民之财,损于下而以益于上,国于是有仓促乏用之忧矣,民于是有荒歉不给之患矣";而"徒知理民之财,而不知生民之财",那是只"知疏其流而不知浚其源"。要"生民之财",就要实施"孟子重谷务农之说,贾生驱民归田之论";"理民之财",就要实行管子之轻重敛散,李悝之平籴;"理国之财",就要建立"桑弘羊之平准","唐玄宗之和籴"等制度。②

邱濬在《大学衍义补》中对理财问题进行了专篇论述,他把《易经》中的理财与《大学》中的生财结合起来,指出理财是对生生不穷的财富进行人为分疏。他充分肯定了理财的必要性,指出国家最急需的是财政,财富的创造靠自然,使用财富的却是人。人们每年需要的财富是固定不可少的,可是自然给予的财富却因气候可能有多有少。如果不加以管理,做好事前计划,遇到突发情况再想办法就来不及了。"民生于天而岁岁有生死,谷产于地而岁岁有丰凶。"③为了让皇帝通晓天下的情况,做好应对突发事变的准备,就不能不理财。

在肯定理财的基础上,邱濬进一步指出"善于富国者,必先理民之财,而为国理财者次之",④"国家之财皆出于民,君之所用者皆民之所供也"⑤。并且,皇帝治国用虽然是为自己,但事实上还是为了百姓。财富在皇帝与百姓之间相互通融,皇帝不足取于百姓,百姓不足则取于皇帝,并非是以天下财富奉皇帝一人。他认为处理"为国理财"与"理民之财"关系的基本原则是:"不能不取

---

① (明)刘定之:《户科》,载《十科策略·卷六》,清雍正七年积秀堂刻本,第14a页。
② (明)刘定之:《户科》,载《十科策略·卷六》,清雍正七年积秀堂刻本,第9b—11b页。
③ (明)邱濬:《制国用》,载《大学衍义补·卷二十》,明成化刻本,第6b页。
④ (明)邱濬:《制国用》,载《大学衍义补·卷二十》,明成化刻本,第2a页。
⑤ (明)邱濬:《制国用》,载《大学衍义补·卷二二》,明成化刻本,第5b页。

于民,亦不可过取于民。不取乎民,则难乎为于国;过取乎民,则难乎其为民",①并且"与其过也宁不及"②。因为人都有获得财富的欲望,但天下财富的数量是有限的,不在国家,就在百姓。不仅政府想得到,百姓也厌恶政府夺取。人好利的欲望是无尽的,如果政府谨守道德,知道义重利轻,才不至于将百姓的财富据为己有。政府要将心比心不去掠夺百姓,即使是不得已而为,也应该合乎天理而不违背人的欲望。这也是他"利民"重于"利国"思想的具体表现。

其后的官员也多对理财持赞成态度,如林希元(1481—1565年)说:"财者国家之命脉,犹人之食也。人无食则必饥,国无财则非国",主张从"财之盈缩"角度去考察历史上的"国之盛衰"现象。③ 海瑞(1514—1587年)否定"圣人言义不言利",认为"真圣人"应是善于"富国强兵"之人,"有天下而讳言利,不可能也"。④

(三) 理财措施

如何理财是明代中后期财政思想的关注重点,多由官员阐发,其出发点立足于现实问题,偏重于对策研究,力求纠偏。

1. 保障民生

1) 轻征田赋

在明代以田税为主体收入的背景下,增加财政收入,培养税源的重要途径即是厚民生,具体措施则是轻徭薄赋,减轻人民负担。轻徭薄赋一直以来都是中国赋税理论的基础,也是几乎所有古代知识分子的共识。

邱濬认为,增加财政收入的根本在于增加民户,而非课以重税。唐代李翱提出:"人皆知重敛之为可以得财,而不知轻敛之得财愈多也。"邱濬对此十分认同。他主张税率适中,"什一者,天下之中正一言,诚万世取民之定制"。同时税种也不可过多,"国家之用度皆取于民,而敢于民之大纲,曰赋、曰贡而已"。"后世之进奉、和买、劝借之类,皆非中正之道、天下经常之制也"。⑤ 需

---

① (明)邱濬:《制国用》,载《大学衍义补·卷二二》,明成化刻本,第15a页。
② (明)邱濬:《制国用》,载《大学衍义补·卷二三》,明成化刻本,第17b页。
③ (明)林希元:《王政附言疏》,载《林次崖文集·卷二》,清乾隆十八年陈胪声治燕堂刻本,第48b页。
④ (明)海瑞:《四书讲义·生财有大道生之者众食之者寡为之者疾用之者舒则财恒足矣》,载《海瑞集》,中华书局1962年版,第493页。
⑤ (明)邱濬:《制国用》,载《大学衍义补·卷二二》,明成化刻本,第2a、2b页。

要指出的是,虽然邱濬主张轻征田税,征税以财产为依据,但他不主张改善贫富不均的现状。"为天下主者,惟省力役、薄税敛、平物价,使富者安其富,贫者不至于贫,各安其分,止其所,得矣。乃欲夺富与贫,以为天下乌有是理哉!"①

轻税不仅是税率的降低,还包括税收程序的简化。宋应星(1587—约1666年)特别强调催科频繁给人民带来痛苦,使生产蒙受损失,更甚于沉重的捐税。"甲日条编,乙日辽饷,丙日蓟饷,丁日流饷,戊日陵工,己日王田,庚日兑米,辛日海米,壬日南米,癸日相连甲乙日,去年前年先前年旧欠追呼又纷起",而"牙役承行最利其分款而追,则点卯润笔常规,可逐项而掠取也"②。

2) 税负均平

明代中期后,"东南之民困于粮税,西北之民困于差役",在各地则是"留者输去者之粮,生者承死者之役",赋役不均不仅严重影响社会秩序,成为社会动荡不安的重要因素,还严重影响国家财政收入。明代财政思想家们主要围绕均平税负阐述,包括赋税均平与力役均平,其中赋税均平的主要方式有均征加耗、反对摊逃与清丈田亩、力役均平。

(1) 均征加耗

征收加耗不始于明代,但明代更为突出,一方面是明成祖迁都北京后,南方税粮须运至北京,以至运费和损耗增加;另一方面,加耗的摊派极不平均,大户并不缴纳,其负担完全落到一般人民身上。以加耗来调节百姓田税负担,成为明代财政改革的一大方向。

宣德五年(1430年),周忱(1381—1453年)奉命巡抚江南,总督税粮。他常私访民间,询问疾苦,创立"平米法",锋芒直指"不出加耗"的豪强大户。平米法有两点创新之处:一是以附加税作为调剂田赋负担不均的手段,二是主张用结余的附加税来补充地方财政开支。他建议利用耗米的"余米"建立起地方财政储备,补充地方公务、赈济、工程以及其他杂项支出的不足。在明代财政体制下,地方财政长期困顿,并没有太大财政自主权,周忱以加耗收入作为地方独立财源,实际上已具有建立地方财政收支系统的意图。

然而,周忱的加耗法也有某些弊端,故自明中叶后又有人提出要固定加耗的征收率,以免因加耗摊派的不确定性带来弊端。海瑞就曾提出一个有代表性的方案:"凡各项钱粮尽为正数,外别加二分作耗。一钱加二厘,一两加二

---

① (明)邱濬:《制国用》,载《大学衍义补·卷二五》,明成化刻本,第11b页。
② (明)宋应星:《野议·催科议》,载《宋应星野议、论气、谈天、思怜四种》,明崇祯刻本,第9a页。

分,十两加二钱,一百两加二两。此法一立,虽有一项钱粮上司秤兑甚重,一时上司秤兑钱粮甚重,止是将轻者补之,二分之耗,一定不改。……盖二分耗,中数也。兑轻则剩,剩亦不多。兑重则赔,赔亦不多。……外有多取者,许不时赴县呈告,以凭重治。"①

(2) 反对摊逃

明代社会经济发展过程中的一个突出问题是人口流徙,不仅规模大,而且持续时间长。为了维持赋税征收原额,朝廷实行"摊逃"之法,将逃户的赋税分摊到未逃户头上征收,以致其不堪重负而出逃,形成恶性循环。邱濬反对摊逃,他举例说明,如果百户中有二十户逃亡,摊逃将导致四户人承担原先五户人承担的赋税,若逃了三十户,则相当于五户人承担了七户的赋税,逃户五十,则相对于赋税负担直接翻倍。政府以摊逃的方式弥补税收,最终将是民穷财竭。他建议在每年十月以后,令布政司查各县"民数逃去开除者若干,移来新收者若干;其民虽逃,其产安在,明白详悉开具,即所收以补所除,究其产以求其税;若果人散亡,产无踪迹,具以上闻,核实免除"。②

(3) 清丈田亩

张居正认为赋役不均的原因有二:

一是豪强兼并。自嘉靖以来,"豪强兼并,赋役不均。花分诡寄……偏累小民"③。农民为逃避苛重的赋役,经常携带田产挂靠到官绅或贵族门下,委身为奴仆。"编户末民无所得衣食,其势必易常产,令豪民得以为奸。以故田赋之弊孔百出,而其大者曰飞诡、曰影射、曰养号、曰挂虚、曰过都、曰受献,久久相沿,引为故业,于是豪民有田无粮,而穷民物以力薄,莫可如何。"④民间产去税存、有田无税的现象十分严重。

二是豪右挠法。"豪家田至七万顷,粮至二万,又不以时纳。夫古者大国公田三万亩,而今且百倍于古大国之数,能几万顷而国不贫!"豪强敢于挠法,是因为"自嘉靖以来,当国者政以贿成,吏朘民膏以媚权门;而继秉国者又务一切姑息之政,为逋负渊薮,以成兼并之私"。解决"豪右挠法",既要"约己敦素,杜绝贿门,痛惩贪墨","以救贿成之弊";又要"查刷宿弊,清理逋欠,严治侵渔

---

① (明)海瑞:《定耗银告示》,载《海瑞集》,中华书局1962年版,第179—180页。
② (明)邱濬:《制国用》,载《大学衍义补·卷二二》,明成化刻本,第15b页。
③ (明)张居正:《陈六事疏》,载《张太岳集·卷三六》,上海古籍出版社1984年版,第458页。
④ (明)张居正:《太师张文忠公行实》,载《张太岳集·卷四七》,上海古籍出版社1984年版,第597页。

揽纳之奸","以砭姑息之政"。①

张居正深刻地认识到,"今为侵欺隐占者权豪也,非细民也。而吾法之所施者奸人也,非良民也。清隐占,利小民,免受包赔之累,而得守其本业。"②"粮不增加而轻重适均,将来国赋既易办纳,小民如获更生。"③由于田赋总额未变,而清查出的新垦田亩须与旧田一样纳税,将总税额均摊到新旧田亩上,则每亩纳税自然减轻。

(4) 力役均平

力役负担不均以西北地区较为突出。对于力役,邱濬认为"凡有天下国家者,不能不役乎民",人民的生命财产均赖官府庇护,故力役是人民"职分之所当为"④。自古以来力役就是两法兼用,有钱者出钱,有力者出力。他提出"配丁田法":"以田一顷配人一丁,当一夫差役。其田多丁少之家,以田配丁足数之外,以田二顷视人一丁,当一夫之差,量出雇役之钱。田少丁多之家,以丁配田足数之外,以人二丁视田一顷,当一夫差役,量应力役之征。"如此,"不惟民有常产而无甚贫甚富之不均,而官之差役亦有验丁验粮之可据矣",也有助于逐渐消除土地兼并之患。同时,他建议采取"仕宦优免之法":根据品级高低,量为优免,如京官三品以上免四顷,五品以上三顷,七品以上二顷,九品以上一顷,外官递减,无田者准田免丁,"惟不配丁,纳粮如故,其人已死,优及子孙以寓世禄之意"。⑤ 配丁田法利用财政手段缓和土地兼并,虽然新颖,但事实上对官僚和大地主更为有利,"仕宦优免之法"则更明显有利于官僚集团。但客观来说,配丁田法强调以丁配田定差役,顺应了当时赋役改革的基本趋势,为一条鞭法改革提供了某种具有过渡性质的思想模式。

庞尚鹏是均役的实践派,他认为赋役制度"其法未尝不善,但奸民欲避重就轻,往往诡寄粮多甲下,而宦豪之家又花分子户,频年告免,更相影射,以致轻重愈失其平,法意盖荡然矣。"由于役重而不均,"有司赋敛烦急,民不堪命"。嘉、隆年间,他发现浙西"余姚、平湖二县,原著有均徭一条鞭之法,凡岁编徭役

---

① (明)张居正:《答应天巡抚宋阳山论均粮足民》,载《张太岳集·卷二六》,上海古籍出版社1984年版,第316—317页。
② (明)张居正:《答应天巡抚宋阳山论均粮足民》,载《张太岳集·卷二六》,上海古籍出版社1984年版,第316—317页。
③ (明)张居正:《答山东巡抚何来山言均田粮核吏治》,载《张太岳集·卷三三》,上海古籍出版社1984年版,第421页。
④ (明)邱濬:《制国用》,载《大学衍义补·卷三一》,明成化刻本,第3a、3b页。
⑤ (明)邱濬:《固邦本》,载《大学衍义补·卷一四》,明成化刻本,第14b页。

俱于十甲内通融，随粮带征，行之有年，事大简便"。① 以此为基础，他继续推行一条鞭法，将"一县各办所费及各役工食之数，一切照亩分派，随秋粮带征。分其银为二款，一曰均平银，一曰均徭银，岁入之官，听官自为买办，自为雇役"，②这成为张居正推行一条鞭法的基础。隆庆年间，海瑞把庞尚鹏等人对赋役制度的改革推行于江南。海瑞认为，"行一条鞭法，从此役无偏累，人始知有种田之利，而城中富室始肯买田，乡间贫民始不肯轻弃其田矣"，可使"田不荒芜，人不逃窜，钱粮不拖欠"。③ 但在他看来，一条鞭法不过是补偏救弊的一时之法，而非长久之计，长治久安的根本途径在于实行井田制，而井田已"决可复于后世"。④

3）常平与荒政

邱濬特别强调谷物价格的稳定，认为其不仅对人民有利，还可据以"定科差、制赋敛、计工役"。⑤ 他建议建立地方政府定期汇报粮食价格的制度，中央政府及时掌握各地粮价波动，同时设立常平仓稳定粮食价格。在内地，"于此二处（淮北、山东）各立一常平司，……量地大小借与官钱为本，每岁亲临所分属县，验其所种之谷，麦熟几分，粟熟几分，与夫大小豆之类皆定分数，申达户部，因种类之丰荒，随时价之多少，收籴在官，其所收者不分是何米谷，逐月验其地之所收，市之所售，粟少则发粟，麦少则发麦，诸谷俱不收然后尽发之，随处立仓通融，般运分散，量时取直，凡货物可用者皆售之，不必专取银与钱也，其所得货物可资国用者其数送官，其余听从随时变卖以为籴本。"若可行，则进一步推广。对于边郡，"请于辽东、宣府、大同极边之处各立一常平司"，⑥同样因地制宜。邱濬是将西汉以来的常平思想作以扩展，在粮食品种上有所变通，允许因地制宜，按市场价格收售而非官方定价。

林希元于嘉靖中条陈《荒政丛言疏》，对前人的荒政思想进行了系统梳理，其中举出荒政有二难、三便、六急、三权、六禁和三戒，为纲六，凡目二十有三，条目周备。值得注意的是，他指出"民出力以趋事，而因可以赈饥；官出财以兴

---

① （明）庞尚鹏：《请均徭役疏》，载《同治安吉县志·卷五》，清同治十三年刻本，第44页。
② （清）顾炎武：《浙江下》，载《天下郡国利病书·第廿二册》，清稿本，第10a页。
③ （明）李登：《万历江宁县志·卷三》，明万历二十六年刻本，第17页。
④ （明）海瑞：《备忘录·卷八》，钦定四库全书本，第37a页。
⑤ （明）邱濬：《制国用》，载《大学衍义补·卷二六》，明成化刻本，第8b页。
⑥ （明）邱濬：《制国用》，载《大学衍义补·卷二五》，明成化刻本，第18a页。

事,而因可以赈民,是谓一举而两得",①将"兴工役以助赈"正式列为必备的救荒措施之一,已含有近代所谓公共工程政策的意味。

2. 富民之策

1) 轻征商税

邱濬反对重复课税,尤其反对对五谷征关市之税,但对渔课、竹木课等山泽之征并不反对,因为"今民既纳租于官仓矣,而关市又征其税,岂非重哉!"②

16世纪以后,人们不再轻贱商人与商业,商税成为人们经常谈论的议题,许多官员都要求减轻商税以宽商民,甚至有人提出"工商亦本业"的命题。萧彦指出:"商困则物腾贵而民困矣",③余继登亦称:"皇上以为不忍加派于民,而姑取之商贾也,不知商贾不通,则财货不流物价沸腾,则百姓困敝"。④徐恪提出"商亦吾民",认为商人备受艰辛不过为"求锱铢之利",主张"严禁约以惠商民"。⑤ 王守仁(1472—1528年)也说:"商人比诸农夫,固为逐末,然其终岁弃离家室,辛苦道途,以营什一之利,良亦可悯",要求商税遵照"事例抽收,不许多取毫厘"。⑥ 张居正也曾说:"商通有无,农力本穑。商不得通有无以利农则农病,农不得力本穑以资商则商病。"⑦

在官员以外,民间也有轻征商税的呼声,东林学派即主张轻税以惠商。学派的主要人物不少都出身于江南工商业者家庭,如顾宪成(1550—1612年)的父亲是商人,高攀龙(1562—1626年)家也世代经商,他们的观点较直接地反映了商人的要求。顾宪成抨击"无货不税"时指出纳税商品"皆小民日用饮食之需",如果"只出里门便应有税矣","民何所措手足乎",要求生活必需品皆应免税。⑧ 不仅如此,东林学派还投入为保护工商业者尤其是商人利益而斗争的行列,他们反对当时严重阻碍工商业发展的矿监税使,要求工商业者自由发展。受东林党人推重的李三才(?—1623年)曾上疏极言矿税之害,"自矿税

---

① (明) 林希元:《荒政丛言疏》,载《林次崖文集·卷一》,清乾隆十八年陈胪声诒燕堂刻本,第32a页。
② (明) 邱濬:《制国用》,载《大学衍义补·卷三十》,明成化刻本,第5b页。
③ (明) 萧彦:《敬陈末议以备采择以裨治安疏》,载吴亮《万历疏钞·卷十三》,明万历三十七年刻本,第13a页。
④ (明) 余继登:《止矿税疏》,载陈子龙《明经世文编·卷四百三十七》,明崇祯平露堂刻本,第4a页。
⑤ (明) 徐恪:《修政弭灾疏》,载陈子龙《明经世文编·卷八十一》,明崇祯平露堂刻本,第11b页。
⑥ (明) 王守仁:《禁约榷商官吏》,载《王文成公全书·卷十六》,明隆庆刊本,第63a页。
⑦ (明) 张居正:《赠水部周汉浦榷竣还朝序》,载《张太岳集·卷八》,上海古籍出版社1984年版,第99页。
⑧ (明) 顾宪成:《泾皋藏稿·卷四》,载《顾端文公遗书》,清光绪三年泾里顾氏宗祠刻本,第10b页。

繁兴，万民失业，……征榷之使，急于星火，搜刮之令，密如牛毛。今日某矿得银若干，明日又加银若干，…千里之区，中使四布，加以无赖之命，附翼虎狼"。① 如不罢废税监，"一旦众畔土崩"，"即有黄金盈箱，明珠填屋，谁为守之"。② 东林学派积极支持商民的反税监暴动，坚决维护工商业者的利益，反映了明后期商人阶层的成长与对自身利益的争取。

2）开放贸易

这一时期围绕商税问题而发生的议论，不仅限于内陆贸易，而且日益扩展到海外贸易领域。邱濬即主张互市通商征税，他特别重视以海外贸易作为财政收入的重要来源。"互市之法自汉通南越始，历代皆行之"，"不扰中国之民，而得外邦之助，是亦足国用之一端也"。③ 他建议与未侵犯过我国边疆的国家互市，设立名实相符的市舶司，出海贸易者先向市舶司汇报船舶信息、货物数量、贸易路线、何时回国等内容，经审核无碍方可出海，回国后"商自贩鬻，官府抽分"。邱濬的建议已较接近于现代国际贸易。此外，邱濬对海运也十分重视，他认为从长远考虑，漕运应该河漕与海漕并行。"假如每艘载八百石，则为造一千石舟，许其以二百石载私货。"如此，不仅能保证京师的粮食，还可以促进南北商品流通。④

嘉靖年间，两广巡抚林富奏请重开海禁，他认为开放海禁其利有四："中国之利，盐铁为大，有司取办讫讫终岁，仅充常额，一有水旱，劝民纳粟，犹惧不充旧规。至广番舶除贡物外，抽鲜私货，俱有则例，足供御用，此其利之大者一也。番货抽分，解京之外，悉充军饷，今两广用兵连年，帑藏日耗，藉此足以充羡，而备不虞，此其利之大者二也。广西一省，全仰给于广东，今小有征发，即措办不前，虽折俸椒木久已缺乏，科扰于民，计所不免，查得旧番舶通时，公私饶给，在库番货，旬月可得银两数万，此其为利之大者三也。货物旧例有司择其良者如价给直，其次资民买卖，故小民持一钱之货，即得握菽展转贸易，可以自肥，广东旧称富庶，良以此耳，此其为利之大者四也。"综上所述，"助国助军，既有赖焉，而在官在民，又无不给，是国民之所利而利者也"。⑤ 尚书郑晓也

---

① （清）谷应泰：《明史纪事本末·卷六五》，钦定四库全书，第12页。
② （清）万斯同：《李三才传》，载《续修四库全书》0330史部，上海古籍出版社2002年版，第59页。
③ （明）邱濬：《制国用》，载《大学衍义补·卷二五》，明成化刻本，第12b、14b页。
④ （明）邱濬：《制国用》，载《大学衍义补·卷三四》，明成化刻本，第10b页。
⑤ （明）顾炎武：《天下郡国利病书·第卅三册》，清稿本，第59页。

指出,"所以通华夷之情,迁有无之货,收征税之利,减戍守之费"。①

万历二十年,抗倭援朝,海上形势吃紧,兵部重申海禁。福建巡抚许孚远(1535—1604年)上疏反对,他指出实行海禁有四害:第一,"沿海居民凭借海滨,易与为乱",商路断绝,"彼强悍之徒、俯仰无赖,势必私通,继以追捕,急则聚党逋海,据险流突,……,变且中起";第二,"商人有因风涛不齐,冬未回者,其在吕宋尤多。……一旦舟楫不通,归身无所,无论弃众庶以资外夷,即如怀上之恩既切,又焉保其不勾引而入寇也";第三,难以获知敌情,"迩者关白阴蓄异谋,幸有商人陈申、朱均旺在番探知预报,胜为预防,不至失事。今既绝通商之路,……,设或夷酋有图不轨如关白者,胡由得而知之?"第四,海防经费大部分取自海外贸易税,"若奉禁无征,军需缺乏,势必敛重于民,民穷财尽,势难取给。"他反对因战事而行海禁,"若缘此而禁绝商路,不几于因噎废食乎?"②

3) 反对官营

针对国内商业,邱濬从"民用足则国用有余"出发,主张开放盐、铁、茶、酒等官营专卖,"使人民自为之",国家"度其所卖之多寡"收税。③ 他反对国家与民争利,"以人君而争商贾之利,可丑之甚也。"④况且官营本身也存在缺点,"物必其良,价必定数,又有私心诡计百出其间",⑤很难不产生弊端。他对历史上的理财能臣管仲、桑弘羊、刘晏等多有批判。此外,他还认为在凶荒年份,要鼓励"商贾毕聚"以增大商品供应,"摧抑商贾居货待价之谋"并不妥当,因为"贫吾民也,富亦吾民也,……况货物居之既多,则虽甚乏其价自然不致甚贵也哉"。⑥

明朝中后期,商品经济进一步发展,重视私商自由经营的思想不断增长。以盐法为例,嘉靖年间陆深主张课征盐税,"因海泽自然之利",以便"通商","商益通则利益厚,……彼利而来,亦必以无利而去,又自然之势也",否定盐专卖存在的必要性。⑦ 万历年间,郭惟贤奏称"理盐固所以足国,而足国莫先于

---

① (明)陈全之:《蓬窗述·卷四》,明万历十一年书林熊少泉刻本,第15a页。
② (明)许孚远:《疏通海禁疏》,载陈子龙《明经世文编·卷四百》,明崇祯平露堂刻本,第2b—3b页。
③ (明)邱濬:《制国用》,载《大学衍义补·卷三十》,明成化刻本,第12a页。
④ (明)邱濬:《制国用》,载《大学衍义补·卷二五》,明成化刻本,第12a页。
⑤ (明)邱濬:《制国用》,载《大学衍义补·卷二五》,明成化刻本,第11a页。
⑥ (明)邱濬:《制国用》,载《大学衍义补·卷二五》,明成化刻本,第24a页。
⑦ (明)陆深:《拟处置盐法事宜状》,载陈子龙《明经世文编·卷一百五十五》,明崇祯平露堂刻本,第1b—2a页。

惠商"。① 类似见解在 16 世纪中期以后,已是官员中较流行的观点。

3. 政府管理

1) 节用

由于明代财政困顿,而皇帝生活奢靡,权贵贪污腐败,节用始终是明代财政思想的一大主题。邱濬即认为"理国之财"关键在于节用,节用是"万世理财之要"。对于国家开支,要削减不必要项目,"不耗其财于无益之事,不费其财于无用之地,不施其财于无功之人"。② 需要说明的是,邱濬主张量入为出,实行节用;但他反对官吏低俸制,主张高薪养廉。邱濬认为低俸是官吏贪污的本源,"今小吏俸率不足,常有忧父母妻子之心,虽欲案身为廉,其势不能。"③ 只有增加官吏俸禄,才能去其贪而养其廉,主张裁汰冗员而增加官俸。

对于节用,时人蔡清(1453—1508 年)亦云:"有国有家者,俱要勤俭。生之者众,为之者疾,勤也,务本也,丰财之源也;食之者寡,用之者舒,俭也,节用也,止财之流也。"④稍后陈全之(1512—1580 年)亦强调"生之者众,为之者疾,勤也;食之者寡,用之者舒,俭也;此所谓理财用人者,用之以理财也"。⑤

至万历年间,国家财政已入不敷出。张居正对此十分忧心,"如此年复一年,旧积者日渐消磨,新收者日渐短少,目前支持已觉费力,脱(若)一旦有四方水旱之灾,疆场意外之变,何以给之! 此皆事之不可知而势之所必至者也。比时欲取之于官,则仓廪所在皆虚,无可措处;欲取之于民,则百姓膏血已竭,难以复支。而民穷势蹙,计乃无聊。天下之患,有不可胜讳者。"⑥他认为,出现这种问题的原因在于,"民力有限,应办无穷。而王朝之费又数十倍于国初之时。大官之供,岁累巨万;中贵征索,欲壑难盈,司农屡屡告之。夫以天下奉一人之身,虽至过费,何遂空乏乎? 则所以耗之者非一端故也。语曰:'三寸之管而无当,不可满也。'今天下非特三寸而已。所谓才(财)用大匮者,此也。"⑦既然"天之生财,在官在民,止有此数",那么解决办法就只有节用一途。他的基本方针是:"总计内外用度,一切无益之费,可省者省之;无功之赏,可罢者罢

---

① (明)郭惟贤:《甲明职掌疏》,载陈子龙《明经世文编·卷四百六》,明崇祯平露堂刻本,第 15b 页。
② (明)邱濬:《制国用》,载《大学衍义补·卷二一》,明成化刻本,第 5b 页。
③ (明)邱濬:《正百官》,载《大学衍义补·卷六》,明成化刻本,第 4a 页。
④ (明)蔡清:《四书蒙引·卷二》,明嘉靖六年刻本,第 50b 页。
⑤ (明)陈全之:《蓬窗述·卷一》,明万历十一年书林熊少泉刻本,第 6a 页。
⑥ (明)张居正:《看详户部进呈揭帖疏》,载《张太岳集·卷四三》,上海古籍出版社 1984 年版,第 554—555 页。
⑦ (明)张居正:《论时政疏》,载《张太岳集·卷一五》,上海古籍出版社 1984 年版,第 184 页。

之。务使岁入之数，常多于所出。"①整个统治集团中，尤以最高统治者的奢靡浪费所产生的影响为最恶劣，他劝告皇帝控制欲望，厉行节俭，"古之帝王善保其身者，使欲不穷于物，物不屈于欲，则其欲有节矣。欲有节则神定，神定则无越思。欲有节则气完，气完则无过动。欲有节则事简，事简则无滥费。是以惛心溢志之事不滑其和，而烦扰掊克之政不逮于下。精爽通于天地，而德泽洽于寰宇"。②虽是说帝王的养生之道，实际上是在向皇帝阐述保民之理。另一方面，"财赋不窘于国用之繁，而亏于士大夫之侈纵，诚膏肓之药石也。即使国用果繁，为士大夫亦当分任其咎"。"夫京师四方之极，大臣庶民之表也，自顷内外用竭，习尚侈靡，贫者裋褐不完，而在位者或婢妾衣纨绮；百姓藜藿不饱，而在位者或厮养厌粱肉，此损下益上之尤者。"③为了约束大臣们奢侈浪费，他将之列入考成法并着力进行督察。

至明中后期，政府的浪费与腐败也引起民间学者关注，宋应星即批评宫廷用度，"内帑之发，诚未易议矣。然十年议节省，谁敢议及上供者，微论仪真酒缸十万口，楚衡、岳、浙台、严诸郡，黄丝绢解充大内门帘者，动以百万计，诸如此类，不可纪极。解至京师，何常切用？即就江西一省言之，袁郡解粗麻布，内府用蘸油充火把，节省一年，万金出矣。信郡解糯纱纸，大内以糊窗格，节省一年，十万金出矣。光禄酒缸，岂一年止供一年之用，而明年遂不可用？黄绢门帘，窗棂糊纸，岂一年即为敝弃，而明年必易新者，圣主辛未张灯，元宵仍用旧灯悬挂，遂省六十余万，此胡不可省之？有川中金扇之类，又可例推矣"。④

2）预算思想

对明代财政管理的思考，以邱濬的思考最为深刻。他的量入为出是与节用相辅相成的。对于具体执行程序，他十分推崇《礼记·王制》中的制度，主张仿古制编制一种简单的预算，每年由各级机构预先估算次年的支出并上报，同时秋收后至年终核算当年收入与结余，遵循量入为出的原则，在预计盈余或赤字的基础上维持来年的财政平衡。同时，他建议将自洪武到弘治各朝的财政

---

① （明）张居正：《看详户部进呈揭帖疏》，载《张太岳集·卷四三》，上海古籍出版社1984年版，第555页。
② （明）张居正：《人主保身以保民辛未程论》，载《张太岳集·卷一五》，上海古籍出版社1984年版，第178—179页。
③ （明）张居正：《谢病别徐存斋相公》，载《张太岳集·卷三五》，上海古籍出版社1984年版，第446页。
④ （明）宋应星：《野议·军饷议》，载《宋应星野议、论气、谈天、思怜四种》，明崇祯刻本，第11b—12a页。

收支状况汇总,每朝一卷编成会计录,作为制订国家预算的参考资料。"凡天下秋粮、夏税、户口、盐钞及商税、门摊、茶盐、抽分、坑冶之类租税年课,每岁起运、存留及供给边方数目,一一开具。仍查历年以来内府亲藩及文武官吏、卫所旗军并内外食粮人数,与夫每岁祭祀、修造、供给等费,……每朝通以一年岁计出入最多者为准。要见彼时文官若干,武官若干,内管若干,凡支俸几何;京军若干,外军若干,边军若干,凡食粮几何;其年经常之费若干,杂泛费若干,总计其数凡几何;运若干于两京,留若干于州郡,备若干于边方;一年之内所出之数比所入之数或有余或不足或均适。……每朝为一卷,通为一书,以备参考"。① 邱濬设计的预算程序和现代国家预算最大的不同在于它以编制年份(预算执行的前一年度)的实际财政收入作为编制依据,而非以预算执行年份的预估收入为编制基础。虽是如此,但由于明代财政的原额主义教条,每年财政收入并不会有太大波动,以前一年的实际收入作为估计值也有其合理性。

不仅如此,邱濬还重视会计与审计。明初废宰相之职,加之财权分散,缺乏主持国计的中央专职长官。邱濬建议效法汉之计相、唐之度支、宋之三司使,在户部添设一员尚书,"专总国计","凡国家有所用度,悉倚办之"。② 他根据《周礼》指出司会之官应遵照法令监督中央和地方财政收支。同时,"钩考"(审核)与"书记"(收支记录)应分设两官,"交相参互,以此所掌,稽彼所录,多寡虚实昭然矣"。③

3) 公私分离

关于国家财政与皇室财政的关系,邱濬参照汉代制度,把重点放在限制皇室开支上,主张将财政收入分贮内、外二府:外府为国家财政,"贮常赋所入,……,以待军国之用。岁终计其用度之余,……,以备水旱兵火不测之需";内府为皇室私库。如果外府出现赤字则由内府拨款补齐,反之则不可,因为"军国之需决不可无,奉养之具可以有可以无","断不可以军国之储以为私奉之用"。④

4) 加强监管

从财政思想上看,张居正的理财策略主要有两个,一是前文所述的强调节用;二是制止或避免官僚地主们对财政收入的侵蚀。两者均针对政府的财政

---

① (明)邱濬:《制国用》,载《大学衍义补·卷二四》,明成化刻本,第12b—13a页。
② (明)邱濬:《制国用》,载《大学衍义补·卷二四》,明成化刻本,第5a、5b页。
③ (明)邱濬:《制国用》,载《大学衍义补·卷二三》,明成化刻本,第10b页。
④ (明)邱濬:《制国用》,载《大学衍义补·卷二四》,明成化刻本,第3b—4a页。

管理。

在收入方面,张居正试图解决的主要是租税逋欠或逃税问题。万历元年,张居正提出"请稽查章奏,随事考成,以修实政疏",即"考成法","有司以征解为殿最",将征税任务的完成情况列为考核官吏的重要标准。他认为,"盖天下之事不难于立法,而难于法之必行;不难于听言,而难于言之必效。若行事而不考其终,兴事而不加屡省,上无综核之明,人怀苟且之念,虽使尧舜为君,禹皋为佐,恐亦难以底绩而有成也"。① 张居正对考成法评价甚高,认为"考成一事,行之数年,自可不加赋而上用足"。②

在处理租税逋欠问题上,张居正清醒地认识到要将贫民下户与势豪大户区别开来。贫民下户"一年之所入,仅足以供当年之数",如遇荒年,则生活难以为继,更不用说完成累年拖欠之钱粮。所谓"带征"逋欠之税,"往往将见年所征,那作带征之数,名为完旧欠,实则减新收也。今岁之所减,即为明年之欠,见在之所欠,又是将来之带征,如此连年,诛求无已,杼轴空而民不堪命矣"。加上征税官吏"敲扑穷民,胺其膏血,以实奸贪之囊橐",更使人民不堪其苦,因而他主张除金花银外,其余逋欠一律蠲免。③ 至于势豪大户偷逃税款,他认为是恰恰造成国家财政匮乏的病源,官府盛行贿政之弊,对势豪之家姑息纵容,也是一个重要原因。"上损则下益,私门闭则公室强。故惩贪吏者,所以足民也;理逋负者,所以足国也。"④因此,他在处理江南逋欠问题上,坚决把矛头指向豪势大户与奸猾吏民,对他们严行督责。

二、明末清初的财政思想

明末清初一向被中国学术界认为是启蒙时期,民间思想家十分活跃。由明至清剧烈的政治变化,引起人们对明王朝制度得失的严肃思考。

---

① (明)张居正:《请稽查章奏,随事考成以修实政疏》,载《张太岳集·卷三八》,上海古籍出版社1984年版,第482—483页。
② (明)张居正:《答山东抚院李渐庵言吏治河槽》,载《张太岳集·卷二七》,上海古籍出版社1984年版,第329页。
③ (明)张居正:《请蠲积逋以安民生疏》,载《张太岳先生文集·卷四十六》,明万历四十年唐国达刻本,第7a页。
④ (明)张居正:《答应天巡抚宋阳山论均粮足民》,载《张太岳集·卷二六》,上海古籍出版社1984年版,第316—317页。

（一）肯定理财

明代晚期，理财重要性已成为知识分子的共识。泰州学派思想家李贽（1527—1602年）指出，"财之与势，固英雄之所必资，而大圣人之所必用也。何可言无也？吾故曰，虽大圣人不能无势利之心。则知势利之心，亦吾人秉赋之自然矣"，①"不言理财者，决不能平治天下"。② 他在《藏书》中专辟《富国名臣总论》一篇，对桑弘羊、李悝等大加赞扬，而对司马迁提出批评。同时，他反对只谈节用而忽视生财，"所贵乎长国家者，因天地之利而生之有道耳。且大学之教明言生财有大道矣。又言生之众而为之疾，不专以节用言也。若专以节用言，则必衣皂绨之衣，惜露台之费，而后可以有天下而为天子也"。③

颜李学派同样注重实际，该学派由颜元（1635—1704年）建立，经其门人李塨（1659—1733年）发扬光大。颜元认为"王道无小大，用之者小大之耳。为今计，莫要于九典五德矣。除制艺，重征举，均田亩，重农事，征本色，轻赋税，时工役，静异端，选师儒，是谓九典也"。④ 他建议将理财问题定为科举的内容之一，"儒之出也，惟经济。……离此一路……即另著一种四书、五经，一字不差，终书生也，非儒也"。⑤ 他对历史上的理财家给予很高的评价，对刘晏十分赞赏，对王安石也倍加推崇。李塨（1659—1733年）的观点更进一步，他指出财货系"上下所恃以为用，而国家不可以或无者"；理财是一种专门的学识，如不得其术，则"公私皆困"，如得其术，则"公私皆利"，"至于公私皆利，岂非圣人之道乎"。⑥

对待理财，王夫之（1619—1692年）更强调义利之辨，告诫"国不以利为利，以义为利"。⑦ 王夫之非常欣赏汉初的节俭政策，曾感叹"呜呼！后之天下犹汉也，而何为忧贫孔棘，而上下交征之无已也！班固推本所由，富庶原于节俭。"⑧但是俭不等于吝，"俭于德曰俭，俭于财曰吝，俭吝二者迹同而实异，不可不察也。吝于财而文之曰俭，是谓贪人……贪，吝之报也"。他批评隋文帝"非俭也，吝也，不共其德而徒厚其财也。富有四海，求盈不厌，侈其多藏，重毒

---

① （明）李贽：《四书评·大学》，明刻本，第16a页。
② （明）李贽：《四书评·大学》，明刻本，第14b页。
③ 张建业主编：《李贽全集注·第七册》，社会科学文献出版社2010年版，第50页。
④ （清）颜元：《济时》，载《存治编》，清康熙刻本，第13页。
⑤ （清）颜元：《寄桐乡钱生晓城书》，载《习斋记余·卷三》，清畿辅丛书本，第22a页。
⑥ （清）李塨：《平书订·财用第七上》，清畿辅丛书本，第1a页。
⑦ （清）王夫之：《四书训义·卷八》，载《船山全书·第7册》，岳麓书社2005年版，第87页。
⑧ （清）王夫之：《汉景帝第七》，载《读通鉴论（上册）·卷三》，中华书局1975年版，第55页。

天下,为恶之大而已矣"。王夫之指责历代帝王积聚财富留给子孙的做法,"聚钱布金银于上者,其民贫,其囤危;聚五谷于上者,其民死,其国速亡"。①

(二) 明末弊政

在明亡清兴之际,对明代财政弊端的反思成为这一时期的关注重点。由于政局的动荡,探讨这个问题学者主要为民间学者,其思想也更多地反映了民间的真实需求。

1. 田制混乱

顾炎武(1613—1682年)认为田制混乱是税负不均的重要原因,"井地不均、赋税不平,固三百年于此也"。解决方法在于均丈,"请檄诸州县长吏画一而度之,以钞准尺,以尺准步,以步准亩,以亩准赋,仿江南'鱼鳞册'式而编次之,旧所籍不齐之额悉罢去,而括其现存者均摊于诸州县之间,一切粮税、马草、驿传、均徭、里甲之类,率例视之。以差数百里之间,风土人烟,同条共贯矣。则知均丈之议,前人已尝著之,而今可通于天下者也"。② 此外,征收制度不统一也是赋税不平的原因,即使同一州、同一道、同一县也各异其制,以致课征相差悬殊,赋税不平。因此,需要制定全国统一的课征制度。

黄宗羲(1610—1695年)批评的田制混乱是指官府征税不分田土等第,"今民间田土之价,悬殊不啻二十倍,而有司之征收,画以一则,至使不毛之地岁抱空租,亦有岁岁耕种,而所出之息不偿牛种",这显然是不公平的。他提出应依土地肥瘠分等:"今丈量天下田土,其上者依方田之法,二百四十步为一亩,中者以四百八十步为一亩,下者以七百二十步为一亩,再酌之于三百六十步、六百步为亩,分之五等。"③

2. "积累莫返之害"

黄宗羲认为历代的税制改革实际上均属于并税式改革,旧税未减而徒增新税,致使百姓负担日益加重。"三代之贡、助、彻,止税田土而已。魏晋有户、调之名,有田者出租赋,有户者出布帛,田之外复有户矣。唐初立租、庸、调之法,有田则有租,有户则有调,有身则有庸,租出谷,庸出绢,调出缯纩布麻,户之外复有丁矣。杨炎变为两税,人无丁中,以贫富为差,虽租、庸、调之名浑然

---

① (清)王夫之:《隋文帝第十五》,载《读通鉴论(中册)·卷十九》,中华书局1975年版,第643—644页。
② (清)顾炎武:《日知录·地亩》,载贺长龄《皇朝经世文编·卷三十一》,清道光刻本,第7b—8a页。
③ (清)黄宗羲:《明夷待访录·田制三》,清道光指海本,第24页。

不见,其实并庸、调而入于租也。相沿至宋,未尝减庸、调于租内,而复敛丁身钱米。后世安之,谓两税,租也;丁身,庸、调也。岂知其为重出之赋乎!使庸、调之名不去,何至是耶!故杨炎之利于一时者少,而害于后世者大矣。有明两税,丁口而外,有力差,有银差,盖十年而一值。嘉靖末行一条鞭法,通府州县十岁中夏税、秋粮、存留、起运之额,均徭、里甲、土贡、顾(雇)募、加银之例,一条总征之,使一年而出者分为十年,及至所值之年一如余年,是银、力二差又并入于两税也。未几而里甲之值年者,杂役仍复纷然。其后又安之,谓条鞭,两税也;杂役,值年之差也。岂知其为重出之差乎!使银差、力差之名不去,何至是耶!故条鞭之利于一时者少,而害于后世者大矣。万历间,旧饷五百万,其来年加新饷九百万,崇祯间又增练饷七百三十万,倪元璐为户部,合三饷为一,是新饷、练饷又并入于两税也。至今日以为两税固然,岂知其所以亡天下者之在斯乎!使练饷、新饷之名不改,或者顾名而思义,未可知也;此又元璐不学无术之过也。嗟乎!税额之积累至此,民之得有其生也亦无几矣。"①

3. 赋税征银

反对赋税征银是明清时期财政思想的重要方面,自明中期以来屡有提及。丘濬即主张征收实物,反对征收货币,因为一旦出现灾害,粮食可以及时救百姓之命,而货币则无用。

至明末清初,赋税征银更是成为学者普遍抨击的弊政。顾炎武把白银称为"害金",认为赋税征银是百姓负担沉重的重要原因,要减轻百姓的负担,就应该"任土成赋"。"由今之道无变今之俗,虽使余粮栖亩、斗米三钱,而输将不办,妇子不宁,民财终不可得而阜,民德终不可得而正,何者?国家之赋不用粟而用银,舍所有而卖所无,故也。夫田野之氓,不为商贾不为官,不为盗贼,银奚自而来哉?此唐宋诸臣每致叹于钱荒之害,而后又甚焉。非任土以成赋,重穑以帅民,而欲望教化之行、风俗之美,无是理矣。"②他游历关中后说:"往在山东,见登、莱并海之人多言谷贱,处山僻不得银以输官。今来关中,自鄂以西至于歧下,则岁甚登,谷甚多,而民且相率卖其妻子。至征粮之目,则村民毕出,谓之人市,问其长吏,则曰,一县之鬻于军营而请印者,岁近千人,其逃亡或自尽者,又不知凡几也,何以故?则有谷而无银也。"③为此,他主张"天下税

---

① (清)黄宗羲:《明夷待访录·田制三》,清道光指海本,第22b—23a页。
② (清)顾炎武撰,黄汝成释:《日知录集释·卷十一》,清刊本,第19a页。
③ (清)顾炎武:《文集·卷一》,载《顾亭林诗文集》,中华书局1983年版,第17页。

粮,当一切尽征本色;除漕运京仓之外,其余则储之于通都大邑,而使司计之臣略仿刘晏之遗意,量其岁之丰凶,稽其价之高下,粜银解京,以资国用。一年计之不足,十年计之有余。小民免称贷之苦,官府省敲扑之烦,郡国有凶荒之备,一举而三善随之矣。"①顾炎武反对征银的另一个原因在于官吏借机加征耗羡,大肆敛财。"有贱丈夫焉,以为额外之征,不免干于吏议,择人而食,未足厌其贪惏。于是藉耗羡之名,为巧取之术,盖不知起于何年。而此法相传,官重一官,代增一代,以至于今。于是官取其赢十二三,而民以十三输国之十;里胥之辈又取其赢十一二,而民以十五输国之十","正赋之加焉十二三,而杂赋之加焉或至于十七八矣。解之藩司,谓之羡余,贡诸节使,谓之常例,责之以不得不为,护之以不可破,而生民之困,未有甚于此时者矣"。②但顾炎武主要是反对政府以征银为名聚敛财富,并非反对一般的货币缴纳形态。

事实上,由于明末清初社会经济遭到严重破坏,各地矿冶大多封闭,加上海禁阻塞了白银的流入,银荒长期存在,思想家对此大多心存忧患,反对赋税征银,这主要与银荒有关,不能完全视为历史倒退论断。清初,颜李学派主张征收本色,反对赋税征银,则显得教条与理想化。"今惟赋用本色,而复教民勤于树艺畜字,饮食取于宫中焉,材木取于宫中焉,布帛取于宫中焉,以至人情往来,尽以粟布,而婚丧之需,从俭从便,务取密迩所有者,尽可以粟帛货物相易,至于钱与银,特储之以备流通之具耳,不专恃以为用也。如是不惟民业日饶,而民风亦进于古矣。"③

虽然反对征银的言论颇多,但并非所有学者都赞成征收本色。黄宗羲反对赋税征银,但主张钱谷兼收。他认为用钱用钞可有七利,即"粟帛之属,小民力能自致,则家易足";"铸钱以通有无,铸者不息,货无匮竭";"不藏金银,无甚贫甚富之家";"轻赍不便,民难去乡";"官吏赃私难覆";"盗贼胠箧,负重易迹";"钱钞路遗"。④

王夫之以布帛为例,论证以货币缴纳更便于人民:第一,"(布帛)精粗者,无定之数也,墨吏、猾胥操权以苛责为索贿之媒,民困不可言矣"。"钱则缗足而无可挟之辞矣,以绢、布、绸、缕而易钱,愚氓虽受欺于奸贾,而无恐喝之威,则其受抑者无几,虽劳而无大损也,此折钱之一便也";第二,"不产(桑麻)之

---

① (清)顾炎武撰,黄汝成释:《日知录集释·卷十一》,清刊本,第21页。
② (清)顾炎武:《文集·卷一》,载《顾亭林诗文集》,中华书局1983年版,第20页。
③ (清)李塨:《瘳忘编》,载《李塨集(下册)》,人民出版社2014年版,第1243页。
④ (清)黄宗羲:《明夷待访录·财计一》,清道光指海本,第32a页。

乡,转买以充供。既以其所产者易钱,复以钱而易绢、缯、𫄨、布,三变而后得之,又必求中度者,以受奸商之腾踊,愚氓之困,费十而不能得五也。钱则流通于四海而无不可得,此又一利也";第三,"丁田虽有定也,而析户分产,畸零不能齐一,势之所必然也。绢、缯、𫄨、布必中度以资用,单丁寡产尺寸铢两之分,不可以登于府库,必计值以求附于豪右;不仁之里,不睦之家,挟持以虐孤寒,无所控也。钱则自一钱以上,皆可自输之官,此又一利也";第四,"丝枲者,皆用其新者也,民储积以待非时之求,而江乡雨湿,山谷烟蒸,色黯非鲜则吏不收,而民苦于重办;吏既受,而转输之役者民也,舟车在道,雾雨之所沾濡,稍不谨而成觳敝,则上重责而又苦于追偿。……钱,则在民在官,以收以放,虽百年而不改其恒,此又一利也"。①

唐甄则从发展商业的角度出发,主张废银用钱。他认为政府通过赋税手段大量搜括民间银两,造成市场交易停滞,民生凋敝。"自明以来,乃专以银,至于今,银日益少,不充世用。有千金之产者尝旬月不见两;谷贱不得饭,肉贱不得食,布帛贱不得衣,鬻谷肉布帛者亦卒不得衣食,银少故也。当今世,无人不穷,非穷于财,穷于银也。……夫财之害在聚,银者,易聚之物也,范为圜定,旋丝白灿,人所贪爱。囊之橐之,为物甚约;一库之藏,以钱则百库,虽尽四海而不见溢也……盖银之易聚,如水归壑。"②但唐甄并不主张完全废除白银,而是主张大规模交易用银,而小规模交易用钱。

(三) 富国富民

在反思明末弊政的基础上,学者们纷纷就富国富民的良策展开讨论。这一时期,民间学者活跃,他们的思想大多代表了民间精英的诉求,主张民富先于国富。除减轻农民负担这一永恒主题外,工商业也被提高到与农业同等的地位。

1. 土地与民生

1) 井田与均田

在中国历史上,田制混乱常与大规模的土地兼并相伴而生,田制混乱必然导致大量土地兼并,土地兼并也必然使得田制更加混乱,要抑制兼并,则必须

---

① (清) 王夫之:《唐德宗第二十八》,载《读通鉴论(下册)·卷二四》,中华书局1975年版,第868—869页。
② (清) 唐甄:《潜书·更币篇》,中华书局1963年版,第140页。

整顿田制。顾炎武对"合天下之私,以成天下之公"的井田制大加颂赞,①不得已则可如北魏所行均田制。土地兼并得益者是地主,而对于国家财政和贫民生计却造成极大损害。他认为要均赋,就要在认真清丈的基础上推行均田。

黄宗羲持同样观点,认为要减轻百姓负担,首先要变田制。但与前人不同,黄宗羲认为土地私有是神圣不可侵犯的,政府既不能触动富人的私有土地,又要对普通百姓授田。他设计了一套复井田方案:以万历六年(1578年)全国人口和土地数为准,"实在田土七百一万三千九百七十六顷二十八亩",其中屯田约占十分之一,官田约占十分之三,"人户一千六十二万一千四百三十六",按每户授田50亩,尚有余田可归富人占有。② 然而这一设想无法在实践中实现,因为计划只是对公田的分配,不触及私有土地,而授田对象是包括了大地主在内的所有农户,2.8亿亩官田显然无法满足近6亿亩的授田需求。

颜李学派也将关注重点放在田制上。颜元提出"天地间田,宜天地间人共享之",③"可井则井,难则均田,又难则限田",④"非均田则贫富不均,不能人人有恒产。均田,第一仁政也"。⑤ 他们同样不希望损害地主的权益,又想让无地农民获得可资耕种的土地。为了获取均田需要的土地,他们设想:一是"买田",由官府出资购买地主手中多余的土地;二是规定官田税率低于民田,借以鼓励地主将田地"归之官而更受之于官",最终实现"天下之田尽归诸官"。⑥ 然而这些建议只有理论上的意义,未将国家的财政条件和实际支付能力考虑在内。在均田基础上,王源进一步提出"畺田"法,以平均官田与民田赋役负担:第一,分全国土地为民田和畺田。民田仍属私有,但适当加以限制,"农之自业,一夫勿得过百亩",多于百亩且不为农的有田者,"愿献于官,则报以爵;愿卖于官,酬以资;愿卖于农者听,但农之外无得买",逐步将多余田地诱导归之于农。第二,畺田是由政府分配给耕种者的土地,属于公田性质。定600亩为一畺,每10户农民由政府授一畺之地,其中100亩为公田,收成全归政府;其余500亩按每户50亩分配,为自耕田,每户自耕地每年向政府缴纳绢3尺、绵2两或布6尺、麻2两,另外每年需服劳役3天。⑦ 王源认为推行畺田制后,

---

① (清)顾炎武撰,黄汝成释:《日知录集释·卷三》,清刊本,第12b页。
② (清)黄宗羲:《明夷待访录·田制二》,清道光指海本,第21页。
③ (清)颜元:《井田》,载《存治编》,清康熙刻本,第1a页。
④ (清)颜元:《书后》,载《存治编》,清康熙刻本,第16b页。
⑤ (清)李塨:《拟太平策·卷二》,民国颜李丛书本,第1b页。
⑥ (清)李塨:《平书订·制田第五上》,清畿辅丛书本,第1b页。
⑦ (清)李塨:《平书订·制田第五上》,清畿辅丛书本,第1b—3b页。

由于民田赋税重于罝田,而无田者均可由政府授给田,使百姓觉得与其多留私田,不如献田或卖田给政府再获取罝田,最后必将全面实现罝田制,进而达到均赋役的目的。王源的罝田制实际上是变相的井田,其进步之处在于希望以经济手段而非行政手段恢复井田,在保障私有产权的前提下满足农民的土地要求。

2) 王夫之土地论

王夫之赋税思想的中心是尊重实际,通时达变,具有不少新颖见解,与同时代的学者有鲜明的不同。

(1) 井田为税制

王夫之认为古代井田其实是赋税制度。古代社会由游牧过渡到农业后的很长时期,"诸侯自擅其土,以取其民,轻重悬殊,民不堪命",三代开始才由国家"画并分疆,定取民之制",汉代以后土地"世业相因",[1]成为私有制,国家虽向百姓征收赋税,但是"王者能臣天下之人,不能擅天下之土"。[2] "归田授田,千古必无之事。其言一夫五十亩者,五十亩而一夫也;一夫七十亩者,七十亩而一夫也;一夫百亩者,百亩而一夫也。此言取民之制,而非言授民之制也",[3]即井田制其实是古代国家课税的标准,而非"归田授田"的土地制度。

他进一步论证,"授田之说曰:三十授田,六十归田,承平既久,生齿日繁。即谓生死盈缩固有恒数,抑必参差不齐。向令一井之中,八家各生四子,则归者百亩,而授者四百亩,抑或邻居井里皆无绝亡,乃十井之中,三十年后丁夫将盈数百,岂夺邻并之地,递相推移以及于远?"[4]另外,一井中的壮年劳动力各不相同,而各户的土地面积却相同,如"计亩出夫"则丁少农户感到劳动力不足,而丁多农户感觉有余;如计亩"均收"则必然有的人家有余粮,而有的人家吃不饱;如"耕尽人力而收必计口,则彼为此耕而此受彼养,恐一父之子不能得此,而况悠悠之邻里乎"。[5] 因此,"孟子言井田之略,皆谓取民之制,非授民也。天下受治于王者,故王者臣天下之人而效职焉。若土,则非王者之所得私也。天地之间,有土而人生其上,因资以养焉。有力者治其地,故改姓受命,而民自有其恒畴,不待王者之授之。唯人非王者不治,则宜以其力养君子。井田

---

[1] (清)王夫之:《宋论·太宗》,载《船山全书·第11册》,岳麓书社2005年版,第77页。
[2] (清)王夫之:《孝武帝第四》,载《读通鉴论(中册)·卷一四》,中华书局1975年版,第440页。
[3] (清)王夫之:《四书稗疏》,载《船山全书·第6册》,岳麓书社2005年版,第61页。
[4] (清)王夫之:《四书稗疏》,载《船山全书·第6册》,岳麓书社2005年版,第61页。
[5] (清)王夫之:《四书稗疏》,载《船山全书·第6册》,岳麓书社2005年版,第43页。

之一夫百亩,盖言百亩而一夫也。夫既定而田从之,田有分而赋随之。其始也,以地制夫而夫定。其后则唯以夫计赋役而不更求之地,所以百姓不乱而民劝于耕。后世之法,始也以夫制地,其后求之地而不求之夫,民不耕则赋役不及,而人且以农为戒,不驱而折入于权势奸诡之家而不已。此井田取民之制所以为盛王之良法,后世莫能及焉"。①

(2) 土地兼并

王夫之认为土地兼并积重难返的原因在于赋税太重、吏胥为奸,给豪强提供了机会。"言三代以下之弊政,类曰强豪兼并,赁民以耕而役之,国取其十一而强豪取十五,为农民之苦。乃不知赋敛无恒,墨吏猾胥奸侵无已,夫家之征并入田亩,村野愚憪之民以有田为祸,以得有强豪兼并者为苟免逃亡、起死回生之计。唯强豪者乃能与墨吏猾胥相浮沉以应无艺之征"。②"均一赋也,豪民输之而轻,弱民输之而重。均一役也,豪民应之而易,弱民应之而难。于是豪民无所畏于多有田而利其有余,弱民苦于仅有之田而害其不能去。有司之鞭笞,吏胥之挫辱,迫于焚溺,自乐输其田于豪民而代为之受病。"③"赋役繁,有司酷,里胥横,后世愿朴之农民,得田而如重祸之加乎身,则强豪之十取其五而奴隶耕者,农民且甘心焉。"④正因为土地兼并并非豪强强夺民田,而是赋役繁重、胥吏横行所致,所以他对汉朝以来的抑兼并主张持批评态度。在他看来,以行政手段抑兼并往往成为害民之政,"此尤割肥人之肉置瘠人之身,瘠者不能受之以肥,而肥者毙矣"。⑤ 只有官府减轻赋役,才能真正解决兼并。他主张二十取一或更轻的税率,因为三代沿上古旧习,国小君多,"聘享征伐,一取之田",什一之税是不得已而为之,且田土"有上地、中地、下地之差,有一易、再易、莱田之等,则名什一,而折衷其率,亦二十而取一也"。⑥ 他对复井田与什一税批评尤烈,痛斥这是"导君于贪暴",是"奉一古人残缺之书,掠其迹以为言,而乱天下者"。⑦

在轻税之外,王夫之还主张在赋税制度上采取措施以减少兼并:第一,改为以户口为赋。"惟度民以收租而不度其田。……有余力而耕地广,有余勤而

---

① (清) 王夫之:《噩梦》,载《黄书》,中华书局1956年版,第1页。
② (清) 王夫之:《噩梦》,载《黄书》,中华书局1956年版,第4页。
③ (清) 王夫之:《宋论·光宗》,载《船山全书·第11册》,岳麓书社2005年版,第277页。
④ (清) 王夫之:《汉哀帝第二十一》,载《读通鉴论(上册)·卷五》,中华书局1975年版,第125页。
⑤ (清) 王夫之:《宋论·光宗》,载《船山全书·第11册》,岳麓书社2005年版,第281页。
⑥ (清) 王夫之:《汉文帝二十一》,载《读通鉴论(上册)·卷二》,中华书局1975年版,第46页。
⑦ (清) 王夫之:《宋论·高宗》,载《船山全书·第11册》,岳麓书社2005年版,第231页。

获粟多者,无所取盈;窳废而弃地者,无所蠲减。民乃益珍其土而竞于农,其在强蒙兼并之世,尤便也。田已去而租不除,谁敢以其先畴为有力者之兼并乎?"①而且,"计田之肥瘠以为轻重,则有田不如无田,而良田不如瘠土也,是劝民以弃恒产而利其莱芜也。民恶得而不贫,恶得而不堕,恶得而不奸,国恶得而不弱,盗贼恶得而不起,戎狄恶得而不侵哉?""有民不役而役以田,则等于无民。据按行之肥硗,为不易之轻重,则肥其田者祸之所集,而肥者必硗。有税有役,则加于无已,而无税则坐食游闲之福,民何乐而为奉上急公之民?"②

第二,"轻自耕之赋而佃者倍之。……水旱则尽蠲自耕之税,而佃耕者非极荒不得辄减"。③王夫之想以加重佃耕土地税负的办法削减地主的利益,降低他们对占有土地的兴趣,但是加征的赋税,实际上仍会转嫁到佃农身上,对豪强无甚损害,反而加深了绝大多数的佃农的痛苦。

3)常平与荒政

这一时期,在常平问题上,反对官府定价,要求按商业原则定价的呼声也日益强烈。吴应箕(1594—1645年)指出,物价有四时不同,"强以令禁之,则商贾负贩之流,必以无利罢业而货不流,货不流而民之需愈急,则物之价愈贵。是有司之禁高价者,适所以长价;而欲便民者,反以困民"。他主张确定一种市场公允价格即"市平","买者卖者,俱于是取平,则商民两便"。④

在常平问题上,王夫之既重视商人的利益也关注百姓的需求。王夫之认为,"善养民者,有常平之廪,有通籴之政,以权水旱,达远迩,而金粟交裕于民,厚生利用并行,而民乃以存"。⑤但在实行中要"因其地,酌其民之情,良有司制之,乡之贤士大夫身任而固守之,可以百年而无弊,而非天子所可以齐一天下者也"。⑥同时,他也认识到价格波动的客观规律,"乃当其贵,不能使贱;上禁之弗贵,而积粟者闭粜,则愈腾其贵。当其贱,不能使贵;上禁之勿贱,而怀金者不售,则愈益其贱。故上之禁之,不如其勿禁也"。⑦他主张利用商人救荒,批评那些不懂价格规律,动辄以行政手段干预市场的人是"俗吏"。"岁丰

---

① (清)王夫之:《孝武帝第四》,载《读通鉴论(中册)·卷一四》,中华书局1975年版,第440—441页。
② (清)王夫之:《五代下第五》,载《读通鉴论(下册)·卷三十》,中华书局1975年版,第1073页。
③ (清)王夫之:《汉文帝十八》,载《读通鉴论(上册)·卷二》,中华书局1975年版,第44页。
④ (明)吴应箕:《江南平物议》,载《楼山堂集·卷十二》,清粤雅堂丛书本,第7a—8b页。
⑤ (清)王夫之:《汉宣帝十一》,载《读通鉴论(上册)·卷四》,中华书局1975年版,第98页。
⑥ (清)王夫之:《汉宣帝十七》,载《读通鉴论(上册)·卷四》,中华书局1975年版,第103页。
⑦ (清)王夫之:《齐武帝第五》,载《读通鉴论(中册)·卷十六》,中华书局1975年版,第537页。

谷熟而减其价,则粜者麇集,谷日外出,而无以待荒;岁凶谷乏而减其价,则贩者杜足,谷日内竭,而不救其死。"在灾区希望通过降低粮价以获得赈济的做法,显然是违背规律的。如果运用行政手段降低粮价,"而以拒商贩于千里之外,居盈之豪民,益挟持人之死命以坐收踊贵之利,罢民既自毙,而官又导之以趋于毙。呜呼! 俗吏得美名,而饥民填沟壑,亦惨矣哉!"①他十分强调商业资本在救荒中的作用,"卒有旱涝,长吏请蠲赈,卒不得报稍需岁月,道殣相望。而怀百钱,挟空券,要豪右之门,则晨户叩而夕炊举。故大贾富民者,国之司命也"。② 此外,他建议政府在荒年多办公共工程,以聚失业之人。

而对于历代思想家大加称赞的义仓制度,王夫之认为是"有名美而非政之善者":首先,储藏少则不济用,多则难保存,"假使社有百家,岁储一石,三年而遇水旱,曾三百石之足以济百家乎? 倘水旱在三年之外,粟且腐坏虫蚀而不可食也";其次,贫富标准难以界定,赈济标准难以把握;再次,"行之久而长吏玩为故常,不复稽察,里胥之干没,无与为治,民大病而句免不能,抑其必致之势矣"。因此,爱护百姓,应"宽其役,薄其赋,不幸而罹乎水旱,则蠲征以苏之,开粜以济之。而防之平日者,抑商贾,禁赁佣,惩游惰,修瞬池,治堤防,虽有水旱,而民之死者亦仅矣"。③

2. 富国之策

1) 富民厚生

对于富国之策,唐甄探讨得较为透彻。他提出"立国之道无他,惟在于富,自古未有国贫而可以为国者","夫富在编户,不在府库,若编户空虚,虽府库之财积如丘山,实为贫国,不可以为国矣",④因而"富国必先富民,治赋当厚生"。对于富民厚生,他提出两条原则:一是因民之所利而利之。"海内之财,无土不产,无人不生,岁月不计而自足,贫富不谋而相资,是故圣人无生财之术,因其自然之利而无以扰之,而财不可胜用矣。"二是要防止贪吏扰民。他以柳树作比,"今夫柳,天下易生之物也;折尺寸之枝而植之,不过三年而成树。岁剪其枝,以为筐笛之器,以为防河之扫,不可胜用也。其无穷之用,皆自尺寸之枝生之也,若其始植之时,有童子者拔而弃之,安望岁剪其枝以利用哉! 其无穷

---

① (清) 王夫之:《唐宪宗第七》,载《读通鉴论(下册)·卷二五》,中华书局1975年版,第886页。
② (清) 王夫之:《大政第六》,载《黄书》,中华书局1959年版,第28页。
③ (清) 王夫之:《隋文帝第六》,载《读通鉴论(中册)·卷十九》,中华书局1975年版,第631—632页。
④ (清) 唐甄:《潜书·存言篇》,中华书局1963年版,第114页。

之用,皆自尺寸之枝绝之也。不扰民者,植枝者也,生不已也;虐取于民者,拔枝者也,绝其生也"。①

至于具体的富民政策,他建议:第一,发展农业。"劝农丰谷,土田不荒芜,为上善政一。"②如此"虽有凶年,民不知畜。谷不可胜食,财不可胜用,而天下大富"。③ 同时,朝廷应革除重赋之弊,他以自身为例说明农民负担的沉重:家中曾有下田40亩,年收入约41石,其中"赋十五,加耗,加斛及诸费又一焉,为二十三石。大熟则余十八石,可为六口半年之用;半熟则尽税无余;岁凶则典物以纳"。④

第二,发展商业。"居货不欺,商贾如归,为中善政一。"⑤发展商业不仅能使人富裕,还能贫富相资,使天下财富不可胜用。"陇右牧羊,河北育豕,淮南饲鹜,湖滨缫丝,吴乡之民,编蓑织席,皆至微之业也。然而日息岁转,不可胜算。此皆操一金之资,可致百金之利者也。里有千金之家,嫁女娶妇,死丧生庆,疾病医祷,燕饮赍馈,鱼肉果蔬椒桂之物,与之为市者众矣。缗钱缁银,市贩贷之,石麦斛米,佃农贷之,匹布尺帛,邻里党戚贷之,所赖之者众矣。此藉一室之富可为百室养者也。"⑥

第三,抑制贪奢。"今之为吏者,一袭之裘,值二三百金,其他锦绣视此矣;优人之饰,必数千金,其他玩物视此矣。"改变这种不良风气应从皇帝做起,"人君能俭,则百官化之,庶民化之,于是官不扰民,民不伤财。人君能俭,则因生以制取,因取以制用,生十取一,取三余一。于是民不知取,国不知用,可使菽粟如水火,金钱如土壤,而天下大治"。⑦

黄宗羲的富民厚生之策为轻税,主要针对明末弊政。"须反积累以前而为之制。授田于民,以什一为则;未授之田,以二十一为则。其户口则以为出兵、养兵之赋,国用自无不足,又何事于暴税乎!"⑧恢复上古税制,只按田征税,去除额外加征的赋税,同时税率应以"下下税"为标准,第九等百姓都能承担的税负,第八等及以上的百姓就富裕有加了。顾炎武同样主张减轻田赋,但还强调

---

① (清)唐甄:《潜书·富民篇》,中华书局1963年版,第106页。
② (清)唐甄:《潜书·达政篇》,中华书局1963年版,第139页。
③ (清)唐甄:《潜书·厚本篇》,中华书局1963年版,第202页。
④ (清)唐甄:《潜书·食难篇》,中华书局1963年版,第85页。
⑤ (清)唐甄:《潜书·达政篇》,中华书局1963年版,第139页。
⑥ (清)唐甄:《潜书·富民篇》,中华书局1963年版,第106页。
⑦ (清)唐甄:《潜书·富民篇》,中华书局1963年版,第107页。
⑧ (清)黄宗羲:《明夷待访录·田制三》,清道光指海本,第23a页。

第五章　15—19世纪中英财政思想变迁比较 / 153

限制私租,即限定私人土地的租金。以吴地为例,"有田者什一,为人佃作者十九,岁仅秋禾一熟,一亩之收不能至三石,少者不过一石有余,而私租之重者,至一石二三斗,少亦八九斗,个人竭一岁之力,粪壅工作,一亩之费可一缗,而收成之日所得不过数斗,至有今日完租而明日乞贷者。故既减粮额,当禁限私租,上田不过八斗,如此则贫者渐富而富者亦不至于贫"。① 他已注意到减轻田赋只对地主有利,必须减低私租才能使农民真正受益。

另一方面,顾炎武主张人人能自私自为则天下治,呼吁减少国家干预。以盐业为例,他主张人民自营,国家收税。"两淮岁课百余万,安所取之? 取之商也。……若商不得利,则徙业海上,饥无所得粟,寒无所得衣,是坐毙耳。……且商人皇皇求利,今令破家析产,备受窘困,富者以贫,贫者以死。彼所恋旧堆之盐,预征之课,未忍割而徙业。若束缚之,急使之,一无所顾,今天下安得岁增民间百余万粟,输九边以为兵食者乎?"②同样,对于茶叶贸易,他主张"纵园户贸易,而官收租钱"。③ 同时代的李雯(1608—1674年)也有类似主张,他突出的贡献是对盐政的建议。"夫盐之为利一也,与其榷于官,不如通于商。"④"盐之产于场,犹五谷之生于地,宜就场定额,一税之后,不问其所之,则国与民两利。"⑤至于具体方案,李雯建议:"使天下之商贾得自煮盐,分海滨之场,或为万亩,或为数顷,画其疆里而尽给之,使得自养其灶丁。向者豪强侵利之家,亦不必为之禁绝,使皆列之于商贾而得置牢盆以自便。彼得辞私盐之名,必有所甚乐。朝廷为之设官以平其价值,理其讼狱,辨其行盐之地分,然后度其岁之所出者重为之额而一税之",⑥"盖天下皆私盐,则天下皆官盐也"⑦。

王夫之的富民之策较为折中,他既主张让百姓自由开发山泽之利,又认为对关系国计民生的产业须实行政府垄断。他指出天子应正确处理财富的聚散关系。宜散不宜聚的典型例子是天子聚集财富,藏于私家。"有天下者而有私财,业业然守之以为固,而官天地、府万物之大用,皆若与己不相亲,而任其盈

---

① (清)顾炎武撰,黄汝成释:《日知录集释·卷十》,清刊本,第17a页。
② (清)顾炎武:《扬》,载《天下郡国利病书·第十二册》,清稿本,第40b页。
③ (清)顾炎武:《日知录·行盐》,载《邵之棠·皇朝经世文统编》,光绪年上海宝善斋石印本,第1a页。
④ (明)李雯:《盐策》,载《蓼斋集·卷四十五》,清顺治十四年石维昆刻本,第4b页。
⑤ (清)顾炎武:《日知录·行盐》,载《邵之棠·皇朝经世文统编》,光绪年上海宝善斋石印本,第1a页。
⑥ (明)李雯:《盐策》,载《蓼斋集·卷四十五》,清顺治十四年石维昆刻本,第7a页。
⑦ (明)李雯:《盐策》,载《蓼斋集·卷四十五》,清顺治十四年石维昆刻本,第8b页。

虚。"王夫之对此大加抨击,"天子而斤斤然以积聚贻子孙,则贫必在国",聚散有常,流通致用,才能裕民富国。① 而宜聚不宜散的典型例子是铸钱与盐茶,凡涉及国计民生的重要资源,应由政府统一经营控制。"文帝除盗铸钱令,使民得自铸,固自以为利民也。夫能铸者之非贫民,贫民之不能铸,明矣。奸富者益以富,朴贫者益以贫,多其钱以敛布帛,菽粟,纻漆,鱼盐,果蓏,居赢以持贫民之缓急,而贫者何弗日以贫邪!"同样,"盐之听民自煮,茶之听民自采,而上勿问焉,亦名美而实大为蠹稗于天下"。② 针对万历年间开放矿禁,导致官商勾结,民间械斗,他认为"金、银、铅、锡之矿,其利倍蓰于铸钱,而为争夺之衅端。乃或为之说曰:听民之自采以利民。弄兵戕杀而不为禁,人亦何乐乎有君?""利者,公之在下而制之在上,非制之于豪强而可云公也。"③

2) 开放海禁

清初海禁使银荒日见严重,经济发展受阻。慕天颜(1623—1696年)认为农业"点金无术",开矿又"事繁而难成","所取有限,所伤必多,其事未可骤论",要改变财政窘境,惟有开海禁为"穷变通久之道"。"以吾岁出之货,而易其岁入之财。岁有所出,则于我毫无所损,而殖产交易,愈足以鼓艺业之勤。岁有所入,则在我日见其赢,而货贿会通,立可以祛贫窭之患。银两既以充溢,课饷赖为转输。数年之间,富强可以坐致。"他提倡开海禁是为了解决财政不足,因而很强调税收的课征制度,要求"出海之途,各省有一定之口;税赋之入,各口有一定之规。诚画一其口岸之处,籍算其人船之数,严稽其违禁之货,察惩其犯令之奸,而督率巡防,并资文武,统之以兼辖,责之以专汛,弹压之以道官,总理之以郡佐"。④ 然而,慕天颜的建议并未受到重视。

雍正二年(1724年),蓝鼎元呼吁:"南洋诸番不能为害,宜大开禁网,听民贸易,以海外之有余补内地之不足,此岂容缓须臾哉?"开展海外贸易,可"外通货财,内消奸宄;百万生灵仰视俯畜之有资,各处钞关且可多征税课,以足民者裕国,其利甚为不小"。⑤ 对于当时流行的反外贸观点,蓝鼎元也举实证大加批驳。但与慕天颜不同,蓝鼎元更多地考虑了商业资本与沿海居民的要求。

---

① (清)王夫之:《汉高祖第一》,载《读通鉴论(上册)·卷二》,中华书局1975年版,第9—10页。
② (清)王夫之:《汉文帝第八》,载《读通鉴论(上册)·卷二》,中华书局1975年版,第34—35页。
③ (清)王夫之:《汉文帝第八》,载《读通鉴论(上册)·卷二》,中华书局1975年版,第34—35页。
④ (清)慕天颜:《请开海禁疏》,载《贺长龄·皇朝经世文编·卷二六》,清道光刻本,第40a—41a页。
⑤ (清)蓝鼎元:《论南洋事宜书》,载《贺长龄·皇朝经世文编·卷八十三》,清道光刻本,第37a,38b—39a页。

他指出,禁海使商人千金所造的海船在断港荒岸之间朽蠹,那些深习船务的水手无以谋生,只能从事走私或沦为海盗。闽、广沿海居民大半以海谋生,禁海以后,百货不通,民生日蹙。蓝鼎元的建议同样未受重视,直至乾隆十七年(1752年)清廷才有限开放海禁。

3) 重视商税

随着越来越多学者将商业视作本业,商业税收也受到越来越多的关注。王夫之主张重视商业发展,但也主张农、工、商各业都要承担赋税。"古者以九赋作民奉国,农一而已,其他皆以人为率。夫家之征,无职事者不得而逸。马牛车器,一取之商贾。""役,则非士及在官者,无不役也。是先王大公至正、重本足民之大法,万世不可易者也。"显然,商贾也应承担赋役。"人各效其所能,物各取其所有,事各资于所备,圣人复起,不能易此理也,且如周制,兵车之赋出于商贾,盖车乘、马牛,本商之所取利,而皮革、金钱、丝麻、竹木、翎毛、布絮之类,皆贾之所操,是军器皮作火器各局之费,应责之于商贾也无疑。"①不仅各类民户应该纳税,对不同商品也应征税,"米、麦以供禄饷,为农民所应输,次则棉绒、豆料、丝麻、牲口、柴薪,可均派天下之户口,枣、茶、竹、漆可派之园林"。②

颜李学派同样力倡农商并重说,为了保护商人的利益,王源提出增加官僚集团的俸禄,"不使卿大夫士夺农商之利"。③ 他建议商税应按商人的资本多寡征收,取消一切苛捐杂税,并保证商人不至亏本,"仅足本者则免其税,预计其不足本者则官如其本买之"。王源设想的商税制度颇类似于现代的所得税:凡坐商资本不满100贯钱,行商不满50贯者,均免税;资本超过100贯的坐商按资本额征以1%的商税,资本超过50贯的行商,先按资本额缴纳1%的商税,再对其获利部分征收10%的利润税。行商持本县发给的印票去往外地经营,在外地不再缴税;货物售出后,在销售地缴纳利润税。对于经营盐、茶、烟、酒的商人仍实行对物课征。为杜绝偷税漏税问题,他建议利用提高社会地位来激励商人努力纳税。"夫商贾之不齿于士大夫,所从来远矣。使其可附于缙绅也,入资为即且求之不得,又肯故漏其税而不得出身以为荣哉。"他建议朝廷对每年纳税2 400贯以上的商人授以"登仕郎九品冠带",再满2 400贯加一

---

① (清)王夫之:《噩梦》,载《黄书》,中华书局1956年版,第11—12页。
② (清)王夫之:《噩梦》,载《黄书》,中华书局1956年版,第37—38页。
③ (清)李塨:《平书订·建官第三中》,清畿辅丛书本,第1b页。

品,至五品为止,以荣其身。①

3. 政府管理

1)地方分权

对于富国,顾炎武的设想是改变中央集权,扩大地方权力,使地方能根据具体情况便宜行事。他建议,除划定田土等第和规定田赋税则应由中央决定外,一切财政收支均由地方自行处理,而且收入的支用必须优先保证地方开支,然后才解缴中央。他尤其强调"私"的观点,甚至主张将县官变为世袭职务,使州县成为地方官的私产,以此鼓励其恪尽职守而达到富国裕民的目的。他对这一主张十分自信,"今天下之患,莫大于贫。用吾之说,则五年而小康,十年而大富"。② 在他看来,分权治赋有四项好处:

一是官吏尽职尽责。"夫使县令得私其百里之地,则县之人民皆其子姓,县之土地皆其田畴,县之城郭皆其藩垣,县之仓廪皆其困窌。为子姓,则必爱之而勿伤;为田畴,则必治之而勿弃;为藩垣困窌,则必缮之而勿损。自令言之,私也;自天子言之,所求乎治天下者,如是焉止矣……故天下之私,天子之公也。公则说,信则人任焉。"③

二是减省行政开支。"天下驿递往来,以及州县上计京师,白事司府,迎候上官,递送文书,及庶人在官所用之马,一岁无虑百万匹,其行无虑万万里。今则十减六七,而西北之马赢不可胜用矣。以文册言之:一事必报数衙门,往复驳勘必数次,以及迎候、生辰、拜贺之用,其纸料之费率诸民者,岁不下巨万,今则十减七八,而东南之竹箭不可胜用矣。他物之称是者,不可悉数,且使为令者得以省耕敛,教树畜,而田功之获,果蓏之收,六畜之挚,材木之茂,五年之中必当倍益。"④

三是有利于资源开发。"今有矿焉,天子开之,是发金于五达之衢也;县令开之,是发金于堂室之内也","发于五达之衢,则市人聚而争之;发于堂室之内,则唯主人有之,门外者不得而争之"。"利尽山泽而不取诸民,故曰此富国之筴也。"⑤

四是便于赋税征管。"法之敝也,莫甚乎以东州之饷而给西边之兵,以南

---

① (清)李塨:《平书订·财用第七下》,清畿辅丛书本,第1a—2a页。
② (清)顾炎武:《文集·卷一》,载《顾林亭诗文集》,中华书局1983年版,第15页。
③ (清)顾炎武:《文集·卷一》,载《顾林亭诗文集》,中华书局1983年版,第14—15页。
④ (清)顾炎武:《文集·卷一》,载《顾林亭诗文集》,中华书局1983年版,第15页。
⑤ (清)顾炎武:《文集·卷一》,载《顾林亭诗文集》,中华书局1983年版,第14—15页。

郡之粮而济北方之驿。今则一切归于其县,量其冲僻。衡其繁简,使一县之用,常宽然有余。又留一县之官之禄,亦必使之溢于常数,而其余者然后定为解京之类。其先必则壤定赋,取田之上中下,则为三等或五等,其所入悉委县令收之。其解京曰贡、曰赋;其非时之办,则于额赋支销,若尽一县之入用之而犹不足,然后以他县之赋益之,名为协济。此则天子之财,不可以为常额。然而行此十年,必无尽一县之入用之而犹不足者也。"①

王夫之同样主张在财政分配中给予地方政府更大自主权。他认为应集权与分权兼顾,统而有分,使上下互通其利。"一其统而乱,分其统则治"是因为皇帝"非但智之不及察,才之不及理也"。② 此处已隐含现代经济学观点,有限理性的个人在信息不对称的情况下难以进行有效治理。他指出,"统者,以绪相因而理之谓也,非越数累而遥系之也"。不问地方实际情况,强求一律的"统",必然会"民愈怨,事愈废,守令愈偷,未有不亡者也"。③ "唐散积于州,天下皆内府,可谓得理财之道矣。已散之于天下,而不系之于一方,则天子为天下措当然之用,而天下皆为天子司不匮之藏,有司虽不保其廉隅,而无所藉口子经用之不赀,与奸胥猾吏相比以横敛于贫民,而民生遂矣。官守散而易稽,不积无用以朽蠹,不资中贵之隐窃,而民之输纳有恒,无事匿田脱户,纵奸欺以坠朴氓而亏正供,则国计裕矣。"④要实现聚散得宜、统分有制,必须人、法兼治。官吏的廉洁往往取决于权力阶层的行为,"权贵盛则财必私藏而不能通,而权贵盛则起于内宠,内宠又起于唯私"。故应"择人而授以法,使之遵焉,非立法以课人也","苟有法以授之,人不得以玩而政自举矣"。⑤

2) 毋减官俸

虽然学者们在财政支出上多主张节用,但对于官俸却不赞成削减。王夫之指出,官俸不宜减。"以官鬻钱谷而减其俸,民病乃笃。""诱取其钱谷于前,而听其取偿于民;吝予之以生计,而委之以自掠,虽欲惩贪,词先讷涩矣……鬻官爵以贱之,减俸以贫之,吏既贱而终不肯贫,廉耻堕,贫窭相迫,避加赋之名,

---

① (清) 顾炎武:《文集·卷一》,载《顾林亭诗文集》,中华书局1983年版,第16页。
② (清) 王夫之:《齐高帝第一》,载《读通鉴论(中册)·卷十六》,中华书局1975年版,第528页。
③ (清) 王夫之:《齐高帝第一》,载《读通鉴论(中册)·卷十六》,中华书局1975年版,第529页。
④ (清) 王夫之:《唐玄宗第二十一》,载《读通鉴论(下册)·卷二二》,中华书局1975年版,第784页。
⑤ (清) 王夫之:《三国第二十三》,载《读通鉴论(上册)·卷十》,中华书局1975年版,第326—327页。

蹈脧削之实。"①同时，官职不宜省。"官省而人之能与于选者其涂隘，力不任耕、志不安贱之士，末繇分天之禄以自表异，则且淫而为奸富，激而为盗贼。君子之涂穷，而小人之歧路百出，风俗泛滥于下，国尚孰与立哉！惟用人之涂广，而登进之数多，则虽有诡遇于幸门者，而惜廉隅、慎出处之士，亦自优游以俟，而自不困穷以没世。如其省官而员数减，则入仕也难；入仕难，则持选举之权者益重。数十人而争一轨，苟有捷径之可趋，虽自好者，不能定情以坚忍。而秉铨苟非其人，则自尊如帝，操吉凶也如鬼，托澄汰以为垄断，而所裁抑者类修洁之士，所汲引者皆躁佞之夫。士气萎，官邪兴，流汚而无所立，即使傅咸任之，且不能挽颓波以从纲纪，况莫保司铨之得尽如咸乎！"②减少官职将直接影响读书人的前途，同时在选拔时也容易发生腐败。王夫之虽反对裁官，却赞成裁并官署和冗吏，"周之衰也，诸侯僭而多其吏，以渔民而自尊，蕞尔之邹，有司之死者三十三人，未死者不知凡几，皆乡里之猾，上慢而残下者也。一国之提封，抵今一县耳，卿大夫士之食禄者以百计。今一县而百其吏，禄入已竭民之产矣。卿一行而五百人从，今丞尉一出而役民者五百，其徭役已竭民之力矣"。③可见，王夫之折中的态度实际上是站在不同立场：站在读书人立场，指出减少官职会减少读书人做官的机会；站在百姓的立场，则官吏过多会加重百姓负担。

唐甄则是站在百姓立场，指出"官多，则禄不得不薄；禄薄，则侵上而虐下，为盗臣，为民贼。故养民之道，必以省官为先务焉。"他借牧羊为喻，一人牧羊本已足够，可主人不放心，又多派三人，要增加工资，则由羊获得的收入不足以供之；而减少工资，这些人必定窃取羊的饲料，妨害羊的生长。"多官害民，亦犹是也。"④因此，应该省官厚禄。至于官俸提高带来的支出增加，如果"君臣恭俭，民生富庶，太仓之粟不可胜食，泉府之钱不可胜用，而何有于百官之禄！"⑤

---

① （清）王夫之：《东汉安帝第二》，载《读通鉴论（上册）·卷七》，中华书局1975年版，第219—220页。
② （清）王夫之：《晋第十一》，载《读通鉴论（中册）·卷十一》，中华书局1975年版，第357页。
③ （清）王夫之：《隋文帝第八》，载《读通鉴论（中册）·卷十九》，中华书局1975年版，第634—635页。
④ （清）唐甄：《潜书·省官篇》，中华书局1963年版，第135页。
⑤ （清）唐甄：《潜书·制禄篇》，中华书局1963年版，第137—139页。

三、清中期财政思想

随着政权的日渐稳固,赋役合并的趋势仍在继续,扩大地方财权的实践与讨论也在皇帝的支持下有条不紊地推行。在民间,为商人利益的呼吁仍不时从某些要求局部改革的思想中间接反映出来,但这些思想依然未能践行,仅是作为商人阶层意识的体现。总体而言,思想家的谈论大多是对过往思想的再次阐释,特别是援引传统财政教条,以求应对现实问题。

(一)改革思想

由于明末国力的衰落,赋役制度的改革并未完成,一条鞭法的推行并不彻底,明末清初的动荡也使得这一改革趋势暂时停滞。至雍正时期,政权稳固,经济发展,改革的条件已经成熟,同时旧问题也重新浮现,即位的雍正具有贯彻改革的决心,也有审慎的态度,对改革的推进起到了决定性的作用。

1. 摊丁入亩

一条鞭法是中国赋役制度的一次重要变革,反映了帝国晚期赋役合并的趋势,但改革并不彻底,一方面原因在于明末政局的混乱使得改革无法有力地推行,另一方面虽然规定将丁银摊入田亩征收,但仍以人丁作为丁银的计算标准,人口的变动使得征收额无法固定,成为地方官吏腐败的温床。清初,这一问题日益突出,对赋役制度的进一步改革成为政府的迫切任务。

早在明末,部分地区已开始摊丁入地的实践,但由于摊丁入地必须以固定的人丁数额为基础,因而在一段时期内都未能大范围推广。至康熙后期,全国隐没户口严重,丁银已难加增,同时战乱平复,加征丁银已无必要。康熙五十二年(1713年)上谕:"嗣后编审增益人丁,止将滋生实数奏闻,其征收办粮,但据五十年丁册,定为常额,续生人丁,永不加赋"①,成为推行摊丁入地的重要条件。此后,丁银以康熙五十年(1711年)的总额固定为335万两。

康熙五十五年(1716年)御史董之燧上疏指出"地卖而丁存"的弊端依然存在,最好的解决方案就是摊丁入地。康熙议准:"买卖地亩,其丁银有随地起者,即随地征丁。倘有地卖丁留,与受同罪。"②同年,又议准了广东摊丁入地。

---

① 昆冈:《户部·户口》,载《钦定大清会典事例·卷157》,光绪朝本,第3b页。
② 昆冈:《户部·户口》,载《钦定大清会典事例·卷157》,光绪朝本,第7b—8a页。

皇帝对官僚体系和决策程序的控制是中国帝制历史上一个持久的话题。明清时期，例行的题本制度时常使得中央官僚通过筛选皇帝得到的信息来操纵政策，这也造成一种形势，在决策权威模棱两可的政治制度中，极大地限制了源于地方的革新的可能性。而且，它阻碍了合理化的改革，因为皇帝难以了解最完备的关于改革情势的真正信息。为解决这一问题，康熙末年密折制度建立。这种制度使皇帝和各级官员之间可不经中间渠道而直接联系，在这种私下的联系中，雍正皇帝通过婉转的建议和批评来统一官员的看法和行动，同时授权部分官员可以便宜行事。

雍正元年（1723年）二月，户部给事中王瀚密折上疏，率先提出"丁粮宜随田办"："国家正赋，田地与人丁并重，今天下州县，有丁随田办者，亦有丁田分办者。丁随田办则计亩分丁赋，均而民易为力。丁田分办则家无寸土之贫民亦与田连阡陌者一样照丁科派，未免苦乐不均。查新例五年一编审，核实增减，法昨不差，但有不肖官吏每以审丁为利薮，富民有钱使用，丁虽多而不增，穷民措钱不遂，丁虽少而不减，弊有不可胜言者。臣请嗣后丁粮俱随田办，准田之多寡均派丁银，则穷民无向隅之苦，而国课亦易于输将矣。"①其后，御史秦国龙上密折，较具体地提出了推行"摊丁入亩"的建议："其征收钱粮，但据康熙五十年丁册，定为常额，续生人丁永不加赋。不加赋则丁银有定数，臣请嗣后各省丁银均照湖广江浙等省之例，通计人丁若干，地亩若干，按亩均派。其有转相买卖者，地去而丁亦随之，总使丁不离地，地即有丁。"②雍正同样没有批复。究其原因，在于雍正继位不久，虽有改革之心，但仍保持着谨慎的态度，仅有中央低级官员的建议尚不足以支持这项重大的改革，他还需要来自地方官员的建议与反馈。

雍正元年（1723年）六月，山东巡抚黄炳上密折请求实行摊丁入亩，指出山东"各州县中往往有田连阡陌而全无一丁者，有家无寸土而承办数丁者。念此无地穷民其在丰稔之年已难措办，设遇歉收之岁势必卖男鬻女不止。嗟此穷民即或乞食他方，亦必关拿追比；甚而逃亡流散必至遗累亲友，此东省之民所以易去其乡而不顾也"。为解决这一问题，他请求"将东省丁银摊入田亩输

---

① 中国第一历史档案馆：《雍正朝汉文朱批奏折汇编：第1册》，江苏古籍出版社1983年版，第53页。
② 中国第一历史档案馆：《雍正朝汉文朱批奏折汇编：第1册》，江苏古籍出版社1983年版，第79页。

纳"，"并请通饬北五省一体遵行"。①但黄炳对具体措施考虑不周，雍正非但没有采纳，反而严厉斥责。七月，直隶巡抚李维钧密折上疏，"窃查直属丁银，偏累穷黎，若摊入田粮内征收，实与贫民有益"。雍正的态度有了明显变化，他将密折交予户部讨论，并明确指出："此事尚可少缓，更张成例，似宜于丰年暇豫，民安物阜之时，以便熟筹利弊，期尽善尽美之效"，"候部议到时，朕再酌定"。②户部经过讨论，于九月批复："应如所请，于雍正二年为始，将丁银均摊地粮之内，造册征收。"雍正为慎重起见，又令九卿、詹事、科道共同审议。除了改革事关重大外，此举另一重要原因是这些官员代表着大地主大官僚的利益，让他们参与讨论，有利于消除"摊丁入亩"的潜在阻力。但官员们敷衍了事，雍正大为不满，斥责九卿"以此事君，负恩殊甚"，并将九卿复议"原本发还"，"著仍照户部议行"，首次明确表态支持"摊丁入亩"。③其后，九卿对"摊丁入亩"进行复议，并提出四点质疑。雍正元年十月，李维钧上疏逐条予以批驳和澄清。雍正极为满意，在李维钧的奏折上朱批："信得你的，前因九卿之奏恐或有尔想不到处，发来着你留心。今览卿之奏，分析甚明甚是，当原系准行的，可遵旨用心料理。"④在复议两次，广泛听取朝中大臣意见的基础上，雍正最终批准直隶实行摊丁入亩，将丁银全部摊入田赋中，造册征收。此后，"摊丁入亩"在全国有序推行，改革的阻力在雍正对大局的把控下逐步消除。摊丁入亩后，帝国的税制大大简化，丁银并入田赋之中，仅以田亩为课征对象，有效降低了征税成本。

显然，在以土地为重要财产的农业社会内，按地产多寡来征收赋税比按人丁数更能体现人们的负担能力。唐代两税法开始以资产为征税标准；明代一条鞭法又将新增赋役改为折银缴纳，为丁银并入田赋铺平了道路；清初"盛世滋丁永不加赋"，摊丁入亩的实施条件已然具备，最终得以全面推行。经过近千年，帝国终于完成了由对人课税向对资产课税的转变，标志着中国税制的近代化。这一趋势也被时人所认识到，王庆云指出："古来夫布之征，口率之赋，一切取之农夫，而户册所谓富民、市民者，拥货千万，食指千人，不服田亩，即公

---

① 中国第一历史档案馆：《雍正朝汉文朱批奏折汇编：第1册》，江苏古籍出版社1983年版，第497—498页。
② 中国第一历史档案馆：《雍正朝汉文朱批奏折汇编：第1册》，江苏古籍出版社1983年版，第658页。
③ 参见《清世宗实录》，载《清实录(第七册)》，中华书局1985年版，第203上、209下—210下页。
④ 中国第一历史档案馆：《雍正朝汉文朱批奏折汇编：第2册》，江苏古籍出版社1983年版，第127页。

家一丝一粟之赋无与焉。臣以为此势之所趋不得已也。""昔杨炎并租庸调为两税,而丁口之庸钱并入焉。明嘉靖后行一条鞭,均徭、里甲与两税为一。丁随地起,非权舆于今日,亦曰通其变,使民不倦而已。"① 这无疑是中国赋税思想的一大变迁,具有时代进步性。

2. 耗羡归公

如果说摊丁入亩因触及大地主大官僚的利益而受到巨大阻力,耗羡归公则更是难上加难,因为它直接触及整个帝国官僚体系的利益。耗羡归公同样最初由地方试行,后由中央政府推行,并且在实施过程中,各省都因地制宜。

即位后,通过对地方经费运行情况的真实了解,雍正相信仅靠官俸难以支付各级官员的行政生活开支,更不用说弥补亏空。通过密折,他同意部分官员尝试以耗羡弥补亏空,并为行政支出提供一项更为稳定的收入。

雍正元年,史贻直上疏,将亏空与官员腐败联系起来,指出腐败原因是官员的合法收入不足以支撑正当的行政生活支出。他建议剥去道德的伪装,扩大官员的收入。他请求皇帝向所有督抚发布上谕,计算全省的耗羡、节礼、驿站等的各种费用,并开列清单向皇帝呈报,由皇帝依据省份大小、地理位置、公务繁忙程度以及每项费用的利弊,计算可以保留的数目和种类。经皇帝同意的经费将作为督抚养廉的来源,而其他非正式收入将被取消。②

当时雍正并未发布关于养廉的上谕,但是养廉的概念却已进入奏报皇帝的多数耗羡归公方案中。湖广总督杨宗仁最早上奏耗羡归公的实行方案,雍正皇帝对该方案极为称赞,但告诫杨宗仁小心从事。③ 雍正元年五月十三日,山西巡抚诺岷请求将山西耗羡的征收率定为20%,他估计全省的耗羡大约50万两,其中30万两作为官员的开支和全省的公共经费,剩余的20万两用来弥补无著亏空。④ 雍正二年,河南巡抚石文焯上疏,提出了使用耗羡清偿亏空及养廉的详细方案:他估计全省平均耗羡率在13%左右,每年征收耗羡约40万两,从中向每位官员提供个人开销、公费银及备支款,此外剩余十五六万两用

---

① (清)王庆云:《记丁随地起》,载《石渠余记·卷三》,清光绪十六年龙璋刻本,第21b页。
② 中国第一历史档案馆:《雍正朝汉文朱批奏折汇编:第1册》,江苏古籍出版社1983年版,第795—797页。
③ 中国第一历史档案馆:《雍正朝汉文朱批奏折汇编:第1册》,江苏古籍出版社1983年版,第401页。
④ 参见中国第一历史档案馆:《雍正朝汉文朱批奏折汇编:第1册》,江苏古籍出版社1983年版,第434—435页。

于弥补亏空和支付省级的开支。[①] 石文焯等人的改革提议,不仅仅是作为弥补亏空的权宜之计,而是力图纠正正式收入分配制度中失灵的方面,为官员生活和行政开支提供一个稳定的来源。

雍正二年年初出现了对改革的批评,部分官员认为改革与儒家原则相背离,担心耗羡合法化将导致重赋。他们建议皇帝,要想真正解决亏空,最好的办法是放弃改革,并集中精力挑选廉洁的督抚。反对派中最著名的是沈近思,他认为改革者充盈府库的愿望使得他们无视治理国家的道德因素。沈近思将亏空分为四类:第一,因建设工程等进行公捐而造成的亏空;第二,因公共工程动用经费造成的亏空;第三,前任官员遗留的亏空;第四,现任官员侵贪或挪用引起的亏空。他建议各省巡抚和布政使对所有亏空进行全面的核查,由公捐造成的亏空,官员应免于赔补;由现任官员侵贪所造成的亏空,应予以严惩并着其弥补亏空;对其余两类亏空,官员应负责任,但用官员自己的财产弥补亏空是不公平的。另外,即便官员对不断增多的亏空有正当解释,但账目不清仍说明他有正直污点,让这样的官员留任,不仅不能弥补亏空,还会造成新的亏空,对百姓造成更大危害。因此,他提议凡有亏空的官员一律去职,正项钱粮的耗羡率必须固定且不能超过正项钱粮的10%。[②] 沈近思的暗含之意是耗羡归公属权宜之计,允许为弥补亏空而征收一定量的耗羡。

改革最初的反对者大多是站在道德角度,然而对个人收入的关注很快激发了大批官员对改革的抵触,他们针对的主要目标,是改革提出的新要求——州县官要将所有耗羡提解藩库,他们并不希望失去对耗羡的控制。雍正二年(1724年)夏天,改革的反对派转向了行动。河南地方官与京官联手弹劾布政使田文镜,指称在田文镜治下,"州县分文不与",结果"官穷民困"。对此,田文镜进行了有力反驳:如果耗羡与正项钱粮一起投入封柜并全部解送至布政使,那么州县官就没有了对百姓额外需索的动机。通过这个办法可以保证全省支出有一个稳定的经费渠道,并防止对纳税人的肆意加派。[③] 河南巡抚石文焯同样反驳道,作为对州县官将耗羡提解藩库的回报,所有官员都可以得到

[①] 中国第一历史档案馆:《雍正朝汉文朱批奏折汇编:第 1 册》,江苏古籍出版社 1983 年版,第 527 页。
[②] 宫中档 21350,沈近思,无具文时间(雍正时期)。
[③] 中国第一历史档案馆:《雍正朝汉文朱批奏折汇编:第 3 册》,江苏古籍出版社 1983 年版,第 46 页。

养廉,且不用再向上司供应节礼,状况较之从前已大为改善。① 雍正的批复反映出此时改革的试验性。"今览此奏虽明,然到底尔等料理有不到处、令人疑怨处,还有论此等作用胜如节礼之说。尔等人虽非如此人,而事局稍似此论事,所以谕尔等无令人趁隙方好。"②同时,他也反复激励田文镜不要在意阻力。雍正对改革最大的支持是在行动上。七月中旬,在河南关于改革的冲突达到高潮时,雍正令诺岷上疏请求实施耗羡归公,将此事公开并审议通过,第一次公开站在改革立场进行干预,其后又将田文镜擢升为河南巡抚。

对于这种加派的合法化,沈近思提出了新的反对意见。他尤其担心,官员们将会视耗羡为正项,进而导致耗羡之外的额外加派。事实上,康熙六十一年(1722年),川陕总督年羹尧奏请耗羡归公,康熙即是因此加以否决的。查嗣庭同样认为耗羡不应合法化,但勉强同意将其作为一项清除亏空的暂时开支。他指出,户部对诺岷方案中的耗羡收入缺乏监督。作为补救措施,他提议各省布政使编制每年征收的耗羡数目以及必须弥补的亏空数目,在此基础上制定弥补计划,并通过比较征收耗羡和用于弥补亏空的数目,由户部监督耗羡的使用。户部掌握了各省清偿亏空的能力,就可以制定期限,待任务完成后,取消提解耗羡。③ 显然,查嗣庭对大部分地方官员的品行不抱多大信心。这两人所表达的忧虑均是有根据的,并且这些问题在之后多年仍继续困扰着改革的支持者。

高成龄的奏折是这一时期为耗羡归公的最有力的辩护。高成龄首先批评了耗羡是州县财产的错误认识。"正赋以供国用,耗羡以养廉员,治人食人,相维相紧。"耗羡是人民的钱财,也是国家的财富,皇帝体恤群臣,决定补助所有官员薪俸的不足,并非专为州县考虑。高成龄断言,内阁所说耗羡属于州县,不必向上司解送,是因为他们不明白耗羡和节礼的密切关系。如果耗羡不向上司解送,那么属下必然向上司馈送节礼,以此建立依赖关系,挟制上司,为所欲为;上司收受属下的节礼,就会庇护属下,对他们的不法行为缄口不言,而百姓遭受剥削,国库出现亏空。禁止节礼馈送和拣选有操守的官员不能解决问题,不法官员还是会找到其他途径来满足他们的无餍之求。因此,他主张耗羡

---

① 中国第一历史档案馆:《雍正朝汉文朱批奏折汇编:第3册》,江苏古籍出版社1983年版,第67页。
② 中国第一历史档案馆:《雍正朝汉文朱批奏折汇编:第3册》,江苏古籍出版社1983年版,第194页。
③ 宫中档4898,查嗣庭,无具文时间(雍正时期)。

必须提解藩库,由省中大员重新分配,如此耗羡就可以根据需要分拨使用,而无须按州县分派。如果上司不需要增派,那么州县就没有了勒索百姓的理由。接着,他批驳了耗羡征收率固定将导致重赋的观点,认为只有将征收率固定,百姓才知道他们应该缴多少税,才能保护自己,反对官员的肆意征派。对于抱怨州县官拥有的耗羡太少不足开销的观点,高成龄也予以驳斥。虽然州县官的经费似乎减少了,但他们不必再向上司馈送节礼,因而开销也减少了,养廉远远超过生活所需。①

据此,雍正再次将耗羡归公交给朝臣讨论,并暗示自己对改革方案的立场,使得这一方案迅速通过了讨论。

在耗羡归公改革中,雍正最重要的思路就是通过将地方财政基础合理化以消除腐败问题。他将地方财政的不稳定归因于非正式经费体系,而非人民逋欠,并且承认了问题在于地方的正式财政经费不敷用度。更有启发意义的是,皇帝斥责了朝臣靠廉洁官员来执行改革的认识,将"法"置于首要位置:若是好政策就应该推行,与官员品性无关。他承认所有法律都有可能被破坏,但行善政在于法治而非人治,重要的不在于人的道德,而是他们提出的政策。尽管表面上,改革提高了税收,但实际上这反而是降低加派减轻人民负担的一种手段。

雍正推行耗羡归公的另一主要目的是确保地方政府有效管理的灵活性,因而也非常关心在处置耗羡经费时保持各省的自主权。出于这一原因,他阻止了户部对于耗羡账目进行如同正项奏销的严格监督。当各省大员制定他们的改革计划时,雍正通过密折制度向他们提出建议,在坚持耗羡归公的基本目标基础上,保证了各地方改革的自由度,地方政府职能大大增强。

(二)土地与民生

作为传统农业大国,清代中国多数人口仍以农业为生,土地问题不仅是重要的财政问题,更是关乎国家兴旺的重大问题。田制始终是思想家们关注的重点,直到清中期仍有学者讨论。

1. 均田限田论

在19世纪中叶以前,以专谈财政经济为主的私人著作极少,而吴铤

---

① 中国第一历史档案馆:《雍正朝汉文朱批奏折汇编:第3册》,江苏古籍出版社1983年版,第143—144页。

(1800—1833年)的《因时论》却正是这样一部著作,其中约半数篇章是直接谈财政经济问题,另有十个篇章间接涉及财政经济。他察觉国家的财政体系已腐朽不堪:游民过多,务农者太少,是"生之未得其道";古代的山泽湖泊听民自用,现在设为关市夺民之利,人民收入减少,政府专靠田赋压榨,是"制之未得其道";豪强兼并,"无田者半天下",是"分之不得其道";"轻重异程,厚薄殊轨,无以定其恒",是"取之未得其道";"田主不知耕,耕者多无钱",是"为之未得其道";吏民商贾生活奢靡,攀比官员,甚至"僭拟于君长",是"用之未得其道"。①

吴铤认为财政的基本原则是使人人富足,"夫富者先王所以长治久安之道也,一家富而一家治,一国富而一国治,天下无一人不富而天下治"。② 他强调"惟农为衣食之源",虽然人民生活"仰给于农、工、商",可是"遇有旱涝"工商并无用处,所以不能加以鼓励。因而,"为政之道,莫先于定田制。田制定则为农者多,为农者多而十三民乃得日减其数,斯民皆知务本而不思逐末;田制不定,而欲求其财用之足,不可得也"。③ 他主张实行唐代均田制,但士、工、商不宜受田过多,需兼行限田。同时,他反对将力役并入田赋,因为这会增加农民与中小地主的负担。

2. 常平与荒政

清初统治者很重视利用富商的社会作用,如救灾赈济,康熙三十二年(1693年),西安米价翔贵,皇帝专门谕示户部"可招募身家殷实各省富商,给以正项钱银,并照验文据,听其于各省地方购买粮米运至西安发粜,所得利息听商人自取之。如此往来运贩,待西安米价得平之日,但收所给原银,于地方大有裨益"。④ 这样,国家仅从国库拨出部分款项垫付给富商,便可通过他们自然经营收到平抑米价之效,不仅富商有利可图,还使政府可以较低的成本完成其救灾职能。

清中叶,一些早期启蒙思想家的大胆观点,也开始为一般知识分子所接受。方苞(1668—1749年),惠士奇(1671—1741年)均把米商看作消灾免难的

---

① (清)吴铤:《因时论十·田制》,载葛士浚《皇朝经世文续编·卷三五》,光绪二十七年上海久敬斋铅印本,第2a页。
② (清)吴铤:《因时论九·论财用》,载葛士浚《皇朝经世文续编·卷二九》,光绪二十七年上海久敬斋铅印本,第1b页。
③ (清)吴铤:《因时论九·论财用》,载葛士浚《皇朝经世文续编·卷三五》,光绪二十七年上海久敬斋铅印本,第1b、2b页。
④ 《清圣祖实录》,载《清实录(第五册)》,中华书局1985年版,第737上页。

救星,坚决反对政府于荒年平抑米价、妨害米商。"大凡米价腾贵之地,一遇客商凑集,价必稍减。此地稍减,又争往他所,听其自便,流通更速。"①"江南既无藏谷,数十州之众咸仰食于商,则米商实为民之司命。彼价重则坌集,价轻则转而之他,视利所趋,四方无择也。抑价之令下,则米商以折阅而不至,后恐米益乏,价益腾跃,将使菽粟如珠玉,其谁能抑之。且抑之是教民争也。"②袁枚(1716—1798年)则以人作比,他说:"夫钱谷之在民间犹血脉之在人身也,商贾之在民间犹气之行血脉也。气一日不行,血一日不流,则人病。今欲人之强健而故意约束之、壅遏之,则其有余者为疽痈,而不足者为痨瘵。枚愚以为钱之所在即谷之所在也,今之民未闻有抱青蚨而饿死者;商之所在即仓之所在也,今之商未闻有积死货而不流通者。"③如果约束商人的活动,势必阻塞流通渠道,造成商品分配"有余"或"不足"的社会疾病。嘉庆初年,章谦在谈市籴时也为商人的社会功能辩护:"商察岁时之丰歉,知四方之贵贱,以有通无,哀多益寡。故谷贱而商籴至,其价必增,价增则利农;谷贵而商贩至,则其价必减,价减则人与农俱利。"④

(三) 富国之策

至清中期,精英阶层对国富与民富的关系已取得共识,主张富国的政策也多强调在富民的基础上以轻取而增收;另一个重要趋势是国家对经济干涉的倾向日益削弱,到18世纪,甚至连矿政等以往多由国家严格控制的行业,也有越来越多的地方精英呼吁让私商自由经营。

1. 重视商税

这一时期的思想家一方面强调政府应重视商税;另一方面则主张轻征商税,利商便民。在前工业时代,工商很难严格区分,因此思想家往往工商并重。蓝鼎元(1680—1733年)认为"生财之大道在百工,故通功易事,明主不敢一日壅其源"。"古者关市并设,而常开关以通市,而工之出于市者已多,以是知国用有由足也。"⑤俞正燮(1775—1840年)指出征商非抑末,《易经》《尚书》等均

---

① (清) 方苞:《请除官给米商印照札子》,载《望溪先生集·外文卷一》,清咸丰元年戴元衡刻本,第39a页。
② (清) 惠士奇:《论荒政》,载(清) 法式善《陶庐杂录·卷六》,清嘉庆二十二年陈预刻本,第31a页。
③ (清) 袁枚:《复两江制府策公问兴革事宜书》,载《小仓山房诗集·卷十五》,清乾隆五十八年刻本,第19页。
④ (清) 刘锦藻:《皇朝续文献通考·卷六十》,中华书局1985年版,第11页。
⑤ (清) 蓝鼎元:《鹿洲全集》,厦门大学出版社1995年版,第885页。

可证明"商贾民之正业",《周官》中的征商与征农也并无二致。"四民皆王者之人,君臣之义无所逃于天地之间,不应商贾独以仁政不事君,专以征科苛责农民。上下相接以义,商贾若是末,则圣王循天理不得因末为利。若云重征以抑末,则如何禁绝之,乃反诱而征之哉?"①

清前期工商杂税较前代有所发展,除了盐、茶、矿等既征税又有专卖收入外,一般工商税中,有关税、落地税、牙税、当税、契税、牲畜税,以及各地自行征收的不同名目的杂捐等。政府规定的正额看似较轻,但由于名目繁多,关卡重重,加之地方加派与勒索,商业活动因此受阻。至18世纪,要求清除苛捐杂税已成为普遍的呼声,同时商税转嫁及对价格的影响也已为思想家认识到,并成为反对苛征商税的有力论据。乾隆年间,甘汝来从"商贾通有无以便民,司市贡货赇以足赋"出发,认为商税应"不过十取其一,以充赋课,下不病商,上可益国"。如果"总藉口于赢余无出,而诛求不已,毛发无遗。嗟兹商旅,何堪剥削。况其病不独在商也。商增一分之税,即物长一分之价,而民受一分之害。是所谓赢余者,非富商之资本,实穷民之脂膏也"。② 吴铤(1800—1833年)则主张"三十而税一",因为商税实际上加不到商人身上,而是转嫁给了百姓,加重商税只会使"百物腾贵,黎民重困"。③ 汤鹏与前两者不同,他指出轻税反而能获得更高税收收入,"税宜减而薄",如此"民不厌于供,则少取之而生多取焉。物不穷于出,则少用之而生多用焉。如是者国无贫"。④

2. 放开专营

清中期呼吁政府放开专营,改由私商经营的呼声仍旧强烈。在盐政方面,卢绰指出盐政应于国于民于商三者俱利,不可偏废,因为"国利民利,而商未有不利也;商专害,而国与民固未有能利者也"。⑤ 汤鹏(1801—1844年)同样反对政府权利,他认为"货出于市则便,出于官则不便",⑥"天下最溢出者唯盐利,最冗没者唯盐吏。吏多则商累,商多则枭竞,枭多则民摇"。解决办法是:"司灶者计场以知灶,计灶以知盐,计盐以鬻之商,毋问商之所之;毋问商之所之,则行地速;行地速,则贱价于以厚偿;贱价于以厚偿,则枭失其柄,枭失其

---

① (清)俞正燮:《癸巳类稿》,商务印书馆1957年版,第93页。
② (清)甘汝来:《请除烦苛之榷税疏》,载贺长龄《皇朝经世文编·卷五十一》,清道光刻本,第5a页。
③ (清)吴铤:《前因时论十八》,载葛士浚《皇朝经世文续编·卷五十五》,光绪二十七年上海久敬斋铅印本,第1a页。
④ (清)汤鹏:《浮邱子·卷十》,清同治四年益阳李桓刻本,第9b页。
⑤ (清)卢绰:《盐法议》,载贺长龄《皇朝经世文编·卷五十》,清道光刻本,第31b页。
⑥ (清)汤鹏:《浮邱子·卷十》,清同治四年益阳李桓刻本,第8b页。

柄,则私化为官;私化为官,则岁入课额盈亿累万而不可既矣。司钱粮者计场以致商,计商以致课,计课以上之公,毋侵课之所入;毋侵课之所入,则律己严;律己严,则浮费于以顿革;浮费于以顿革,则官得其柄;官得其柄,则利不生蠹;利不生蠹,则天家经费左宜右有而不可穷矣。"①对于清代实行纲法或引窝制度,也有人提出了批评。乾隆时期,两淮盐政高恒指出,盐商知道"长价不如广销,惟实力办运,期于流通获利",但他们故意囤积引窝,使窝价骤涨,"以致办运之商成本加重,口岸卖价不能不增,私盐毕集,官引遂至壅滞,实为盐法大害"。② 这确是盐法由私商自由竞争变为专商垄断后必然产生的弊端。

关于矿政,最初由官府督办,生产所得的四成至一半作为矿税上交官府,剩余部分留给矿民抵充工本,这种高税率显然不利于商民自行开矿。云贵总督蔡毓荣(1633—1699年)认为矿产"若令官开官采,所费不赀","莫若听民开采而官收其税之为便也"。他建议招徕本地大族或富商大贾,听其自行开采,税率定为十分抽二;有司招商开矿得税一万两者准其优升,开矿商民缴税三千至五千两者,酌量授予顶戴官衔,以资鼓励,严禁别开官矿,严禁势豪霸夺民矿。③ 蔡毓荣所提建议未被采纳,但在具体做法上可能部分被采用。其后,招商开矿的呼声不断增多。雍正六年(1728年),广西巡抚金鉷奏请"召募本地殷实商人,自备资本开采。所得矿砂以三归公,以七给商"。④ 乾隆九年(1744年),两广总督马尔泰与广东巡抚策楞共同上疏,建议官督商办,"照例二八抽课":在矿区,每县召一总商,承充开采,听其自召副商协助;一县中有矿山数十处远隔不相连者,每山许召一商;倘商人资本无多,听其伙充承办。官府在各山陇设山总或陇长,约束稽查;应募矿工每十人设一甲长管领,并须取保互结,以严行防范。承办商人主要负责具体采矿业务和纳税事宜,税后矿石全部由官府按现价收买,使商人获取赢利。⑤ 道光二十四年(1844年)谕旨也承认:"官为经理,不如任民自为开采,是亦藏富于民之一道"。"民间情愿开采者,准照现开各厂一律办理,断不可假手吏胥,致有侵蚀滋扰阻挠诸弊。"⑥

---

① (清)汤鹏:《浮邱子·卷十》,清同治四年益阳李桓刻本,第10b—11a页。
② 《清高宗实录》,载《清实录(第十八册)》,中华书局1985年版,143下—144上。
③ (清)蔡毓荣:《筹滇理财疏》,载贺长龄《皇朝经世文编·卷二六》,清道光刻本,第47b—48b页。
④ 《清世宗实录》,载《清实录(第七册)》,中华书局1985年版,第1131下页。
⑤ 《清高宗实录》,载《清实录(第十一册)》,中华书局1985年版,第835上页。
⑥ 《清宣宗实录》,载《清实录(第三十九册)》,中华书局1986年版,第57下页。

第二节　英国财政思想变迁

一、重商主义的财政思想

英国虽然不是最早出现重商主义的国家,但却是重商主义理论最为发达和重商主义政策最为成功的国家,英国的崛起与重商主义有密切的关系。重商主义者主要是商人和政府官员,是一个松散的团体,大部分重商主义者是政策实用导向的,其理论主张和政策建议在不同阶段也具有较大差异。尽管如此,重商主义仍具有商业资本与国家政权相结合、贸易扩张与富国强兵相统一、经济学说与政策体系相混合的一般特征。

英国重商主义体系通常被看作是从1485年都铎王朝开始的,历经伊丽莎白女王统治的16世纪后期、17世纪的斯图亚特王朝时期,一直持续到18世纪中叶工业革命前夕,甚至到19世纪上半叶。一些主要的重商主义立法如《谷物法》于1846年才被废除。

英国早期重商主义文献出现于16世纪末和17世纪初,约翰·海尔斯(?—1571年)和马林斯(1586—1641年)是主要代表。前者1549年成书的《论英国本土的公共福利》是英国早期重商主义的最早代表作,被誉为是对英格兰都铎王朝经济思想的最先进论述,后者则因出版大量小册子而被认为是英国早期重商主义最重要的代表。早期重商主义的主要关注点在于通过国家干预来实现财富的增值,对财政并没有太多关注。到了17世纪,晚期重商主义理论体系较为成熟,对经济问题的讨论更加全面与深入,财政问题开始成为一大关注点。

(一)贸易差额论

托马斯·曼(1571—1641年)于1621年出版了《论英国与东印度公司的贸易》,其后经过改写更名为《英国得自对外贸易的财富》,是晚期重商主义最著名的著作,驳斥了对东印度公司进行对外贸易的反对意见。贸易差额论是贯穿于全书的中心思想,是托马斯·曼理论的核心。"虽然一个国家可由所得的礼物或由购自他国的货物而增加财富,但作为英吉利王国财富的积累方法,这是不确实的。英国谋求增加财富的通常方法是对外贸易……英国必须时时谨守这一原则：每年出口商品的价值，必须比自身消费进口商品的价值为多。因为在英国并没有出产金银的矿床。在我们作好了商品出口的准备，并且厉行节省尽量多地输出商品的时候，国内的货币增加了。但这不是因为从国外直接带回更多的货币的缘故。起初货币的追加部分给我国带回更多的外国商品，因此使我国的贸易增加，然后再次出口，才给国家带回更多的财富，即只有对外贸易差额带回英国的那部分财富，才是我们唯一共有的货币。引起地价上涨的原因也不外乎这些得到手的巨额货币，这种扩大国外贸易差额的办法，既是使国家财富增多的一种手段，同时也符合地主(议会中的支配势力)的利益。"[1]这种贸易差额原则，不是对短期的、某一国家、某一交易的，而是从全年贸易的总结果来看的，是重商主义财政的典型理论。

(二) 赋税论

1. 赋税产生原因

以彻底的"贸易差额理论"为主的重商主义理论，必然导致主张"财富是战争的命脉"的国防财政论，因而认可国家征税的正当性。"维持和保护国家及其财产所赖以支持的事业，乃是一个国家的正当的原则。"[2]赋税源于臣民需要富强国家的保护，因而赋税的产生自有其合理性。

托马斯·霍布斯(1588—1679 年)的观点较托马斯·曼更进一步，他积极倡导资产阶级人文主义意识形态。霍布斯首次提出了赋税的"利益交换说"。他认为国家成立前的自然状态，人之间关系像狼一样。人民为了摆脱自然状态，将自然权利让渡给了国家，国家承担保卫人民生命、财产安全的责任，因而作为交换，必须拥有课税权。"人民为公共事业缴纳税款，无非是为换取和平而付出代价。"[3]国家正是靠人民缴纳的赋税维持的。因此，霍布斯不允许人民对统治者决定的征税事宜进行批判，因为"是臣民使统治者的一切行为合法化的，由于前者把权利让渡给了后者，所以，使后者的行为成为每个人自己的行为"。[4]

2. 赋税的征收原则

从国防财政论出发，托马斯·曼认为重税并非一定有害。国王收入因疆

---

[1] [英]托马斯·曼：《英国得自对外贸易的财富》，袁南宇译，商务印书馆 1978 年版，第 1—5 页。
[2] [英]托马斯·曼：《英国得自对外贸易的财富》，袁南宇译，商务印书馆 1978 年版，第 88—89 页。
[3] [英]霍布斯：《利维坦》，朱敏章译，商务印书馆 1936 年版，第 22 页。
[4] [英]霍布斯：《利维坦》，朱敏章译，商务印书馆 1936 年版，第 166 页。

域、贫富和贸易等而异，也因法律和民俗而有差别，想改变非常困难和危险。但是，有些国家课重税不仅是不得已的、正当的，还是利于国家的，如威尼斯、佛罗伦萨、热那亚等国家，虽然人民富足，但国土不大，靠经常收入不足以蓄积国防所需的财富，所以不得不在平时课征重税以备国防。这些沉重的献纳，并不像通常那样有害于人民的幸福①。但是，国王在征收赋税时，必须取得全体人民的认可，即议会一致的同意②。

霍布斯主张赋税的"利益交换说"，因而认为税收应该反映人民得自国家的利益，他倡导平均赋税负担，使各人承受的负担与其从国家那里享受的利益成比例。"课税的公平在于个人之间消费的均等"，"那样则他消费多少，他也负担多少税额，这样即使有奢侈浪费的人，国家也不会因之受到损害。"③他所谓的课税平等意味着负担平等，而不是支付平等，为此他提出衡量受益程度的两个标准：拥有的财产与消费的数额，个人应按其中之一平等地向政府纳税。

3. 焦点税种

在重商主义时期，最受关注的两个税种为关税与消费税。关税是重商主义实现其政策主张的重要工具，消费税则是在重商主义晚期政府即将开征的新间接税。

1) 关税

保护关税政策，在早期重商主义时期就已被重视，当重商主义鼎盛时，这一政策成为重商主义的一条重要原则。托马斯·曼建议，当商品输出时，国家全部或部分地退还商人已纳的税款；同时，对进口商品课以高额关税，而对转口贸易则应退还进口时所纳的关税。"这样免得使外国人嫌这些商品价格昂贵而影响了销路。尤其是输入的外国货物，凡是又要再运出去的，就应当予以照顾……但是这种外来货物，如果是要在本国消费的，那就可以课征得重一些，因为这在贸易差额上会使王国处于有利地位，并且由此也可使国王从他的每年入款里，积累更多的财富。"④

2) 消费税

在税制设计上，霍布斯主张国家应实行单一消费税制。在他看来，封建国

---

① [英]托马斯·曼：《英国得自对外贸易的财富》，袁南宇译，商务印书馆1978年版，第61—62页。
② [英]托马斯·曼：《英国得自对外贸易的财富》，袁南宇译，商务印书馆1978年版，第65—67页。
③ [英]霍布斯：《利维坦》，朱敏章译，商务印书馆1936年版，第219页。
④ [英]托马斯·曼：《英国得自对外贸易的财富》，袁南宇译，商务印书馆1978年版，第152—153页。

家以财产税等为主体的税收制度,赋予贵族、僧侣免税的特权,鼓励奢侈和浪费,也无法满足国家日益增长的财政需要。实行国内消费税则能鼓励节俭,节制奢侈。多劳动而能节约消费的人,不应比一事不做而浪费无度的人负担重,所以,应当以人民的消费数量而课税,消费多少也负担多少税收。"所谓课税公平,指的是公平地课征于消费品,而非公平地课于各个消费相同者的财产。如果那些能勤俭持用,消费少、储蓄多的人,其税收负担反而比那些懒惰、挥霍的人为重,那么,勤俭储蓄者将因此而失望,他们的行为就不能受到国家的鼓励。"[1]全民都会消费,消费是纳税能力的体现,因而消费税同时符合普遍和平等原则。

托马斯·曼在谈到消费税及其负担问题时指出,消费税并不归贫苦消费者负担,那些声称所谓国内消费税、关税、人头税等由人民负担,而使人民陷于穷苦可怜之地者,实属谬误之见解。"因为一般贫民的食物与衣着,既然受国产税的影响而增高了价格,那么他们的劳动价格,一定也要按比例增高。"[2]因此,赋税的负担最终转嫁到作为雇主的生产者身上,贫困的消费者并不承担赋税。

二、转型时期的财政思想

17—18世纪是英国转型发展的重要时期,这一时期重商主义学者的代表人物为威廉·配第(1623—1687年),约翰·洛克(1632—1704年),詹姆斯·斯图亚特(1712—1780年),查尔斯·达芬南(1656—1714年),他们的经济思想一方面保留了很多重商主义残余;另一方面也包含批判重商主义,推崇自由主义的成分。其中,以配第对财政问题分析最为全面,其观点也最具代表性。

(一) 经费论

威廉·配第(1623—1687年)是英国古典经济学的创始人,他的《赋税论》以复辟后的查理二世时期的赋税制度为中心,力图揭示国家经费、国家收入、赋税原则、赋税的经济效果及税制改革等问题。在培根和霍布斯唯物主义思想的影响下,配第研究经济问题的方法与前人有很大区别。此前的思想家大

---

[1] 转引自[美]塞力格曼:《租税转嫁与归宿》,许炳汉译,商务印书馆1931年版,第22—23页。
[2] [英]托马斯·曼:《英国得自对外贸易的财富》,袁南宇译,商务印书馆1978年版,第62页。

多是从自己的经验和前人的说教出发,而非客观实际,而配第力图以事实、感觉和经验为依据,尽可能用数字来说明问题。他广泛地运用统计数字来分析经济现象并确认经济发展存在着客观的规律,开创了经济学使用统计方法的先例。

配第的分析首先从政府支出开始,他认为经费论的基础是国家。"君主通过欺诈、暴力以及扩大领土的对外战争所形成的同意、集权的国家所拥有的人口数量、技艺水平、勤劳程度",这些构成国家社会经济的内容,扩大生产力是增加国家财富的道路,作为统治者必须使王国富强起来,配第的这种国家观成为其国家财政论的精髓。

在《赋税论》第一章,配第按照国家职能把经费支出分为六个部分:① 用以维持国内及海外和平及防御外敌所需的陆海军国防经费;② 行政官员及所有公职人员的俸禄与办公费用;③ 宗教费,即拯救人的灵魂,启导他们良知所需的经费;④ 教育经费,帮助有才能的人,使其从事于探求自然界的一切运动规律;⑤ 孤儿、弃婴的抚养费和对各种失去工作能力的人及失业者的救济费;⑥ 公共经费,包括修路、筑桥、疏浚水道等所需的经费。

在第二章中,配第阐述了引起国家经费增加的一般原因与特殊原因。其中,一般原因是:① 因人民不愿交纳而使征税费用增加;② 征税权不清;③ 强迫人民在一定时期用货币交纳税款;④ 货币缺少和铸币混乱;⑤ 人口中工人与工匠的比例少;⑥ 因对人口、财富和产业的情况缺乏了解造成的征税开支扩大。特殊原因包括:① 战争导致的军费增加;② 因教区与牧师人数过多而导致的宗教费增加;③ 行政人员经费过多;④ 大学教育经费中用于神学、法律及医药方面的费用过多。

配第经过分析认为,军费是国家最大的经费开支,而其他行政司法费、宗教费、教育费及中间业者费(包括神学家、法学家、医师、自由职业者及批发商、零售商),他主张整顿裁减,因为这种经费归专制主义支配,对社会的贡献微不足道,通过整顿能减轻公共经费的负担。另一方面,对于救济费、公共工程这类能够提高人民基本生存权利的支出,配第则主张增加,因为这些都是与振兴生产力有关的经费开支。

(二)赋税论

1. 赋税的起源

1690 年,洛克基于社会契约学说,在《政府论》中确立了近代所有权理论,同时发展了劳动价值论。洛克指出国家征税是保护私有财产的代价,明确了议会赋税赞助权与市民的纳税道德。人民建立政府,政府的主要职能就在于保护私有财产。政府运行需要经费,因此"凡享受保护的人都应该从他的产业中支出他的一份来维持政府。但是,这仍须得到他自己的同意,即由他们自己或他们所选出的代表所表示的大多数的同意。因为如果任何人凭着自己的权势,主张有权向人民课征赋税而无须取得人民的那种同意,他就侵犯了有关财产权的基本规定,破坏了政府的目的"。①

詹姆斯·斯图亚特(1712—1780 年)是晚期重商主义的集大成者,马克思称他是"建立了资产阶级经济学整个体系的第一个不列颠人"。② 他的财政思想集中体现在《政治经济学原理研究》的第四篇"信用与公债"与第五篇"租税及其适当用途"。斯图亚特认为,赋税是经立法机关同意,以维持政府的运行而对个人征收的贡献。从历史上看,赋税是作为君主借款的一种担保而产生的。

2. 赋税原则

配第在财政思想史上的重大贡献之一,是首次提出了"公平、确实、便利、最小征收费用"的赋税原则。他以公平税负为基本出发点,把造成英国税制紊乱、人民不满的原因归纳为:① 国家勒索过多,超出人民的负担能力;② 课税不公,某些纳税人的税负要重于其他人;③ 国家税收大多被用于奢侈排场,浪费严重;④ 对人口和财富状况知之甚少,造成税种过多,增加人民负担;⑤ 征税权含混不清,征纳双方均感不便;⑥ 由于人口少,人民税负重于人口多的国家;⑦ 货币不足使得部分纳税人一时难以筹集大笔货币支付税款;⑧ 由于赋税必须按期以货币交纳,而非在适宜季节以实物交纳,给农民带来极大不便。

针对①、②,配第提出税收的公平原则,即每个人都应按照他们实际享受利益的多少纳税,享受公共利益愈多,纳税愈多。针对④、⑤,配第提出税收的确实原则,即政府应对全国的人口、产业分布及财产状况有所了解,以便正确地设置税种、确定税率和规定征税办法,并且各种规章必须确切,一经确定,不得随意更改。针对⑦、⑧,配第提出税收的便利原则。针对③、⑥,配第提出最小征收费用原则。当时英国许多税种都实行包税制,而包税人将征税权层层转包,大量的税收被浪费在中间环节。

---

① [英]洛克:《政府论(下篇)》,叶启芳、瞿菊农译,商务印书馆 1983 年版,第 88 页。
② 中共中央编译局:《马克思恩格斯全集:第十三卷》,人民出版社 1962 年版,第 47 页。

达芬南受配第和洛克的影响很大,他认为"一个国家的福利在很大程度上有赖于本国经济的繁荣",因而"政府取得收入的手段,不应该对贸易有过大的影响"。同时,"为了支持长期战争,必须设法使赋税做到公平负担。在而后公平征税时,更加轻而易举并且持久,还要十分注意防止偷漏"。[1]

斯图亚特与前两者不同,他把征收原则归纳为:① 法定原则,征税须经立法机关的同意;② 最低限度原则,征税不得超过人民最低生活所需;③ 消费比例原则,按比例税课征消费税。

3. 焦点税种与赋税类型

在《赋税论》全书15章中第3—15章为收入论,配第以大量的篇幅分析了当时英国税制中的主要税种,包括税源论与税负的经济效果论。通过分析,配第认为,增加国家财富以及增加税收,最好实行人头税和国内消费税。这两种税制是使全体国民都来负担赋税的有力手段。

配第指出人头税可以无差别的课征于每个人,也可以按地位课征。第一种方法极不公平,无区别征税会使得越穷的人,课税越重。但征税迅速,花费较少,能够根据人口数字准确计算出所要征收的数额;还能够鼓励所有家长,让子女按各自的特长从事某种有益的职业,以便让子女能用自己的收入缴纳人头税。第二种方法则公平很多,有称号(或爵位)的人大都富裕,即使有的不很富裕,但享有称号也会高人一等。因此,他们的人头税即使比一般贫民高,也是划算的。

配第提倡面向全民征收国内消费税,因为消费税是满足他征税原则的最优税种。对生活必需品征税,工人就会变得顺从与勤奋,为资本家创造剩余价值,而且用消费税代替向资本家的课税,就可以把税负转嫁到雇佣工人身上。但配第主张国内消费税只限于进入社会消费的最终产品,不应对中间产品征税,如对毛织品征税,则制造技术、工具和羊毛也就同时被课征了消费税。只对最终产品课税有以下好处:① 每个人可按其从社会所分享到的好处和利益缴纳税款,符合"自然的正义"和公平原则,而且对满足过最低生活的人说来,税负也是很轻的;② 如果不采用包税制,而是由国家直接征收且征收合理,就能促使人们勤俭,并增加国家的财富;③ 由于不论何种物品,人们只能消费一次,任何人只需缴纳一次税款,避免了重复征税问题;④ 能够对国家的财富、产出、贸易及实物作出精确的计算,做到征收确实。达芬南同样主张施行国内

---

[1] C. Davenant, *An Essay upon Ways and Means of Supplying the War*, London, 1695, p.17.

消费税,因为以往的赋税只覆盖了三分之一国民,而工商业者及其他从人民的恶习与浪费中获利的人却对维持政府没有贡献,实行消费税才能使他们分担应该的份额。另一方面,达芬南指出短期战争靠地租、付息公债、人头税、新关税等收入尚能支持,可是将这些收入作为长期战争的财源不妥。消费税是最公平的税收,与群众的欲望成比例,所以是合适的财源。与配第不同的是,达芬南认为"适合于课征消费税的商品,仅仅是奢侈品。因为如果按课征奢侈品税的方法,贫穷人蒙受的损失乃是很少的"。[1] 斯图亚特则是认为劳动工人(同时又是消费者)能把这种负担转嫁给他人,所以税负的实际负担者是那些因为富裕而怠惰的浪费者,与掺杂着某种程度的权力行为的直接税相比,还是国内消费税为佳。[2]

对于重商主义者极为重视的关税,配第持否定态度。他认为关税"最初是为了保护进出口货物运输免遭海盗劫掠而送给君主的报酬"。[3] 配第列举了关税的四大缺点:一是对半成品也征税;二是要增加很多官吏;三是容易导致走私;四是对英国自产而用来与外国货物交换的少数商品也需征税。因此,配第反对重商主义的保护关税政策,主张自由贸易。

斯图亚特将赋税分为三类:比例税、累进税或任意税,以及对人的赋税。[4] 他反对累进税,也反对从商业利润和利息中征收赋税。至于地租只要是由直接地租来支付,他是不反对的。对于比例税,他十分赞成:"如全部实行比例税的话,就几乎毫无改进累进税的余地了。"[5]

4. 赋税的转嫁与归宿

配第最先提出了粗糙的劳动价值论,"劳动是财富之父,土地是财富之母",实际上揭示了赋税收入的来源,即劳动创造的价值或收入构成赋税的最终源泉。他认为一国居民"应将他们一切土地和劳动所得收入的二十五分之一扣除下来缴纳赋税,充作公共用途"。[6] 他赞成对生活必需品课征消费税,

---

[1] C. Davenant, *An Essay upon Ways and Means of Supplying the War*, London, 1695, p. 66.
[2] J. Steuart, *An Inquiry into the Principles of Political Economy*, London: Oliver & Boyd, 1767, p. 494.
[3] [英]威廉·配第:《赋税论》,陈冬野、马清槐译,商务印书馆1978年版,第52页。
[4] J. Steuart, *An Inquiry into the Principles of Political Economy*, London: Oliver & Boyd, 1767, p. 173.
[5] J. Steuart, *An Inquiry into the Principles of Political Economy*, London: Oliver & Boyd, 1767, p. 538.
[6] [英]威廉·配第:《赋税论》,陈冬野、马清槐译,商务印书馆1978年版,第36页。

因为税负由工人承担,他们会更加勤奋,为资本家创造更多价值。

洛克则认为土地是赋税的最终归宿,"甚至那些看来对土地影响最少的税,也一定会和其他捐税一样落在土地上"。① 虽然地主希望赋税课加在商品上,但"显然商人和经纪人既不肯付也不能付,因为如果他们为商品多付四分之一的价钱,那么他们的卖价也要相应地增加。贫困的劳动者和手工业者不能付,因为他们已经是仅能糊口;……如果劳动者的工资与物价成比例地增加,那些在工资以及一切其他物品上多付四分之一,可是在市场上以同样或更低价格出售自己的小麦和羊毛的农场主,就不得不降低自己所缴的地租,否则就将破产、拖欠地主的地租而逃亡,于是土地的年价值就降低了。如果租地人由于不能靠他的商品筹得他所应缴纳的地租,或者欠租而逃亡,或是不减租就不能继续经营农场,那么在一年终了时,除了地主还有谁支付这笔税款呢?"② 但是,洛克反对地租的下跌,"财富减少的一个必然迹象是地租降低,而提高地租是值得全国关怀的事情,因为土地所有者以及公众的真正利益在于提高地租而不在于降低利率"。③ 他认为地主的利益与人民的一般利益是一致的。有学者认为,洛克的理论的目的"就是他本身也是一员小地主阶级——乡绅、自由土地持有人——的利益辩护,尽力维持其利益","要竭力强调只有自身所在的地主阶级——特别是土地持有者阶级——才能担负起全社会这一逻辑,因而成为农业资本家所拥护的理论"。④

达芬南最初认为消费税最终也还是回归于土地。"所有一切地租到头来还是对土地课税。于是国内消费税同直接负担税都同样不会对土地产生影响,更重的负担将落在地主肩上。"⑤但后来他修正了自己的判断,认为实际负担消费税的是一般消费者,地主阶级负担消费税是作为消费者来负担的。于是,达芬南认为"课征消费税时,应尽可能远地避开土地;诚然,这样课征消费税带来的收入较少……;但是,若对最后面的制造商或销售商课税,全体人民承受的税务负担最为平均,消费税不会那么直接地落在土地上"。⑥

---

① [英]洛克:《论降低利息和提高货币价值的后果》,徐式谷译,商务印书馆1982年版,第53页。
② [英]洛克:《论降低利息和提高货币价值的后果》,徐式谷译,商务印书馆1982年版,第54—55页。
③ [英]洛克:《论降低利息和提高货币价值的后果》,徐式谷译,商务印书馆1982年版,第57页。
④ [日]坂入长太郎:《欧美财政思想史》,张淳译,中国财政经济出版社1987年版,第59页。
⑤ C. Davenant, *An Essay upon Ways and Means of Supplying the War*, London, 1695, p.77.
⑥ [英]查尔斯·达维南特:《论英国的公共收入与贸易》,朱泱、胡企林译,商务印书馆1995年版,第77页。

5. 赋税的经济效果

配第在论述赋税时,也注意到了赋税的经济效果。"预先将税款全部从臣民手中征收过来,并把它储藏于自己的金库中,这对于他自己也是一种很大的损失。因为货币在臣民手中是能够通过贸易而增值,而储藏于金库之中不单对自己没有用处,而且容易为人求索而去或被浪费掉"。① 如果对无益于增加生产的挥霍行为征税,并将其用于产业经营,则将加速资本生产力的发展,对国家有利。

斯图亚特偏重于财政支出的经济效果。他认为,税收的作用是以国家资金的形式,增加公共福利,因而必须注意选择公共经费的项目。② 若用1 000英镑制造焰火,能暂时解决失业问题,但若用于灌溉或建运河,也许能有更多人受益。斯图亚特已注意到经费的两种用途——生产性支出和非生产性支出,由于支出的性质不同,因而带来的经济效果也不同。③

(三) 公债理论

此时英国长期公债制度刚刚起步,债务负担尚不十分沉重。达芬南从现实出发,对英国、法国与荷兰的公债问题进行了比较,认为英国的问题并不如法国与荷兰严重。但是,"如果不偿还本金,允许债务长期存在,就会使一部分人高兴,而损害另一部分人的利益;也就是说,会使社会的寄生虫即有钱人和高利贷者高兴,而损害土地所有者、农民和勤劳的商人的利益。……上策很可能是从一开始就尽力偿清债务,而不让债务成为英国土地和贸易的永久负担"。④

斯图亚特则是从理论角度出发,在回溯历史的基础上对公债的作用予以肯定。从欧洲一些国家的财政史看,赋税往往是充当君主借款的一种担保而产生的,而公债通常要以现金缴纳的赋税来偿还,类似于特定赋税的预收费。他将公债的发展分为三个阶段:第一阶段从罗马帝国诞生到15世纪,君主政策的实施以丰富的储藏物资为后盾,只要管好国库则没有发行公债的必要,即

---

① [英]威廉·配第:《赋税论》,陈冬野、马清槐译,商务印书馆1978年版,第30页。
② J. Steuart, *An Inquiry into the Principles of Political Economy*, London: Oliver & Boyd, 1767, pp. 512-513.
③ J. Steuart, *An Inquiry into the Principles of Political Economy*, London: Oliver & Boyd, 1767, p. 469.
④ [英]查尔斯·达维南特:《论英国的公共收入与贸易》,朱泱、胡企林译,商务印书馆1995年版,第99页。

国库金时代;第二阶段现金缴纳的赋税被用来偿还公债,公共债务成了赋税制度的杠杆,类似特定赋税的预收费;第三阶段是 1694 年英格兰银行创办和信用货币的流通阶段,"货币是以一定期限或永久的年金形式借来的,为此目的准备了基金。而且在许多场合偿还资本,委托政府选择,决不能听任债权人的要求"。① 斯图亚特认为,发行公债在动员闲散货币、创造商品生产中具有生产的作用,至于公债的限度,支付利息似乎可以达到赋税总额的数目,由公债累积造成国家破产的情况是不会发生的,但事关国与国的关系时,必须注意国际收支情况。②

18 世纪时,大卫·休谟(1711—1776 年)也阐述了自己对公债的看法。他反对国家借债:首先,国家发行公债这种有价证券,必然会引起粮食和劳动价格的上升;其次,支付公债利息要征收捐税,会增加劳动者负担;再次,公债大部分掌握在以食利为生的有闲人手里,鼓励了无所作为的寄生生活;最后,公债若为外国所持有,会使国家变成外国的附庸。因此,休谟提出"公债亡国论","国家如果不能消灭公债,公债必然消灭国家"。此外,休谟还将英国 1752 年发行公债的新方式与早期的战时国库制度加以比较,认为战时国库制度更为优越,足以补偿战争造成的损害,不会对经济产生不利的影响;而举借公债却会由于支付利息而加重国民的负担,同时还使得公债券持有人坐享其利,养成惰性,不利于经济的发展。

三、古典学派的财政思想

威廉·配第首次将经济学的研究由流通领域转向生产领域,试图揭示生产领域的经济规律。其财政思想初步奠定了古典学派财税理论的基本框架,虽然其中仍然保留着重商主义的痕迹,但经亚当·斯密和大卫·李嘉图等人的修正、发展与完善,最终创立了现代财税理论体系。

(一) 政府职能

在讨论政府职能之前,斯密对生产性劳动与非生产性劳动作了具体的

---

① J. Steuart, *An Inquiry into the Principles of Political Economy*, London: Oliver & Boyd, 1767, pp. 351-353.

② J. Steuart, *An Inquiry into the Principles of Political Economy*, London: Oliver & Boyd, 1767, p. 635.

说明,划分标准在于是否生产财富,即生产必需品与便利品这种具有耐久性的有形财产。由于国家财政支出是对经济资源的单纯损耗,对扩大再生产起负面作用,因此为了增加国民财富,就必须尽可能地减少这类支出,将政府职能限制在一个较为狭小的领域。但是,有三种职能是必须由国家来提供:

第一,保护社会不受外国侵略。由于国防在技术上日益复杂,要让私人来提供和维持一支军队是不可能的,它只能由国王来维持。"君主的第一义务,就是策本国社会的安全,使其不受其他社会的横暴与侵侮。"①

第二,保护社会中的每个成员不受其他社会成员的不公正对待。斯密认为,随着社会的进步和私有财产制度的逐步确立,就会有穷者侵害富者财产的危险。"有大财产的所在,就是有大的不平等的所在。……贫人的匮乏和嫉妒会驱使他们侵害富者的财产。那些拥有由多年劳动或累世劳动蓄积起来的财产的人,没有司法官保障庇护,哪能高枕而卧一夜哩。"②

第三,提供某些公共机构和公共工程。因为这类工程所获的利润无法偿付成本,因而无法由私人来提供。斯密将其分为三类:第一,国防及司法行政;第二,方便社会商业;第三,振兴人民教育。斯密认为基础教育需由政府提供,加强青年教育将使劳动生产率提高。同时,由分工带来的对人类智力健全的破坏作用要靠教育来消除。③

斯密反对政府对经济的干预。扩大财富是人的本能,是利己心在经济活动中的自然表现。人之所以能最大限度地生产财富,是因为人对自己的利害关系,比别人了解得更清楚。要违反自然规律而鼓励特定行业发展,"那只能阻碍,而不能促进社会走向富强的发展"。④

穆勒(1806—1873年)对政府职能进行了进一步阐述,将政府职能分为"必要的职能"和"选择的职能"。必要的职能是"与政府这一概念密不可分的那些职能,或所有政府一向在行使而未遭到任何反对的那些职能",而选择的

---

① [英]亚当·斯密:《国民财富的性质和原因的研究》(下卷),郭大力、王亚南译,商务印书馆1981年版,第270页。
② [英]亚当·斯密:《国民财富的性质和原因的研究》(下卷),郭大力、王亚南译,商务印书馆1981年版,第272—273页。
③ [英]亚当·斯密:《国民财富的性质和原因的研究》(下卷),郭大力、王亚南译,商务印书馆1981年版,第344页。
④ [英]亚当·斯密:《国民财富的性质和原因的研究》(下卷),郭大力、王亚南译,商务印书馆1981年版,第252页。

职能是"是否应由政府行使尚有疑问的职能"①。

对于必要的职能,"政府承担责任,行使职能,之所以受到普遍欢迎,并不是由于别的什么原因,而只是由于这一个简单的原因,即它这样做有助于增进普遍的便利"。②穆勒批判了对国家职能的狭义理解,即政府"只是应该保护人们免遭暴力和欺诈",③他认为严格执行继承权、履行契约、预防争端、制定行政司法等都是政府应履行的职能。此外,还有大量情形需要民众授权政府采取强制的方式来履行,这些情形不仅包括灯塔、港口、水坝、修筑堤防,还包括制定度量衡、造纸、铸币、绘制地图与海图等。穆勒对这种职能判断的准绳是以"一般便利"为宗旨。在穆勒看来,这些都属于政府的必要职能,划分"必要"的界限是不言自明的,即能带来巨大的利益,因此也不需要什么特别的说明。

选择的职能包括:保护本国产业、限制高利贷法、商品价格的统制、垄断等,如果政府加以干涉会导致许多弊病,所以是必须予以否定的。但穆勒并非反对所有选择的职能。在他看来,教育的主要用途在于提高人类的品性,但在自由制度下,要么希望受教育的人很少;要么虽然希望得到教育,但对教育本身知之甚少,甚至有误解。政府应当对教育加以干涉,支出补助经费使初等教育免费,或只需极低的费用。

关于救济事业,穆勒认为与其委托给私人,不如国家依法实行。"首先,私人慈善机构提供的救济几乎总是不是过多,就是过少,在一个地方可能滥发救济,而在另一个地方则听凭人们挨饿。其次,既然国家必须向犯了法而服刑的穷人提供食物,那么不犯法便不提供食物,也就无异于鼓励人们犯罪。最后,如果让穷人们依赖私人慈善机构过活,就不可避免地会有大量乞丐。国家可以而且也应该让私人慈善团体去做的事情,是分辨哪些人真正需要救济,哪些人不那么需要救济。"④

除此之外,穆勒还认为"如果为了人类或子孙后代的一般利益是应该做的,或如果为了那些需要他人帮助的社会成员的当前利益是应该做的,而个人

---

① [英]约翰·斯图亚特·穆勒:《政治经济学原理及其若干对社会哲学的应用》(下卷),赵荣潜等译,商务印书馆 2009 年版,第 370 页。
② [英]约翰·斯图亚特·穆勒:《政治经济学原理及其若干对社会哲学的应用》(下卷),赵荣潜等译,商务印书馆 2009 年版,第 374 页。
③ [英]约翰·斯图亚特·穆勒:《政治经济学原理及其若干对社会哲学的应用》(下卷),赵荣潜等译,商务印书馆 2009 年版,第 370 页。
④ [英]约翰·斯图亚特·穆勒:《政治经济学原理及其若干对社会哲学的应用》(下卷),赵荣潜等译,商务印书馆 2009 年版,第 564 页。

或私人团体做这种事情又不会得到报酬,那么就宜于由政府做这种事情"。①穆勒的国家职能论,在许多情况下与亚当·斯密的"廉价政府"不同,他从"一般便利"出发,修正了斯密的政府职能思想。

(二) 经费论

在政府职能论基础上,斯密尖锐地批评重商主义与国家干涉扰乱了商业社会自发的再生产过程,否定这类经费开支,把国家经费只限于国防、司法、公共设施和土木工程及王室费四种。

1. 国防费

斯密认为资本主义的发展,以私有制分工追求利润为动力,人民是非好战的,同时武器的发展使战争技术更加复杂化。因此,富裕国家为了不受侵略,按照社会分工必然要设立常备军,武器日新月异也使国防经费不断膨胀,但"使文明国家对野蛮国家立于优胜地位"。② 他承认了国防的重要性,认可了军费及其不断膨胀的必要。

2. 司法费

最初司法权属于君主,费用由提出申请裁判的人负担,结果贿赂公行,司法的正义受到莫大的损害。在司法部门实行审判官工薪制,采用以法院手续费或诉讼印花税抵充司法费的制度时,仍有不少流弊。为了防止腐败,必须让审判官独立,让司法权和行政权分离。于是为了实现司法的公正,司法费就成为国家不可缺少的经费。

3. 公共工程和公共机关的费用

"主要为便利社会商业,促进人民教育的公共设施和工程。教育上的设施,可大致分为两种:一是关于青年教育的设施,一是关于一切年龄人民的教育的设施。"③用于便利商业的需要还可分为"为一般商业提供方便所必需的"和"为特殊商业提供方便所需的"两种:前者为"良好的道路、桥梁、运河、港湾等等公共工程",后者为与野蛮未开化国家通商贸易需要对商业给予的特别保

---

① [英]约翰·斯图亚特·穆勒:《政治经济学原理及其若干对社会哲学的应用》(下卷),赵荣潜等译,商务印书馆2009年版,第574页。

② [英]亚当·斯密:《国民财富的性质和原因的研究》(下卷),郭大力、王亚南译,商务印书馆1981年版,第271页。

③ [英]亚当·斯密:《国民财富的性质和原因的研究》(下卷),郭大力、王亚南译,商务印书馆1981年版,第293页。

护,例如为方便与不需要武装保护国家的贸易可设立公使和大使馆等。因为公共设施不产生利润,所以其经费应该由国家负担。

4. 王室费

斯密认为,为维持君主的尊严,亦须有一定的费用。但是,"他们的职务,无论是怎样高贵,怎样有用,怎样必要,但终究是随生随灭,不能保留起来供日后取得同量职务之用",①因此必须加以限制。

斯密以其一贯的"廉价政府"思想,提出要对经费加以限制,在限定的政府职能的范围内制定出最低限度的预算规模,并制定向公共部门提供资财、服务内容与向公共部门提供资源的比例。李嘉图与斯密一样,将国家经费几乎全部都看作是非生产性的消费,是对资本的侵蚀,应加以限制。

穆勒在将政府职能分为必要职能和选择性职能后,并没有对履行这些职能所需的支出进行探讨,只是涉及了教育。他认为人人都有权利享受初等教育,因而应由政府免费提供或补助。穆勒强调政府收支时,大量地使用"政府"而不是国家。因此,有学者认为财政学中主体从国家向政府的转变,至少可以追溯到穆勒。②

(三) 赋税论

1. 课税原则

斯密从自由主义出发,提出了著名的税收"四原则",其中前两项指税收的公平,后两项则涉及税收的效率。

1) 公平

赋税的平等原则,即"一国国民,都须在可能范围内,按照各自能力的比例,即按照各自在国家保护下享得的收入的比例,缴纳国赋,维持政府"。③

赋税的确实原则,即赋税"必须是确定的,不得随意变更。完纳的日期、完纳的方法、完纳的数额,都应当让一切纳税者及其他的人了解得十分清楚明白"。④

---

① [英]亚当·斯密:《国民财富的性质和原因的研究》(下卷),郭大力、王亚南译,商务印书馆1981年版,第304页。
② 张馨:《公共财政论纲》,经济科学出版社1999年版,第541页。
③ [英]亚当·斯密:《国民财富的性质和原因的研究》(下卷),郭大力、王亚南译,商务印书馆1981年版,第384页。
④ [英]亚当·斯密:《国民财富的性质和原因的研究》(下卷),郭大力、王亚南译,商务印书馆1981年版,第385页。

穆勒对平等原则提出了不同看法,他认为人们对平等了解并不完全,且缺乏判断,深信一些错误的概念。他对利益说提出了批判:首先,政府的职能是提供公共服务,而不仅是保护人身与财产安全;其次,人们享受到的政府服务也很难量化,财产多的人受到的保护也未必是等量增加。穆勒受边沁功利主义哲学思想的影响,主张按平等牺牲原理来贯彻课税的平等与最小牺牲原则。①

同时,他指出不是所有收入都应同等对待。例如,两个收入水平相同的人:一个靠工资过活,需要为晚年储蓄;另一个靠资本利得生活,不需储蓄。显然,前者可消费的收入较少,要实现平等就应从税基中扣除他的储蓄。此外,对于收入的公义性,他指出某些收入应作为统一税制的例外,例如地租。经济发展增加了地主的收入,但他并未付出劳动,因而无权拥有这一财富,只要这种增值反映的是社会的进步而不是土地所有者的勤勉,对增值部分课税完全合情合理。

2) 效率

赋税的便利原则,即"各种赋税完纳日期及完纳的方法,须予纳税者以最大便利"。② 给予纳税者便利,其实也是给征收者自己便利,从而更利于税收收入的取得。

最少征收费原则,即"一切赋税的征收,须设法使人民所付出的,尽可能等于国家所收入的"。③ 经济资源从私人部门转移到公共部门必然伴随着消耗,这是资源的单纯性损耗,因而越小越好。斯密经过分析认为引起经济资源损耗有四个原因:一是征税使用大批税吏,其工资耗去大量税款,且可能产生腐败;二是税收的反激励作用妨碍了人民的勤劳;三是过于严苛的税法;四是税吏频繁的访问与稽查。④ 这些问题徒困人民而无补于国家收入,因而应极力避免。

2. 赋税类型

穆勒根据税负的实际负担者将赋税分为直接税和间接税,并从"平等牺牲

---

① [英]约翰·斯图亚特·穆勒:《政治经济学原理及其若干对社会哲学的应用》(下卷),赵荣潜等译,商务印书馆2009年版,第379—381页。
② [英]亚当·斯密:《国民财富的性质和原因的研究》(下卷),郭大力、王亚南译,商务印书馆1981年版,第385页。
③ [英]亚当·斯密:《国民财富的性质和原因的研究》(下卷),郭大力、王亚南译,商务印书馆1981年版,第385页。
④ [英]亚当·斯密:《国民财富的性质和原因的研究》(下卷),郭大力、王亚南译,商务印书馆1981年版,第385—386页。

说"与"自由贸易论"观点来考察赋税体系,比较直接税与间接税的优缺点。

穆勒首先从英国人厌恶直接税的感情出发。"在英国,人们有一种根深蒂固的感情,那就是对间接税有好感,而对直接税有恶感。这种感情并非产生于理智的判断,而是带有小孩子气。英国人厌恶的不是纳税,而是纳税的行为。他不愿看到收税员,不愿受其专横的盘问。也许只有直接从口袋中拿钱纳税,才会使他有纳税的感觉。"[①] 但如果人们缺乏理性的指引,只因课税方式而厌恶税收并非是一件好事。"如果完全用直接税来筹集所需的款项从而大大增加公众对税收的厌恶情绪,那么,那些因滥用公款而得到好处的阶级很可能会保全对自己有好处的支出,而牺牲对公众有用的支出。"[②]

接着穆勒批判了间接税支持者的谬误,"无论政府以什么方式课征这5英镑的税,纳税者都得从其消费中节省下这5英镑才能使自己的经济状况保持不变;无论以哪种方式课税,政府都强迫纳税人作出大小完全相同的牺牲"。间接税的优点是"课征间接税的时间和方式使纳税人感到很方便。间接税是在纳税人为购买的货物付款时缴纳的,所以除了付款本身外,没有带来任何其他麻烦,而且(除非是对必需品课税)也没有带来什么不方便。除易腐烂的物品外,他还可以决定什么时候购买一些物品贮存起来,因而可以决定什么时候纳税"。而直接税"若没有纳税者的自觉合作,是不可能公平地课征直接税的,而在当前公共道德水平低下的情况下,是不能指望得到这种合作的"。[③] 因此,应以间接税作为赋税的收入来源,而直接税,倘非国家遇有非常紧急需要,就不宜于课取。但是,穆勒并非支持所有的间接税,如作为保护关税而课征的消费税,以及对生活必需品或生产这种必需品所用的原料或工具课征的消费税。[④]

通过比较,穆勒提出课征间接税应遵循如下原则:第一,应尽可能由奢侈品课取税收;第二,奢侈品税向生产者课取时,物价提高的程度会更多于课税额,故应向消费者直接课税;第三,因间接税是以一般消费品为对象的,所以应

---

① [英]约翰·斯图亚特·穆勒:《政治经济学原理及其若干对社会哲学的应用》(下卷),赵荣潜等译,商务印书馆2009年版,第449页。
② [英]约翰·斯图亚特·穆勒:《政治经济学原理及其若干对社会哲学的应用》(下卷),赵荣潜等译,商务印书馆2009年版,第451页。
③ [英]约翰·斯图亚特·穆勒:《政治经济学原理及其若干对社会哲学的应用》(下卷),赵荣潜等译,商务印书馆2009年版,第451—452页。
④ [英]约翰·斯图亚特·穆勒:《政治经济学原理及其若干对社会哲学的应用》(下卷),赵荣潜等译,商务印书馆2009年版,第453页。

课征比例税;第四,不要扩大作为间接税对象的商品,以减少征收费的支出;第五,在一般大众消费的奢侈品中,应从重课取酒税,以此来抑制饮酒的弊害;第六,课税应限于输入品,因为这种课税与对农场或工厂课取的税比较,更少不良后果;第七,任何商品都不应课税过高,否则会滋生以犯法为职业的人。

3. 焦点税种与税收转嫁理论

斯密把资本主义社会成员分为三大部分:工人阶级、资本家和地主,其收入分别为劳动工资、利润和地租,这些收入构成了全部国民收入。因此,一切赋税都要从地租、利润及工资中支付,古典学派的税收转嫁理论即是税负在三个阶级间的分担。

亚当·斯密建议由复合税制取代单一税制。复合税制结构可以协调税制系统内部各税种之间的关系,税源广、伸缩性大,能够平均社会财富、稳定国民经济,还符合公平合理及普遍的原则。在某种意义上,斯密以经济的自由竞争为基础,创立了赋税绝对转嫁论。李嘉图被认为是税负归宿理论古典体系的主要设计师,他继承了斯密的理论分析模式,他的赋税论主要是税收转嫁与归宿理论。李嘉图认为,赋税最终不是由工资、利润和地租三种收入支付,就是由资本支付。由于税负并非总由纳税人承担,还存在转嫁可能,因而谁是最终承担者,由收入还是资本支付,都有不同影响。

1) 直接税

(1) 地租税

斯密指出,对地租的直接课税,有"对各地区评定一定额地租,估计既定,不复变更";也有"税额随土地实际地租的变动而变动"。[①] 前者是按地租的公定评估值课税;后者基于地租可变性课税。按地租公定评估值课税,最初是公平的,但随着时间的推移而不再公平,虽不满足赋税原则中的平等原则,但是符合确实、便利、最少征收费原则;按公定评估值课税时,当土地价格随经济发展而上涨时,地租随之上升,但赋税却不能随地租的上升而增收,结果现实地租与纳税额的差额成了地主的利润,在相反情况下,则对地主不利而对政府有利。课于土地生产物的赋税,虽然表面由农民支付,实际上仍是由地主支付。

李嘉图对斯密的地租理论进行了修正,他认为地租税有两种情况:一是

---

① [英]亚当·斯密:《国民财富的性质和原因的研究》,郭大力、王亚南译,商务印书馆1981年版,第386页。

落在地主身上;二是使农产品价格上涨。首先,他承认"地租税只会影响地租,全部都会落在地主身上,不能转嫁到任何消费阶级上"。① 但是,他补充道,"如果土地税是课加在一切已耕土地上,那么不论税额怎样低,它也会成为产品税,因而会提高产品的价格",②结果使工资上涨,相应地减少了利润,成为资本家的负担。

穆勒继承了李嘉图级差地租论。关于为改良土地投资的利润问题,穆勒认为:"真正投在土地改良上的、无须周期更新的、只是一次支出而可使土地增加永久性生产力的资本,其所得的报酬,完全失去了利润的特性,而由地租的原理支配。"③一次投入改良土地的资本不是利润,而受地租法则所支配。他认为,农产物的价格,取决于最低条件土地的生产费,这种土地是不含地租的。因此,穆勒认为地租税是"完全落在地主身上的。地主没有办法把这一负担转嫁于他人。地租税并不影响农产品的价值或价格"。④

(2) 利润税

利润税是斯密着重考察的。利润分为两个部分:利息与付息后的剩余。这一剩余"分明是不能直接课税的对象。那是投资危险及困难的报酬,并且,在大多数场合,这报酬是非常轻微的。资本的使用者,必得有这项报酬,他才肯继续使用,否则,从其本身利益打算,他是不会再做下去的。因此,假如他要按全部利润的比例,直接受课税负担,他就不得不提高其利润率,或把这负担转嫁到货币利息上面去,即是少付利息"。⑤ 若资本使用者提高利润率以转嫁赋税:如果被用作农业资本,"他就只能保留一较大部分土地生产物或较大部分土地生产物的价值,而抬高其利润率。他要想这样做得通,唯有扣除地租,这样,此税最后的支付,就落到地主身上了";如果被用作商业或制造业资本,他就只能以抬高货物价格从而提高利润率,把赋税转嫁到消费者身上,若非如此,则赋税全部向利息课征。而对利息部分的课税,"是完全除了投资危险与

---

① [英]李嘉图:《政治经济学及赋税原理》,郭大力、王亚南译,商务印书馆1976年版,第146页。
② [英]李嘉图:《政治经济学及赋税原理》,郭大力、王亚南译,商务印书馆1976年版,第153页。
③ [英]约翰·斯图亚特·穆勒:《政治经济学原理及其若干对社会哲学的应用》(上卷),赵荣潜等译,商务印书馆2009年版,第486页。
④ [英]约翰·斯图亚特·穆勒:《政治经济学原理及其若干对社会哲学的应用》(下卷),赵荣潜等译,商务印书馆2009年版,第401页。
⑤ [英]亚当·斯密:《国民财富的性质和原因的研究》,郭大力、王亚南译,商务印书馆1981年版,第406页。

困难的报酬后所剩下的纯收入",所以最终归资本所有者负担。①

斯密把对"小贩商人及行商所课的税"、"出租马车及肩舆所课的税",以及"酒店主为得到麦酒火酒零售执照所纳的税"称为特殊营业利润税。他认为这些税"最终都不是由商人负担,而是由消费者负担。消费者必然要在购买物的价格上,支付商人垫付的税额"。② 农业上的特殊营业利润税与商业情况不同,为取得合理的利润,只需向地主支付很少量的地租,而且赋税最终由地主负担。

李嘉图对利润税的分析较斯密更进一步。他指出,短期内,劳动供给和工资都是固定的,征税或是来自降低地主和资本家消费,或是来自减少固定资产的维护和投资。长期来看,新均衡状态相比以前,地租降低了,资本存量也减少了。对利润课税会加速停滞状态的到来,地租将成为税收收入的唯一来源。

当对特殊行业征利润税,会使相应行业商品价格上涨,行业利润会降到平均利润率以下,从而导致行业规模缩小,资本转投其他行业。但是,当对所有行业的利润都课税,则一切商品的价格都会上涨,就会转嫁给消费者。如果维持国外贸易,货币在国际间能自由流动,则这种物价的全面上涨不会持久,因为从国外输入大量商品,就要相应流出货币,直到物价恢复到接近原先价格为止。

穆勒认为利润税"同地租税一样,至少就其直接作用而言,应完全落在纳税者身上"。③ 如果仅对某特定生产部门的利润课税,则将增加生产费,从而提高该商品的价格,税负由消费者负担。但对一般的利润课税时,应加以区分。利润税的第一重作用,成为企业家的负担。关于利润税的第二重作用,在富裕而繁荣的国家中,可以成为发明改良的刺激,通过劳动者必需品的廉价而增加购买力,利润上升,这种情况下,课税部分从利润中支付,但什么人都不负担赋税。但从长远来看,他认为必须考虑到资本蓄积与利润率的关系及其效果更为复杂,更不确定,税收负担大致会转嫁到劳动者身上,或归地主负担。④

---

① [英] 亚当·斯密:《国民财富的性质和原因的研究》,郭大力、王亚南译,商务印书馆1981年版,第407页。
② [英] 亚当·斯密:《国民财富的性质和原因的研究》,郭大力、王亚南译,商务印书馆1981年版,第412页。
③ [英] 约翰·斯图亚特·穆勒:《政治经济学原理及其若干对社会哲学的应用》(下卷),赵荣潜等译,商务印书馆2009年版,第402页。
④ [英] 约翰·斯图亚特·穆勒:《政治经济学原理及其若干对社会哲学的应用》(下卷),赵荣潜等译,商务印书馆2009年版,第403—404页。

(3) 劳动工资税

斯密认为劳动工资受劳动的市场价格和自然价格支配。当自然价格不变时,征收劳动工资税会提高劳动工资的市场价格。因而"对劳动工资直接所课的税,……其实都是直接由雇他的人垫支的"。① 因此,"在一切场合,对劳动工资直接课税,比之征收一种与该税收入数额相等的税,即适当地一部分课于地租,一部分课于消费品的税,必使地租发生更大的缩减,必使制造品价格发生更大的上涨"。② 工资税不会由工人负担,而是转嫁到利润,再由利润转嫁给一般消费者,再转嫁到地租。

李嘉图则认为工资税"会使工资上涨,因而便会使资本利润率减低",斯密的错误在于假定农场主所支付的一切赋税都必然会落在地主身上。工资税不改变农产品市场价值,只会降低一般利润率,地租不会因此减少。工资税和必需品税的区别在于,"前者必然伴随着必需品价格的上涨,而后者却不然……工资税全然是利润税。必需品税却部分是利润税,部分是对富有的消费者课征的税。这两种税的最后结果和直接利润税的最后结果完全一样"。③

穆勒的分析更为全面,认为"要视被课税的是一般非熟练劳动的工资还是熟练的、享有特权的劳动的报酬而定"。④ 后者因为具有垄断价格性质,所以工资税负担落在纳税者身上;前者和人口增加密切相连,工资税暂时要由劳动者自己负担,但如长期地缴纳工资税则将使劳动人口减少,从而工资上涨,劳动者恢复以前生活水平。于是工资提高,一般物价亦会随之上升,最终结果工资转嫁给资本家,由其利润缴纳。

(4) 所得税

这一时期,最年轻的税制无疑是所得税,在斯密生活的时代尚未征收,李嘉图所处的时代偶有征收,在穆勒所处的时代才最终成为常税。穆勒指出,要使所得税与正义的原则不相违背必须满足三个条件:第一,设置起征点,保障人民最低生活;第二,采取比例税;第三,用以投资的储蓄应免税。从正义角度看,满足这三个条件的所得税将是一切课税中缺陷最少的。但是,由于实际征

---

① [英]亚当·斯密:《国民财富的性质和原因的研究》,郭大力、王亚南译,商务印书馆1981年版,第425页。
② [英]亚当·斯密:《国民财富的性质和原因的研究》,郭大力、王亚南译,商务印书馆1981年版,第426页。
③ [英]李嘉图:《政治经济学及赋税原理》,郭大力、王亚南译,商务印书馆1976年版,第183页。
④ [英]约翰·斯图亚特·穆勒:《政治经济学原理及其若干对社会哲学的应用》(下卷),赵荣潜等译,商务印书馆2009年版,第404—405页。

收中难以确定纳税人的真实所得,"虽然课征所得税依据的原则是公平的,但在实践中却可能毫无公平可言,虽然课征所得税表面上是筹集岁入的最公平的方式,但实际上却可能比其他许多表面上不那么公平的方式更为不公平"。① 他认为,所得税应当保留,以备在国家紧急需要时,当作临时性财源。在谈到累进税与比例税的选择问题时,他反对累进税,因为反激励性强,"无异于勤劳节俭征税,无异于惩罚那些工作比邻人努力、生活比邻人节俭的人"。② 但是他赞成对遗产征收累进度很高的税。

2) 间接税

(1) 消费税

斯密把消费税分为对必需品和奢侈品课税。对必需品的课税会使其涨价幅度高于税额,因为商人不仅要收回垫支的金额,还要获取更多利润。③ 因此,必需品税必定使商品价格乃至劳动工资按课税的程度而上涨,"凡提高这平均价格的事物,都会提高工资"。"劳动者虽由自己手中支出此税,但至少就相当长期说,他甚至连垫支也说不上。那种税,最终总是通过增加的工资而由其直接雇主垫还给他。那雇主如系制造业者,他将把这增加的工资,连同一定的增加利润,转嫁到货物价格上。所以,此税最后的支付,以及这增加利润的支付,将由消费者负担。那雇主如系农业者,则此等支付,将由地主负担"。④ 至于奢侈品税,"最终是由课税品的消费者无所取偿地支付的",可以起到抑奢的作用。在斯密看来,中等收入者税负最重,如果他们了解自身利益,就应该反对必需品税和工资税,因为这些税负最终都会落在他们身上。⑤

李嘉图同样认为"对于一般通称为奢侈品的那些商品所征课的税,只会落在使用者身上……但是,对必需品所征课的税,对于其消费者的影响却不与其消费量成比例,而是往往高得多。……凡是使劳动者工资提高的东西,都会降

---

① [英]约翰·斯图亚特·穆勒:《政治经济学原理及其若干对社会哲学的应用》(下卷),赵荣潜等译,商务印书馆2009年版,第409页。
② [英]约翰·斯图亚特·穆勒:《政治经济学原理及其若干对社会哲学的应用》(下卷),赵荣潜等译,商务印书馆2009年版,第384页。
③ [英]亚当·斯密:《国民财富的性质和原因的研究》,郭大力、王亚南译,商务印书馆1981年版,第430页。
④ [英]亚当·斯密:《国民财富的性质和原因的研究》,郭大力、王亚南译,商务印书馆1981年版,第432页。
⑤ [英]亚当·斯密:《国民财富的性质和原因的研究》,郭大力、王亚南译,商务印书馆1981年版,第434页。

低资本利润。因此,对劳动者所消费的任何商品征税,都有降低利润率的趋势"。① 如果"商品课税之后价格不按税额上涨,就不会给生产者带来以前一样的利润。生产者就会把资本转到其他行业中去"。② 对奢侈品课税虽然也导致价格上涨,其负担却全部落在消费者身上,既不会提高工资,也不会降低利润。对垄断商品所征收的课税不会转嫁出去,而是落在生产者身上。

(2) 农产品税

李嘉图的地租税理论,是以地租论与价值论为前提展开的,因此李嘉图的农产品税理论,不只是对地租的补充说明,而是又前进了一步。他认为"谷物价格完全由在不支付地租的土地上,或者毋宁说是用不支付地租的资本所生产的谷物的生产成本决定的"。任何课加在农业经营者身上的赋税,无论采取何种形式,都会提高农产品价格。"提高价格是农业经营者能够支付税款,并继续从资本的这种用途中取得普通一般利润的唯一方法。"农产品税最终"只会由消费者在上涨的价格中支付"。③ 同时,"加在农产品和劳动者必需品上面的税课还有另一种效果——它会提高工资。由于人口原理对人类繁殖所产生的影响,最低工资决不会持续地超过劳动者生理上和习惯上所要求的最低生活费。这个阶级无论如何不能负担高额的赋税……工资增加是无可避免的和必然的;但工资增加之后,利润就会成比例地低落",④ 它最终将全部转嫁给消费者与资本家。穆勒同样认为真正的土地生产物税"不论是固定税还是从价税,都不影响地租,而是落在消费者身上。但一般来说,对劳动阶级的生活必需品课征的税,其全部或大部分是由利润来承担的"。⑤

(3) 关税

穆勒把关税分成两种:进口税与出口税。这两种税都将使商品价格提高,转嫁给消费者:出口税将由本国与外国消费者共同负担,进口税则完全由本国消费者负担。

穆勒反对出口税,他认为由于货币汇率的变动、进口国产业政策等问题,不可能确定商人的损失和利得;从国际道德观点来看,这种税也是与一般福利

---

① [英]李嘉图:《政治经济学及赋税原理》,郭大力、王亚南译,商务印书馆1976年版,第173页。
② [英]李嘉图:《政治经济学及赋税原理》,郭大力、王亚南译,商务印书馆1976年版,第207页。
③ [英]李嘉图:《政治经济学及赋税原理》,郭大力、王亚南译,商务印书馆1976年版,第132页。
④ [英]李嘉图:《政治经济学及赋税原理》,郭大力、王亚南译,商务印书馆1976年版,第134—135页。
⑤ [英]约翰·斯图亚特·穆勒:《政治经济学原理及其若干对社会哲学的应用》(下卷),赵荣潜等译,商务印书馆2009年版,第423页。

相违背的税。

穆勒把进口税分成两类：一类是保护关税，另一类是没有这种效果的其他进口税。前者"无论对于课税国来说还是对于与该国有贸易往来的国家来说，都是绝对有害的。这种税会阻止劳动和资本的节约"。① 至于后者，对低税率的进口税，只有一部分由本国人民支付，其余部分则由本国货物的外国消费者支付。但是，若对方国课征进口税作为报复手段，则税额将由该国负担。穆勒认为课进口税会使商品价格上涨，消费需求减少，再通过进口税的转嫁与归宿关系，关税的总和将超过贸易的利益。

(四) 公债理论

1. 公债产生原因

斯密认为君主的奢侈浪费是发行公债的根源。在富有的商业国内，君主会把大部分收入用于奢侈消费，日常花销不超过收入就已经万幸了。如遇非常时期，则不得不向人民要求特别援助。② 最常见的非常时期莫过于战争，斯密也承认在战时维持紧急经费支出最有效的方法是发行公债。近代政府的财政大抵都是收支平衡的，一旦爆发战争，政府不愿也不能按支出比例增加收入，他们一方面害怕增加巨额的税收会引起人民不满，另一方面也对征税额没有把握。公债则可以轻松解决难题，"通过永久息债，它们可能以最轻微的增税，逐年筹得最大的款项"。③ 同时，即使君主能够以征税筹得款项也需要将近一年的时间，"在此万分紧急的情况下，除了借债，政府再不能有其他方法了"。④

2. 公债对国民经济的影响

在《国富论》出版前的1775年，英国公债发行总额为1.29亿英镑，而当时一年的收支总计不过只有1 000万英镑，所以很大部分投入了公债费。斯密引申休谟的见解，对公债发行给予更严厉的批评。他认为在这样的财政状况

---

① [英]约翰·斯图亚特·穆勒：《政治经济学原理及其若干对社会哲学的应用》(下卷)，赵荣潜等译，商务印书馆2009年版，第438页。
② [英]亚当·斯密：《国民财富的性质和原因的研究》，郭大力、王亚南译，商务印书馆1981年版，第471—472页。
③ [英]亚当·斯密：《国民财富的性质和原因的研究》，郭大力、王亚南译，商务印书馆1981年版，第478页。
④ [英]亚当·斯密：《国民财富的性质和原因的研究》，郭大力、王亚南译，商务印书馆1981年版，第472页。

下，为了减轻财政负担，必须限制与避免发行新公债，偿还与调换已发公债。

斯密承认公债对于政府融资的便利。政府可以举债，因而不需蓄积。但是，政府认识到公债筹款的容易，平时就会更不注意节约，会助长奢侈。另一方面，公债使得经济资源从生产性活动转向非生产性活动，会破坏国家的资本积累。① 接着，斯密比较了赋税与公债对再生产的作用，赋税是把资源从一种非生产活动转移到另一种非生产活动，而公债则是将资源从生产性活动转移到非生产活动，因而"在较大程度上破坏旧的资本"。但是"以收入的一部分以积成资本的能力，亦因此减损较少"，所以公债也在较小程度上妨害"新资本的获得或蓄积"。② 尽管如此，公债累积还是会损害资本积累，而且债台高筑必定导致国家破产。

李嘉图所处的时代，公债累积愈发严重。自 1792 年末到 1815 年末，公债余额从 2.4 亿英镑上升到 8.61 英镑，增加了 3.5 倍以上，公债费也由 920 万英镑剧增到 3 220 万英镑。1786 年，首相皮特设立了减债基金制度，但未能达到逐渐偿还公债的目的。因而，李嘉图的公债理论主要围绕英法战争（1793—1813 年）累积的公债以及政府的减债基金制度。

李嘉图认同斯密对公债的批评，他进一步指出，即使持有人出售债券，并将所得用于生产性活动，也只是通过购买人将资本转入非生产活动实现的，资本并没有增加。③ 因此与其发行公债为战事筹集经费，不如征收临时性赋税——战时税。

在对赋税与公债的比较中，李嘉图无意间阐明了被后人称为"李嘉图等价"的定理。在英法战争后，议会对如何偿还巨额债务发生了争论：一派主张以增税来偿债；另一派认为重税有害，主张发新债偿旧债。李嘉图举例论证了这一问题，如果发行公债筹集 2 000 万英镑军费，为此每年支付 100 万英镑利息只不过是将纳税人的 100 万英镑转移到债权人手中，付息并不会使国家变穷变富，实际的开支仍然是那 2 000 万英镑。因此政府可以一次性征税 2 000 万英镑，这并不改变问题的性质，即增加税收或发行公债两种融资方式之间不存在任何区别，公债只不过代表未来的纳税义务。但是，动辄举债"会使我们不知

---

① ［英］亚当·斯密：《国民财富的性质和原因的研究》，郭大力、王亚南译，商务印书馆 1981 年版，第 489 页。
② ［英］亚当·斯密：《国民财富的性质和原因的研究》，郭大力、王亚南译，商务印书馆 1981 年版，第 434 页。
③ ［英］李嘉图：《政治经济学及赋税原理》，郭大力、王亚南译，商务印书馆 1976 年版，第 212 页。

节俭,使我们不明白自己的真实境况"。假设战争支出4 000万英镑,纳税人为此需纳税100英镑,若一次性缴清,他会从收入中节约100英镑,但若发行公债,他每年只需支付这100英镑的利息5英镑,并误认为只要节约5英镑自己还和之前一样富足,若国民都这么想,只节约出利息200万英镑,则损失就不仅是把4 000万英镑投入生产所能获得的收益,还有储蓄和支出的差额3 800万英镑。[①]就筹划军费的方法来说,赋税比发行公债更能使纳税人节约,因而更有利。

他批评减债基金制度徒有其名,因为政府的收入并不超过支出。[②] 他指出减债基金有两点危害:首先,资金过快回到债权人手中,使他无法用以获得收入;其次,豁免的赋税大概为数达3 000万英镑,对某些商品的价格将发生严重影响,使经营或制造这些商品的受到极大危害。[③] 同时,减债基金使战争更容易爆发。"当发生战争时,使大臣们除向人民征税以支援战争外别无他道可循,这就是使和平得以持续的最大保障。听任偿债基金在和平时期累积到相当巨大数额,则很小的挑衅,就足以诱使他们投入一次新战争。"[④]但是,减债基金也有积极作用。如果偿债基金的来源是从收支盈余中获得,则通过偿债,每年都将有部分盈余转变为资本,国家财富将增加。[⑤]

从斯密到李嘉图,他们对公债非生产性用途的反对态度,是与他们所处的经济环境及自由主义经济理论相一致的。穆勒虽然坚持自由主义经济理论,但他所处的时代经济环境已发生了极大变化,因而对公债的态度已与前人有所不同。穆勒认为,不太富裕的国家"公债是从资本抽出来的(这和赋税不一样,赋税通常由收入支付,并且部分或全部因经济的增长而得到补偿),因而依据我们提出的原理,必定会使国家贫困"。[⑥]"而富裕繁荣的国家的公债,通常不是从生产资金中抽取的,而是来自收入不断造成的新积累……在这种情况下,靠公债获得所需的款项,非但不会损害劳动者,不会扰乱整个国家的工业秩序,反而同靠课税筹集款项的方法相比,也许对劳动者和整个国家的工业更

---

① [英]李嘉图:《政治经济学及赋税原理》,郭大力、王亚南译,商务印书馆1976年版,第210页。
② [英]李嘉图:《政治经济学及赋税原理》,郭大力、王亚南译,商务印书馆1976年版,第211页。
③ [英]李嘉图:《公债论》,蔡受百译,《李嘉图著作和通信集:第四卷》,商务印书馆1980年版,第163页。
④ [英]李嘉图:《公债论》,蔡受百译,《李嘉图著作和通信集:第四卷》,商务印书馆1980年版,第180页。
⑤ [英]李嘉图:《公债论》,蔡受百译,《李嘉图著作和通信集:第四卷》,商务印书馆1980年版,第163页。
⑥ [英]约翰·斯图亚特·穆勒:《政治经济学原理及其若干对社会哲学的应用》(上卷),赵荣潜等译,商务印书馆2009年版,第97页。

为有利。"①

虽然,公债制度有各种弊端,"但在目前的文明阶段,该制度却仍然是政府筹款的一种权宜方法"。② 并且,"在财富不断增加的国家,政府的必要支出往往不会与资本或人口按同一比率增加,因而负担总是越来越轻",③如果政府的非常经费支出是正当的,由于这代价所换取的利益还将造福于后代,所以这一代人不负担经费,而让后人来负担,也不是不公道的。

3. 公债的偿还

斯密对公债持批判态度,因而主张尽快偿还公债:第一,改革税制,大幅度增加公共收入,把税制扩张到殖民地、属地去;第二,大幅度削减公共经费;第三,必须让英国殖民地分担对本国的负担,如果英国殖民地不负担本国的经费,就应放弃该殖民地,以便缩减英国经费。④

李嘉图同样认为公债有迅速偿还的必要。他批评了减债基金制度,主张偿还公债应采取一劳永逸的办法,征收两至三年的财产税,用一次"断然的努力",来消除这一"空前无比的灾祸"。在和平时期,国家应不断努力清偿战时所借的债务。他认为,减轻债务最有效的办法,就是用财政结余清偿债务。"我们应该通过节约,使之名副其实地变为实际有效的偿付债务的基金。"⑤

穆勒认为偿还公债的方法有两种:一种是立即由一般的捐助偿还,分为只依靠课取财产税和依靠一般税收;另一种是逐渐由剩余收入来偿还。穆勒认为当代人从前人继承了以及开垦的土地、道路、运河、城市、工厂等遗产,不是属个人的特定所有物,而成了当代一切人所共有的遗产。因此,公债的利息负担,当代人理应负责偿还。同时,"生来便拥有财产的人,只不过在享有这些共同遗产的同时,还继承了单独一份遗产……应直接和公开确定财产对国家所负的义务以及国家对财产所负的义务,据此调节国家的有关制度"。⑥ 对继

---

① [英]约翰·斯图亚特·穆勒:《政治经济学原理及其若干对社会哲学的应用》(上卷),赵荣潜等译,商务印书馆2009年版,第100页。
② [英]约翰·斯图亚特·穆勒:《政治经济学原理及其若干对社会哲学的应用》(上卷),赵荣潜等译,商务印书馆2009年版,第460页。
③ [英]约翰·斯图亚特·穆勒:《政治经济学原理及其若干对社会哲学的应用》(下卷),赵荣潜等译,商务印书馆2009年版,第462页。
④ [英]亚当·斯密:《国民财富的性质和原因的研究》,郭大力、王亚南译,商务印书馆1981年版,第511页。
⑤ [英]李嘉图:《政治经济学及赋税原理》,郭大力、王亚南译,商务印书馆1976年版,第211页。
⑥ [英]约翰·斯图亚特·穆勒:《政治经济学原理及其若干对社会哲学的应用》(下卷),赵荣潜等译,商务印书馆2009年版,第464页。

承特定遗产的人们,因为处于享受共同利益范围之外,所以应该考虑从重课取遗产税与赠与税。而由一般赋税来偿还公债也有弊端,因为有财产的人可牺牲财产的一部分来支付分内应纳的税额,年所得没有变化;无蓄积而仅有所得的工人阶级,为偿还公债而被重课,不得不为纳税而借债。综上,穆勒认为,保有公债以课税支付利息的方法比一次偿还公债的方法为佳,因为更符合均等牺牲原则。

此外,偿还公债的财源还包括国有土地在内的国有财产,卖掉国有财产所得现金,任何偶然的利得或溯来的利得等。除此之外,"偿还国债的唯一正当而可行的方法,就是用财政盈余来偿还国债"。但也要具备一定的条件,剩余收入与其用来偿付公债,还不如优先用来废除恶税。在此之后,"税收的增加带来的财政盈余就不应用于废除赋税,而应用于偿还国债"。[1]

第三节　中英财政思想变迁特点比较

在分别梳理两国财政思想变迁路径的基础上,可以看出两国变迁的不同特点:

一、国家本位与个人本位

首先,两国财政思想研究本位不同。中国财政思想出发点是国家本位,主要目标是维护大一统国家的政治秩序,侧重政府对民生的保障;英国财政思想的出发点是个人本位,主要目标是维护私有产权不受国家的侵害,侧重减少政府对经济的干预。

"本位"是研究的出发点和制定政策的立足点。中国财政思想的主流具有明显的国家本位特点,出发点是维护大一统的国家政治秩序,因此在国内政治经济结构相对稳定的情况下,在观念上就反映为对这一社会经济结构均势的维护,关注财政制度与政策对秩序的影响,强调维护各社会群体的利益均衡局面。

---

[1] [英]约翰·斯图亚特·穆勒:《政治经济学原理及其若干对社会哲学的应用》(下卷),赵荣潜等译,商务印书馆2009年版,第465—466页。

由于中国的经济基础是小农自然经济,全国人口的九成以上从事农业相关产业。因此,在财政思想上,无论政府官员,还是民间学者均以保障民生为政府的头等要务。与此相应,土地问题与田税问题成为财政思想的核心,对于田税问题的解决方案也分为两个方面,一方面是从实际出发主张减轻农业税收,平均赋税负担,并从官民两利的角度主张简化税制,赋役折银;另一方面则是主张从根本上解决土地制度存在的问题,进而使田税负担平均。

商人们的诉求也日益得以反映,官员中不乏为商人利益呼吁者,藏富于民,民富先于国富,反对与民争利的观点盛行。思想家们一方面强调政府应重视商税,以商税为一大利源;另一方面又主张轻征商税,利商便民。呼吁政府放开专营的呼声始终强烈,在盐政与矿政方面尤为突出,不少官员学者提出了切实可行的建议;而随着海禁的时开时禁,对于开展外贸的建议也时有提出。

在政府财政管理方面,官员们既希望能公私合并,节约皇室开支,减少皇帝对国家财政的侵蚀,也希望加强财政管理,以减少官僚集团本身对财政的侵蚀,如邱濬建议以《礼记》《周礼》为参考,设计一种半预算制度,并通过会计与审计进行事后监督,张居正将税收征管列入考成法。而民间学者则希望扩大地方财政自由度,进而提升地方政府的治理水平。同时虽然主张削减政府开支,但他们普遍不赞成削减官俸,以防对百姓的侵夺。

而英国财政思想则呈现一种以个人为本位的特点,多关注财政问题对个人的影响,重视对私有产权的保护。在赋税理论中,赋税起源论与赋税原则的核心关注点都在于政府与个人的关系,明显表现出对私有产权的保护,在阐述政府征税的正当性的同时,也要求税收具有合法性,即通过议会批准;在赋税原则中,公平的评价指标有利益说与能力说,即税收应真实反映人民得自国家的利益与税收应与纳税人的负担能力相一致,以及穆勒的最小牺牲说均是从纳税人角度出发,效率的评价指标同样强调在征收过程中要减少给纳税人带来的损失与烦扰;赋税的转嫁理论则着重讨论税负在国内各阶层间的分配,以及税负的实际承担者及其影响。

在政府职能论中,契约说与利益交换说均强调了政府与个人之间的契约关系,强调个人与政府对等的权利与义务,个人有义务为国家提供赋税,而国家需向个人提供国防、司法与公共工程。因而在经费论中,与上述职能相关的支出都被认为是必要的,而在如穆勒所指出选择的职能中,大多支出则是非必要甚至有害的;而教育与社会救济关系到人民的生活质量,因而也是思想家所赞成的支出。

对于公债的肯定与否定亦有对个人财产的关注，公债在危机时能够为政府提供极强的融资能力，可以在快速集聚资源时不对百姓征收高额临时税，因而受到思想家们的肯定；而在偿还方面，一方面公债对拥有资产的有闲阶级有利，鼓励懒惰，因而对勤劳工作的纳税人很不公平；另一方面，为偿还公债而征收赋税进一步加重了人民的负担，因而受到了极大的批评。

二、义利之辨与公平效率

其次，两国财政思想核心理念不同。中国财政思想的核心是义利之辨，注重财政制度的设计与礼仪道德的建设相结合，而英国财政思想以公平与效率为原则，注重理性而有系统地追求财富。

不同的研究本位也对两国财政思想的核心理念产生了重要影响。由于中国财政思想从国家角度出发，注重维持秩序稳定，兼顾各社会群体的利益，同时由于治理庞大帝国的成本，也需要以道德治国作为制度的必要补充，因而注重财政制度的设计与礼仪道德的建设相结合，既依靠制度框架，也依靠道德教化。

对于改革阻力不大的问题，思想家多提出具体建议，希望通过改革来消除问题。例如，在减轻农民负担方面，思想家们希望从两方面入手，通过减轻田赋，赋役合并，减少农民的赋役负担；通过对田制的改革，或限田或均田，解决土地制度所导致的贫富不均与土地兼并。在商业方面，对外贸易同样如此，虽然时开时禁的海禁对沿海商人影响较大，但对国家财政制度本身而言并非难以解决的问题，一旦国内外局势稳定，海禁即会解除。为了减少官僚体系对国家经费的侵蚀，邱濬主张仿效《礼记》中的方法建立原始预算制度，并通过会计进行事后监督，张居正通过将赋役征收情况纳入考成法提高征管效率，这些对制度本身的微调往往能在建议提出后逐步实施。

而对于制度本身的较大变动则以道义劝说为主，往往也能对政策产生重要影响。在中国财政传统中，官营垄断是财政收入的重要组成部分，难以单纯通过制度管理提高效率，也不易通过改革来实现效率提高，学者多主张改由民间经营，但理论上采取道义劝说，劝诫政府不要与民争利。同样在财政管理方面，由于制度本身对皇帝缺乏约束力量，为了避免皇室奢侈浪费，只能通过道义的劝说主张对皇室支出的限制，如邱濬、张居正等对皇帝的反复劝谏。在耗羡归公的改革中，反对者即提出通过甄选品德高尚的官员来解决亏空问题，反对耗羨的正式化，希望在不改变制度的前提下，改进现实问题。

英国财政思想从个人角度出发，因而强调在保障个人利益的前提下，以公平与效率为原则，注重理性而有系统地追求财富。公平与效率成为学者们对财政制度进行评判的重要准绳。

在赋税原则中，从"利益交换说"，到社会契约论，再到配第的赋税四项原则，斯密的赋税四项原则，公平始终是学者秉持的信条，而税收的效率问题也逐渐引起学者的重视，减少对纳税人的烦扰、减少征收过程中的资源浪费成为学者共识。在具体税制的论述中，这一点更是得到充分体现，受到学者们热捧的消费税即符合赋税四项原则，甚至不少学者主张实行单一消费税制，对劳动工资税的反对也恰恰是出于相同的理由，劳动者税负最重违背了公平，而这部分税负最终转嫁给资本则给企业家带来了沉重负担，减少了国内可用于再生产的资本，违背了效率原则。

在经费论中，斯密将支出分为生产性与非生产性支出，指出为了增加国民财富，就必须尽可能地减少非生产性支出，减少资源的浪费，将政府职能限制在一个较为狭小的领域。穆勒虽然对斯密的政府职能论进行了扩展，但仍是以一般便利为判别标准，以是否有利于资本再生产为准绳。

在公债论中，学者们肯定公债是政府危机时筹集资金的有效手段，不必发行临时税，增添纳税人的痛苦，同时也可以在短时间内迅速筹集，但他们强烈反对的出发点同样是公平与效率，他们从现实出发批判国家在战时无限发行公债的错误，认为支付公债利息会加重国民的负担，同时还使得公债持有人坐享其利，养成惰性，违背了公平的原则；另一方面，公债把国家中的生产资本变为不生产的消费支出，从而减少了生产资本，减少国家财富和资源，违背了效率原则。

三、经验研究与理论研究

最后，两国财政思想研究侧重不同。中国财政思想偏重于经验研究，以理论为依据，着重研究社会生活中的实际问题，希望在对过去理论与经验修正的基础上加以运用，主要任务是制定政策目标，研究如何才能达到理想状态，而英国财政思想则偏重于理论研究，侧重于对理论原理的探讨，从思辨的角度出发，以公平与效率为原则，对财政制度本身的运行规律进行研究。

明清时期中国财政思想以解决现实问题为导向，采取三分法，分别指向农业税、商业税和政府财政管理，并且未形成系统的理论体系，多呈现一种碎片式的讨论,其中不乏许多传统教条。学者的思想大多依赖于已有理论,大多是对前人思想得失的评述,对前代制度利弊的评判,对前人典籍的引用,在理论层面上并无太大创新,对现实问题的分析也多依赖于前人的理论,对于制度改革的建议也往往依托古代思想与案例。如涉及田制问题时,思想家大多围绕井田与均田展开讨论,从海瑞对井田衰落的遗憾,到顾炎武对井田的称赞,到黄宗羲的授田建议,到颜李学派追溯井田设计置田制,甚至到19世纪前半叶的吴铤的论述,其思路都是希望上古井田制能够重新施行,退而求其次则是希望能够通过授田来实现均田。对于放开官营的建议也多是阐述前代理论,如邱濬追溯《礼记》来设计自己的预算和审计方案等。另一方面,在财政改革的实践中也未形成新的理论。对于改革的讨论多是在实践中进行,主要限于朝堂之上的官员,侧重于讨论改革的推行效果,包含对具体政策的建议与批判,在理论层面则没有发展。从一条鞭法,到摊丁入亩,其主要思路都在于平均赋税负担,简化税收程序,进而实现官民两利;而耗羡归公则主要是将长期存在的非正式制度正规化,建成公开透明的机制,进而在不损害百姓利益的情况下满足政府职能需要,并减轻官员的腐败行为,反对者从道德立场予以批判,而支持者则是从现实角度加以反驳。

英国则在原理上不断深化,对制度本身的运行机制与内在规律进行了深入的探索,对理论的认识也处在不断地变化之中,至古典主义时期其分析框架已基本形成。在重商主义时期,英国财政思想与中国相似,大多是政策实用导向的,研究方法上主要采用的是经验主义的方法,强调经验与理论的运用,在研究内容上仅涉及贸易差额论与简单的赋税论,力求在保障私有产权的基础上追求财富。而到了过渡时期,研究侧重已转向理论,开始以赋税制度为中心,着力研究税收和经济关系的本质,研究内容扩展到简单的经费论与公债理论,涉及经费增长的原因与学者们对公债褒贬不一的态度,赋税论也进一步深化至赋税类型、赋税转嫁及其经济效果,对税负的实际承担者探究尤为受到关注。至古典主义时期,以斯密《国富论》的出版为标志,现代财政学正式诞生,其后又经过李嘉图、穆勒等人的进一步发展,已成为系统的分析框架。政府职能论成为经费论的基础,斯密提出了经费支出合理性的评价标准,穆勒进一步将其发展为一般便利。同时期的赋税理论已基本成型,涵盖赋税原则、赋税类型、税收转嫁及经济效果。公债理论也逐步形成体系,不再是前一时期碎片化的批评,其优缺点已被学者认可,内容上也包括了公债的产生,经济效果与偿还方式的讨论。

第六章 结 论

第一节 协同演化的财政系统

从 400 余年的发展轨迹中可以看出，中英两国在政治经济结构变迁、财政制度变迁与财政思想变迁方面具有鲜明的不同，但这些不同之间呈现出极为密切的联系。

由于在国民财富来源、经济结构和财政思想研究本位方面的不同，使得两国在长期制度演化中的目标呈现极大不同，而这又进一步导致了两国财政思想的核心理念不同。四个世纪中，中国的经济结构基本稳定，商业的繁荣依赖国内长距离贸易，广阔的国内市场成为国民财富的主要来源，并且全国九成以上人口以农业为生，农业的发展对政局的稳定也有极高的要求，因而中国政府需要以维护国内稳定为主要目标。如此，则财政思想的出发点必然是国家本位，在现有制度框架内调和各阶级的利益关系，这也使得财政思想的核心理念是义利之辨，注重财政制度的设计与礼仪道德的建设相结合，兼顾各阶级的利益并以道德教化来协调各阶级的利益关系。英国则呈现另一种情形，对外贸易是英国国民财富的主要来源，自大航海时代以来，英国商业资本不断积累，圈地运动与价格革命使得越来越多的人口离开农业，转而从事工商业。内需的有限使得工商业发展需要不断扩大海外市场，在贵族与精英的推动下英国逐渐以国家力量介入全球竞争，以对外竞争作为主要目标。争霸既然是国内精英满足自身利益的需要，出发点必然基于个人本位，既希望在政府保护下财富增值又不愿财富受到政府的侵害，这也使得英国财政思想关注如何在保障私有产权的前提下理性而系统地追求国家与个人的财富，因而其核心理念是公平与效率。

另一方面，明清时期中国政治结构相对稳定，皇帝、商人、官僚士绅形成相互制衡的关系。皇帝和商人在约束官员的问题上具有共同利益,当商人的地方影响力突出时皇帝与官僚会采取一致的态度抑制商人的过度发展,而皇帝对商人的过分侵犯也会遭到官僚士绅与商人的共同抵制,三方既有合作也有对抗;在财政制度方面,中国政府以国内秩序的稳定为主要目标,相对稳定的阶级格局有着相对稳定的利益诉求,因此现有理论足以协调国内各阶级利益关系,并没有理论创新的需求,因而学者多偏重于经验研究,着重于理论在社会生活中的实际运用,主要任务是制定政策。而英国的政治结构处在不断的变革中,都铎王朝时期王权强势,贵族与中等阶级处在成长之中;17 世纪以贵族为代表的土地所有者开始成为主导;18 世纪后期,产业资本家与工人阶级崛起,并逐渐在 19 世纪取得主导权,各阶级的利益并不一致,不断变化的利益诉求使得学者不得不对制度运行规律给予更多的关注,不断修正自身理论;同时作为主导阶级利益的体现,英国政府以对外竞争为财政目标,以国家的力量参与到对财富的追求之中,这使得如何在追求财富的同时保障私有产权成为学者的关注重点,也需要研究在制度运行中如何保障公平与效率。

不同的政治结构与财政思想的研究侧重也对两国财政制度的变迁产生了重要影响,决定了两国截然不同的制度变迁方向:一方面,各阶层作为决策主体,其实力对比决定了短期制度走向,而另一方面,财政制度也是思想的外在显现,思想的研究侧重反映了决策主体对财政制度的关注重点。明清时期,中国政治结构相对稳定,皇帝、商人、官僚士绅形成相互制衡的关系,三方实力大体均衡,利益诉求相对稳定;在财政思想方面,中国学者则偏重于经验研究,主要任务是制定政策目标,对于制度运行规律并不关注。因而,中国财政制度不可能发生根本性的变革,制度的变迁方向只能是现有制度的完善。而英国的政治结构处在不断的变革中,各时期的主导阶级利益诉求也不一致,制度本身的完善难以适应不断变化的政治结构;同时英国财政思想偏重于理论研究,对原理的探讨也使得英国财政思想在表达主导阶级利益的同时,不断修正自身理论。两方面共同作用使得英国财政制度向着现代化迈进。

虽然中国财政决策权掌握在最高统治者皇帝手中,但宥于个人的智识和信息的不完全,要推行有效的改革十分困难。对于大一统帝国来说,任何一次重大的决策失误都有亡国之危,政策的失误也将极大折损皇帝的威信,因而即使改革在理论上可行,皇帝也不会贸然下令全国推行,只有在地方试验中反复试错,积累经验,才有可能推行全国。另一方面,改革是对现有利益格局的调整,因而会遇到阻力。帝国晚期,在与皇权的博弈中官僚集团愈发成为一个拥有共同利益的整体,而崛起的商人阶级也通过各种方式与官僚集团建立了密切联系,许多官员都是商人利益的代言人,改革的推行也可能因为官员与商人的共同抵制而失败,皇帝也需要先以地方改革作为试探,留下转圜余地。因此,政治结构决定了中国财政制度变迁主要为自下而上的制度变迁。而在英国,立法是最高决策权的体现,自都铎王朝以来立法成为议会的主要职能。17世纪70年代后期,英国早期政党政治兴起,并在之后的一个多世纪中不断完善。18世纪早期,随着内阁独立性的增强,内阁与议会下院之间的有机联系也逐步建立,政府成员必须同时是议会议员,以争夺内阁控制权为目标的政党活动开始勃兴。随着政党政治的发展以及责任内阁制的完善,下院中政治力量的消长开始决定内阁沉浮——谁掌握下院多数,谁就能上台组阁,政府与下院保持一致。由此,议会中的主导力量不仅能够立法,还能通过对政府的控制使法令得到贯彻,因而主导阶级可以将自身意志施加于立法程序,进而推行有利于自身的制度改革,这导致英国财政制度变迁主要为自上而下的制度变迁。

此外,中国财政思想的核心是义利之辨,注重财政制度的设计与礼仪道德的建设相结合,主张以义统利,当义利发生冲突时以义为先,通过意识形态的调节对各主体在追求财富过程中的行为施加约束,有助于缓和现行制度下各利益主体之间的矛盾,任何试图打破局面的政策都会受到极大的舆论压力;同时,中国财政制度变迁路径为制度本身的完善,历次改革都未触及制度的根基,因而对决策主体的激励并不会发生大的变化,没有新的获利机会,经济结构也不会发生改变。基于礼仪道德的主体认知和大体稳定的制度激励使得中国的经济结构趋于稳定,稳定的经济结构也带来了稳定的政治局面,因而义利之辨与制度完善巩固了明清中国的政治经济结构。而英国财政思想以公平与效率为原则,注重理性而系统地追求财富,虽然也强调公平,但对商业国而言追求财富显然处于更高的优先级,这在意识形态上对新兴阶级更为有利,他们追求财富的行为会得到更多支持,任何有碍于财富增值的政策都会受到猛烈抨击,这有利于他们积累自身财富,进而推动政治体制的变革;同时,英国财政制度处在快速变革中,转型的制度下激励也会发生变化,新的获利机会是新兴阶级的成长所必需的,土地贵族的崛起与其后产业资本家的兴起都是如此,经济结构随之发生改变。由于政治影响力源于对财富的掌握和舆论的控制,因而政治结构也会随之变革。因此,理性而系统地追求财富与不断变化的制度激励对英国政治经济结构的变化也施加了反作用。

综上所述,在两国迥然不同的财政发展道路背后存在着一种规律性的联系。政治经济结构是决策个体组成集合的结果,在财政发展中具有主体能动作用,财政思想是个体对财政认知的集合,体现了其对所处环境的内在表诠,制度则是个体最终施加在所处环境之上以达致合意结果的结构。对于财政发展路径的研究不能仅从各子系统体层面来解释,三个子系统都很重要,必须去探究子系统体间的相互关系。

由于政治影响力源于对财富的掌握和舆论的控制,而制度与思想对当下的经济结构构成约束,因而当下的制度与思想也对经济组织提供不同的激励,进一步影响了政治结构。政治经济结构与制度影响思想,个体理性是嵌入在制度之中的,在制度变迁的过程中也会重新塑造个体的认知,因而某一时期的思想是当时政治经济结构与制度的反映。制度受政治经济结构与思想影响,各阶层是制度变迁的主体,政治经济结构决定了制度走向,同时制度也是思想的外在显现,主体的决策也不会超出个人认知的范畴,财政思想也决定了财政制度的变迁方向。从社会结构调节原理来看,政治经济结构、思想与制度之间存在着双向互动关系,三个子系统互为因果,演化行为相互影响,存在协同演化的关系,总体上构成闭环。同时,三者构成的是一个单方主导型协同演化的系统,政治经济结构在其中居于主导地位。[①] 参见图6-1、图6-2。

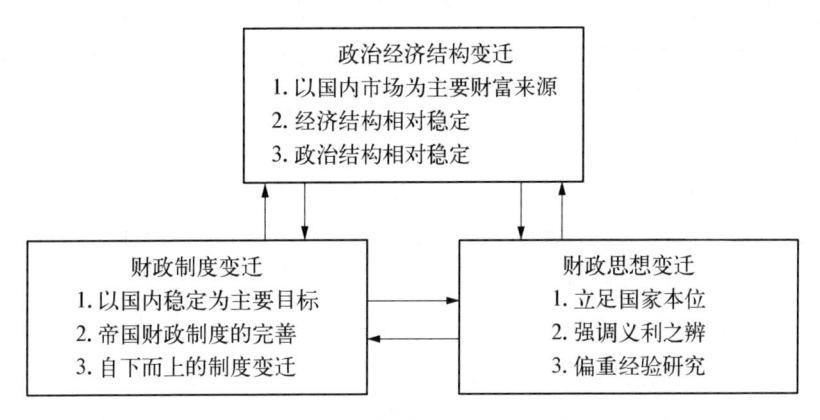

图 6-1　中国财政系统演化路径

[①] 由于本书着重探究财政制度与财政思想的变迁机制,因而侧重政治经济结构对两者的影响。事实上,财政制度与思想变迁也会对政治经济结构产生反作用,对于变迁绩效的考察本人将在后续研究中继续完善。

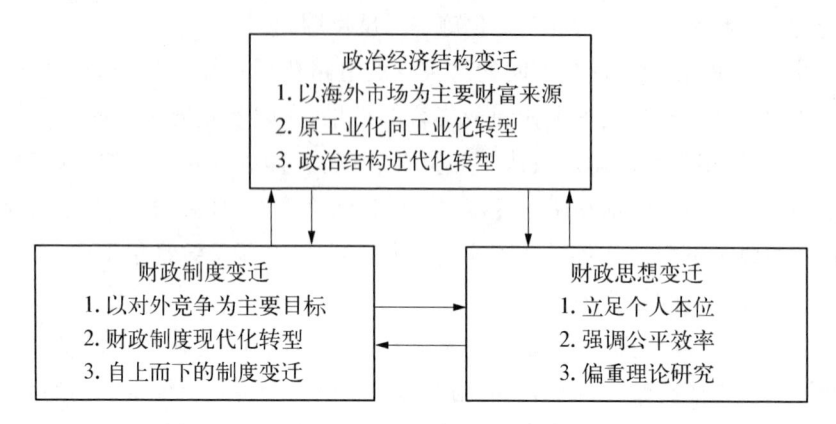

```
┌─────────────────────┐
│  政治经济结构变迁    │
│ 1. 以海外市场为主要财富来源 │
│ 2. 原工业化向工业化转型   │
│ 3. 政治结构近代化转型    │
└─────────────────────┘
         ↕         ↕
┌──────────────┐   ┌──────────────┐
│ 财政制度变迁  │ → │ 财政思想变迁  │
│1.以对外竞争为主要目标│ ← │1.立足个人本位 │
│2.财政制度现代化转型│   │2.强调公平效率 │
│3.自上而下的制度变迁│   │3.偏重理论研究 │
└──────────────┘   └──────────────┘
```

图 6-2　英国财政系统演化路径

第二节　变异机制

短期内,政治经济结构相对稳定,财政制度的变迁方向取决于参与者实力对比,制度会向着对强势方有利的方向变迁;当各阶层实力相当时,制度处于均衡状态,任何一方都无法通过投入资源来变更制度而获益。而同一时期的财政思想主要针对当前财政制度存在的问题,反映了各利益主体的诉求。

在历史演进的博弈中,阶级作为一个有目的的实体,是由许多具有共同利益的个体自发形成的,以最大化其财富、收入以及其他一些由制度结构所提供的机会为目标的,因而也在制度与思想的变迁中起到重要影响。"阶级是一种历史现象,……当一批人从共同的经历中得出结论(不管这种经历是从前辈那里得来还是亲身体验),感到并明确说出他们之间有共同利益,他们的利益与其他人不同(而且常常对立)时,阶级就产生了。"[①]换言之,只有在具有共同经济地位的人认识到存在共同利益的时候,阶级才出现。各阶级的谈判能力和政治影响力取决于自身对财富的掌握和对舆论的影响,有实力的阶级会充分利用现存制度中的机会,通过直接影响政坛改变制度,或投资于各种知识,以长期知识存量与制度框架之间的持续互动渐进性地改变制度。

对于中国而言,由于官僚集团的存在是以中央集权体制存在为前提的,现

---

① [英]汤普森:《英国工人阶级的形成》,钱乘旦译,译林出版社 2001 年版,第 1 页。

有王朝的崩溃也会影响官僚集团的既得利益，因而官员与皇帝一样，都是在以政局稳定的条件下，对各自的利益进行追求。商人的崛起相对较晚，至明代中晚期才逐渐具备政治影响力。在15—16世纪的中国，皇权集团与官僚集团实力均衡，皇帝虽然拥有最高权力，但对帝国的情况缺乏了解，在官僚集团的制衡下很可能选择不作为，正如原额主义的初衷是为了在信息不对称的情况下避免官员对百姓过分的侵夺，但原额主义也导致政府可支配收入过低，职能难以完成。皇帝并不想放给官员们过多的权力，同时还利用特务机关监督与制衡官员。又如，中央各部财权的分散是出于将财权集于皇帝的目的，但各部逐渐形成了属于自己的利益范围，也满意于各有自己的小金库，造成了财政效率的低下，皇帝想要在各部之间协调也是困难的，官员们总是极力抵制对本部经费的抽调。同样，皇帝也不希望自己的小金库受到侵害，皇室奢侈的消费屡屡受到官员抨击，但官员并不能对皇室财产进行有效监管，皇室消费依然频繁占用国家经费。皇帝的政策可能受到官员的抵制，官员的建议皇帝也不愿采纳，事实上双方都无力对现有制度进行调整。因而中央层面的改革直到万历初年，张居正主政时期才得以进行，皇帝的私人消费受到限制，户部的管理职能得到加强，地方性的财政改革也得以在全国推广。地方行政同样艰难，官员与地方精英之间既有合作也有对抗。由于侧面收受，地方政府能用于自身职能的用度严重不足，依靠加派的弹性并非长久之计，因而不得不在地方治理中妥协，允许士绅与商人参与治理，缓解财政压力；但另一方面，士绅与商人财富积累也伴随着贫富分化与土地兼并，在赋役不均较为严重的地区，地方政府改革方向即为均平，矛头直指地方精英，而政府的政策也时常被地方精英所抵制。

　　这一时期官员的财政思想占主流，肯定理财的态度在官员中普及，政府职能与制度漏洞受到普遍的关注。中国传统社会以农业为主要产业，全国人口的九成以上从事农业相关产业，而农业受气候变化影响大，同时由于利润率低，抗风险能力差，因此，在财政思想上，保障民生为政府的头等要务。具体建议是从实际出发主张减轻农业税收，平均赋税负担，并从官民两利的角度主张简化税制，赋役折银。商业的发展使得商人的诉求得以反映，官员中不乏为商人呼吁者，藏富于民，反对与民争利的观点盛行。对政府管理，官员们则希望能公私合并，减少皇帝对国家财政的侵蚀，同时节约皇室开支，加强对国家财政的管理。

　　当国家在17世纪遇到危机时，皇帝的应急措施也与政治经济结构密切相关。皇帝希望保护百姓的利益，但更需要在短期内解决政权存续的危机；官员们也有解决危机的动机,但并不愿危害自身与士绅的利益,其中代表商人利益者也为商人大声疾呼。以往一直以百姓利益代言人自居的皇帝与官僚为了自身利益选择了牺牲百姓将新增的财政负担全部压在百姓身上,而不堪重负的百姓最终起义,推翻了政府。对于清政权来说,为稳定局势,在当时政治经济结构下最有效的方式即是继承前朝制度。即便如此,长时间的动荡直到清朝建立多年都未能平息。朝代更迭,政权交替,局势动荡,使得这一时期的财政思想大多由民间学者提出,虽然同样针对制度的弊病,但关注重点更加聚焦于民生。对弊政的批判主要是田制混乱,积累莫返与赋税征银,而解决建议仍是立足于现实的三分法,分别针对农业税收、商业税收与政府管理提出,但明显站在农民与商人的立场。

18—19世纪,国家恢复稳定,由于大规模承袭明代制度,因而制度弊病仍旧存在。主要有两点:一条鞭法推进了赋役合并与折银,但改革并不彻底,产去丁存现象严重,摊丁入亩势在必行;在正式财政体系之下存在着庞大的非正式经费体系,虽然其存在具有一定合理性,但毕竟导致国家财政收入的重大漏出,府库亏空严重,百姓不堪其苦。这些问题在康熙时期已然严重,但政权新立,皇帝希望在不危及政权的情况下以适当的妥协维持官僚集团的忠诚。在政治结构上,18—19世纪相当于16世纪的重建与发展,18世纪凭借着密折制度与围绕皇帝的私人关系集团,皇权再度占据优势,这种小集团具有极强的行动能力,能及时传递信息,并能有效推进改革。围绕改革的争论也成为这一时期财政思想的重点,一方面摊丁入亩因触及士绅的利益而受到抵制,另一方面耗羡归公因触及官僚集团的灰色收入而阻力重重。但其后随着王朝步入中期,皇帝与官僚集团恢复均势,制度重新达到均衡,财政思想也再次转向对农业与商业的关注。

都铎王朝时期的英国,王权强势,国王占据国内主导,贵族经过玫瑰战争实力大减,而中等阶级仍在成长之中,并将继续在国家积极的对外战略下发展。此时的财政制度无疑是对王权极为有利的,国王的收入绝大多数都处于议会控制之外,庞大的王室自有资产带来丰厚的收入,同时国王还享有一系列可带来收入的封建特权,而作为重要的税收收入,关税在每任国王即位时都会得到议会授权终身征收。虽然议会直接税是议会重要的制衡手段,但这一时期国王对直接税的依赖并不大,议会也不具有与国王对抗的资本。对于政府支出,议会同样难以插手,贵族与精英能够参与财政署运行,监督财政支出,但国王也可以通过宫室和锦衣库绕开财政署灵活开支。事实上,议会之所以驯服,一方面是因为难与国王抗衡,另一方面则是因为此时国王以国家力量进行的海外争霸恰恰能保障英国的海外殖民地与对外贸易,与议会利益一致。由于确实需要王权保护,因而这一时期的政府观反映了精英阶层对强势政府的渴求,同时反映在赋税起源论上首次提出"利益交换说",并认为重税亦有其合理性;另一方面,财政思想也反映出精英们对财富的追求,他们重视商业的发展与贵金属的积累,因而提出以贸易出超来增加财富的贸易差额论,主张征收保护性关税。

17—18世纪,英国社会发生转型,王权持续衰落,以贵族为代表的土地所有者成为这一时期的主导。17世纪前半叶,国家财政崩溃,原有制度无法维持。但经过一个多世纪的发展,此时的贵族与精英已不可同日而语,无论是对财富的掌握,还是对舆论的掌控,国王都处于下风。他们并不愿听凭国王侵夺自身财富。议会在征税问题上日渐强势,议会直接税的批准越来越难,不仅要以削弱王权为代价,拨款额度也会被议会削减,连以往授予国王终身课征的关税也被改为短期征收。国王迫于无奈,试图停开议会,并以封建特权大肆敛财,激起了全国性的反对风潮,并进一步导致了内战,双方矛盾的核心即在于对私有产权的处置。内战之后,王权持续衰落,议会主导下的新财政体系逐步建立。显然,新财政体系是有利于贵族等有产阶级的,以消费税为主体的税收体系实质上具有累退性,而公债体系也保证了有权势的债权人的利益。由于议会与政府的关系逐渐建立,对政府职能与经费的关注成为财政思想的重要部分,政府被认为有责任使国家富裕。另一方面,赋税理论的基础已转变为所有权理论与社会契约论,"公平、确实、便利、最小征收费用"的赋税原则被提出,赋税的转嫁性与税负的归宿开始成为学者的关注重点。此时的财政思想明显倾向地主,认为地主的利益是与人民一致的。

18世纪后半叶,工业革命再度改变了社会结构,作为新财富所有者的产业资本家与占据人口绝大多数的工人阶级崛起,以议会改革为目标的运动随之勃然兴起。与土地贵族集团不同,产业资本家与工人的经济基础在于工商业,而工商业的发展需要廉洁高效的政府。在日益增强的政治压力下,贵族对政权的垄断难以为继,开始向产业资本家寻求妥协,保护关税逐渐被废除,政府偿债基金建立,财政制度向着对产业资本家有利的方向发展。1832年,议会改革,产业资本家获得了议会的部分议席,财政制度的改革也大大加速。同一时期,现代预算制度与审计制度也逐步建立起来,保证了议会对财政运行的监督,在很大程度上抑制了腐败。与之相应,这一时期的财政思想也明显倾向于产业资本家。这一时期以亚当·斯密的《国富论》出版为标志,现代财政学正式诞生。古典学派以自由主义为核心,将政府行为视为非生产性活动,主张限制政府行为,减少对资本积累的损害。在赋税理论上,公平与效率成为征税原则,公平尤为受到重视;国民被划分为三个群体——地主、资本家与工人,赋税转嫁与归宿也转向关注税负在三者之间的分配,对工资与利润的课税受到批评;对于公债的批评也集中于公债会侵蚀生产资本与鼓励懒惰。

第三节 选择机制

长期来看,财政思想一方面受思想遗传基因的影响,另一方面也受到变异机制的影响,受到外部冲击后,相对价格与人们的偏好发生改变,政治经济结构与各阶级利益诉求随之渐变。两方面相互作用,其中符合主导阶级利益且无害于多数人利益的思想会被人们所接受,逐渐凝聚成为社会信念,并最终决定了财政制度变迁的方向。

在15世纪之前漫长的历史演化中,中英两国经济思想都与自身社会文化高度契合,逐渐内化成为各自民族的"文化基因",并继续为后人所继承,这种鲜明的差异影响深远。[①]

大一统的中央集权构成了中国古代社会丰富的财政思想的政治制度基础,中央集权的大国必须有庞大的统治机构、众多的官吏和足够的军队,自然需要庞大的财政开支,因此财政自古就是中国思想家和政治家关注、讨论的重点。

中国传统经济思想中形成的以治国平天下为核心的经济观念,出发点是维护大一统的国家政治秩序,因此强调经济活动必须是在维护现存国家政治秩序下进行,强调必须用政治手段和伦理规范来引导经济活动,以避免危及政治秩序。古代中国的经济基础是小农经济,而农业的抗风险性极差。为此,中国古代思想家们先后提出了很多的方案,一方面注重保民抗灾,主要有常平法;另一方面则抑制土地兼并,主要有井田、限田和均田等。同时,国家本位也体现在对商业的态度上,放任论与轻重论两大思想体系贯穿于传统经济思想的始终,与国家本位特点相应,轻重论一直居于主流支配地位,支持者多为在

---

① 近代以前的财政思想仅是经济思想的一个组成部分,且并未独立形成体系。

朝官员,把富商大贾看作对国家有害的势力,主张国家直接经营工商业,对重要自然资源如矿山和盐场进行国营垄断,增加国家收入;而放任论的支持者多为民间学者,主张自由竞争,降低政府对经济的干预,鼓励人民从事财富的生产,政府的职能缩小了,机构也就不必庞大,税收也可因此降低。

此外,中国传统的经济思想最终的价值取向不是指向人的欲望,而是治国平天下的社会道德秩序,对经济政策和观念的评价强调从道德价值的评价出发而非技术分析。

15世纪后期,大航海时代开启,世界格局开始变化。大量流入的白银促进了商业的繁荣,为商业的发展积累起资本;农作物传入所带来的人口的激增则为手工业的发展提供了充足的劳动力,分工与专业化程度大大加强,促进了商业的极大发展。同时,国家官营逐步放宽,允许商人参与其中。富商因其巨额财富以及对地区的重大影响发挥着政治作用,每一重要行会在大城市都拥有地方会馆以结交士绅和官僚。与之相应,放任论逐渐占据上风,为商人利益呼吁成为普遍的呼声。明代中期开始,官员们改变了对商业的传统态度,"重农抑商"的态度被摒弃,"农商相资"成为较为一致的观点,围绕商业的富民之策开始成为明清财政思想的重要组成部分,而在具体措施上最为重要的两项即为轻税与放开官营垄断。明末清初的民间学者也将商业提高到重要的位置,将其视为富国富民的重要途径。"藏富于民""让利于民"已逐渐成为社会共识,直到清中期仍不时有人为商人呼吁,肯定商人在国家治理中的重要作用。事实上,政府确实在这样的影响下逐步放松了对经济的干预,明代中后期不仅放开了过去官营垄断的领域,改为民间经营官方征税,在灾后赈济与地方治理中也更加注重发挥商人的作用。

对于农业的重视始终是中国传统财政思想的重要内容,减轻农民负担与平均税负可以说是代代相传的信念。白银的大量流入为明清时期赋役合并征银创造了条件。自明代中期,部分地方官员即已提出赋役合并征银的思想,他们以自身推行改革的经验建议在全国推广赋役合并征银,并进一步实现由对人课税向对资产课税的转变。但赋役合并征银为人民接受却并不容易,明末清初民间思想家抨击的弊政之一即为赋税征银,尽管其中部分学者的反对主要是针对银荒而言。清前期,摊丁入地的方案由地方官员提出并得到皇帝的支持,开始在全国范围内推行。这种对人课税向对资产课税的税制转变发展趋势在清代已被人们认识到,王庆云即曾指出这是唐两税法改革的延续。另一方面,由于明中后期田制混乱导致的财政问题,使得井田与均田的讨论再次进入学者的视野,出现了各种对井田的改进设想。虽然已产生"天地间田,宜天地间人共享之"的言论,但将土地私有制重新改为国有制则明显不符合多数国民的利益,因而众多均田建议无一能得到实施。

对政府财政管理的讨论同样是中国传统财政思想的关注重点。明代低效的财政管理使得加强财政管理的需要尤为迫切,明代中期邱濬即提出了以籍簿为依托的详尽的半预算制管理方案以及财政审计方案,明孝宗曾下令在全国范围内刊行丘濬的《大学衍义补》,这本书成为当时官员最重要的财政参考书,其思想也得到普遍的认同。明代晚期,《万历会计录》编成,使得政府真正预算管理方向迈进了一步,并为清初编写《赋役全书》打下良好的基础。不仅如此,清代统治者还创立奏销制度来进行财政审查,并以此确立了户部财政管理中心的地位。需要说明的是,传统思想的遗传基因并非都会被继承。对于扩大地方财权,提高官员俸禄的呼吁官员与民间学者均多有提及,成为社会普遍的认识,但反对者的出发点是改革的道德属性,希望以道义劝诫代替制度性的改革,争论在耗羡归公的推行中达到最高潮,也标志着经过选择,新的信念取代了遗传基因,全国性的改革也在其后得到有序推行。

英国财政思想的遗传基因恰恰与中国相反,在近代之前并没有对财政给予足够的关注。事实上,包括英国在内的整个西欧,在封建制下都不需要庞大的常备军与精致的官僚机构,国家的财政职能非常弱小,因而不可能产生类似古代中国那样成熟的国家财政和赋税的政策思想。同时,在领主经济制度下,西欧没有出现土地兼并引发的周期性危机,思想家更多关注私有土地产权的保护,如阿奎那不仅证明了私有财产与自然法相一致,还歌颂了私有财产制度的优越性:它符合人的本性,导致效率和和平。14世纪初的英国即形成"国王靠自己过活"的理念,反对国王侵犯私人财产。并且,由于岛国独特的地理环境,英国海上的舟楫交通相对发达,商业文明的活跃,对外贸易是其重要的财富来源。因而,在以家庭为本位的经济思想中,分工、交换和价值实现为主要内容,获取财富是其关注的主线与核心。至都铎王朝时期,围绕积累贵金属财富的贸易差额论兴起,对财富的追求需要以强势政府为后盾,与遗传基因中的保障私有产权结合之下形成"利益交换说",以及之后的"社会契约论"等,明确了国家与个人之间的权利与义务。在贵族与精英共同推动下,国家财政目标逐渐转向海外霸权,政府实施重商主义政策,对经济进行国家干预。但遗传基因始终在起作用,对私有产权的重视始终存在,斯图亚特王朝早期,王权对私有财产的侵犯,即使得贵族与精英联合起来反对国王,并在内战之后逐步通过立法重建了国内财政体系,消除了封建特权收入,将财政收入主体转向议会批准的税收收入,将国王私人借款转化为由税收担保的国家公债。

此外,中世纪时代的经济思想还具有基督教神学的特点,即从神的旨意出发讨论社会分工,强调自由人的人生目的是培养神所赋予的善德与追求正义,强调追求财富要合乎公正原则,这一公正的原则就源于神[①]。中世纪之后,这种公平的信念继续影响着学者与民众对制度的认识。随着内战后新税收体系的建立,公平的信念也逐渐扩展到赋税起源理论与赋税原则,从利益交换说到社会契约论都体现了平等的原则,以公平和效率为核心的赋税原则也被广为接受。同时,对公平的强调也扩展到了税负的转嫁,学者对税负的真正归宿非常重视,无论是直接税还是间接税,对贫民与生产性资本的课税都被认为是不公正的。公平的信念也逐步在财政制度中得到体现,随着直接税体系建立,税收开始转向对资产课税,土地税与所得税开征,同时对于所得税的征收也注重最低起征额和对储蓄的免征。

在以保障私有产权为前提,以公平为理念,对财富的追求中,效率理念逐渐形成。学者开始注意到经济行为存在的资源浪费现象,开始强调财政行为的效率。作为效率的表现,转型时期,便利原则与最小征收费用原则最早出现在了赋税原则论中,力图使纳税人所受的烦扰最少,使纳税人缴纳的税款在中间过程尽可能减少浪费。随后,效率理念的运用开始出现在财政思想的各组成部分。赋税转嫁就是在公平效率理念下,关注在当下各阶层之间的负担分配,并进而影响了后续的税制。在经费论中,斯密将支出分为生产性与非生产性支出,指出为了增加国民财富,就必须尽可能地减少非生产性支出,减少资源的浪费,将政府职能限制在一个较为狭小的领域。以廉价政府为核心的自由主义信念逐渐产生并为社会所接受,与保障私有产权的信念相结合,促成了其后政府职能的收缩。变化很快影响了政府实际角色,重商主义的强势政府在18世纪逐渐转向自由主义的夜警政府。在财政监督方面,对效率原则的强调催生了预算与审计制度。光荣革命虽然约束了王权,但并未约束住政府,体制仍旧对当权者有利,对产权的侵犯仍时有发生,政府的腐败行为往往难以监督。产业资本家们的经济基础在于工商业的发展,需要廉洁高效的政府,在他们的大力推动下议会加速财政监管改革,深化各项改革措施,通过建立预算制度与审计制度控制财政,大体上抑制了腐败。

[①] 马涛、李卫:《中西方传统经济思想特点的比较》,《学术月刊》2019年第2期,第57—67页。

第四节　发展道路

　　一国的财政制度与财政思想变迁深深根植于国情。国情既包括了制度与思想的遗传基因，也包括了各自不同的政治经济结构。其中，政治经济结构的影响尤为重要，在短期内，决定了财政制度与财政思想的变异机制，长期来看则对财政思想演化的选择机制产生重要影响，进而影响制度的变迁。不同国家即使受到相同的外部冲击，在各自不同的政治经济结构下，也会走上各自不同的发展道路。

　　社会结构转型并不是一蹴而就的，短期内社会结构保持稳定，即使是在外部冲击发生后的一段时间内亦是如此。社会各阶层都在新的外部环境下继续发展，积蓄力量。15世纪后期大航海拉开序幕后，世界经济格局发生改变，美洲白银的发现与新大陆农作物的传播为世界经济的发展注入了新的动力。

　　从短期来看，白银的大量流入为中国实行银本位创造了条件，新大陆农作物的传入则带来了人口的飞速增长，商业的获利机会大大增加，人们对商业的态度也大为改观。商人希望能够获得更多盈利机会，不断增长的财力使得他们在社会治理中发挥日渐重要的作用，也使得商人逐渐参与国营垄断行业成为可能，也逐渐能够在财政制度变迁中发挥自身的影响。国家财政制度的变迁是皇帝、官僚与商人角力的结果。明代后期由于皇帝的不作为，官员逐渐成为制度变迁的主要推动力量，财政制度的变迁反映了官员们加强财政管理的要求，国家的财政管理能力逐渐提高，商人的利益也受到极大的重视，以往由国家垄断的矿业与盐业逐渐向商人开放。在思想上，官员同样占据主导，以"立政养民"为核心思路，主张保障民生与加强财政监管，为商人利益呼吁的官员也大大增多，传统经济思想中的放任论得到了官员们的认可，轻重论逐渐没落。

　　同时期的英国，国王占据国内主导，财政制度对国王极为有利，议会对国王的收支大都无法监督，虽然议会直接税是议会重要的制衡手段，但这一时期国王对直接税的依赖并不大，在强势王权之下都铎王朝时期的财政制度几乎未发生大的变化。贵族与中等阶级仍在成长之中，价格革命与农作物的传入给他们带来了新的发展机会，他们扩大海外市场的愿望与国王的争霸梦想不谋而合。由于需要依靠国家的力量来维护自身利益，因而这一时期的政府观反映了精英阶层对强势政府的渴求,反映在赋税起源论上则是首次提出"利益交换说",并认为重税亦有其合理性;另一方面,精英们对财富的追求使得他们重视商业的发展与贵金属的积累,因而提出以贸易出超来增加财富的贸易差额论,主张征收保护性关税。

17世纪时,相似的局面在中英两国出现,世纪中叶两国都因财政危机引爆的社会危机发生了政权的更迭,但具体情况又有不同。当明末皇帝加征税收时,由于受到官员与商人的抵制,因而只能加征田税应急,但不堪重负的百姓揭竿而起推翻了王朝的统治。满清入关后建立了新政权,但动荡一直延续到17世纪晚期。旧体系崩溃后,由于士绅阶层与商人阶层都是依附于原先制度的集团,他们的利益都来源于原体系,为了迅速稳定,清对明代制度进行了大规模承袭,并以此为基础开始进一步改革,财政思想也围绕着前朝弊政而展开。英国频繁的对外战争也需要巨大的资金,但逐渐成长起来的贵族与精英并不愿分享自身财富,国王不得不以封建特权掠夺财富。为了保护个人自由、权利和财富,反对国王的联盟形成了。对于这一集团来说,由于自身财富的日益增长,对抗国王的价值提高了,同时由于国王想要从其支持者那里收回他曾经赏赐给他们的利益,支持国王的价值也降低了。与中国不同的是,贵族与精英的存在并不依赖于当前制度,他们的利益并不会因现存制度的改变而消失,反而会因制度改革后获得更大的权力而取得更大利益。经历了共和国时期、复辟时期,英国最终在"光荣革命"后恢复稳定。而自内战开始,议会主导下的财政改革开始逐步推行,贵族凭借着对财富的掌握与优越的社会地位成为国家的主导,财政制度开始了全面的重建,财政思想明显偏向地主的利益。

18—19世纪,中国社会动荡之后实现重构,政治经济结构的内在稳定性使得路径依赖特点突出,清前中期财政制度变迁趋势上延续了明末的改革,推动财政制度进一步完善并达到巅峰。在皇帝的大力推动下,赋役合并征银的改革最终得以完成,地方政府获得了财政自主权,户部也在籍簿管理与奏销制度下建立起了权威,而财政思想在围绕改革的讨论之后又重新回归到对农业税与商业税的关注。英国的政治经济结构则在17世纪后进一步分化。18世纪贵族成为议会的实际主导,掌握国家最高权力。但伴随着农业国向工业国转型,因利益趋异,中等阶级开始分化,工业革命后产业资本家与以贵族乡绅为代表的地主逐渐分化;原先的部分约曼农与雇农则逐渐转化为雇佣工人,他们与产业资本家一样代表着新工业时代的需求,因而在早期与产业资本家结成同盟,共同推进议会改革运动。政治经济结构的变化也使得财政制度变迁的方向转向了加强监督,而在财政思想上则体现为立场明显倾向于产业资本家的需要。

从长期来看,中国经济思想的遗传基因与变异机制相作用,遗传基因与同时期变异因子相融合,与政治经济结构相适应的思想会继续作用下去,逐步形成信念。

在明代中叶,传统的重视理财的思想重新受到重视,对于理财的理解也在这一时期得到发展,与重视商业发展相适应,理财被分为理国之财与理民之财,一方面国富与民富的关系被重新阐释,"藏富于民"成为明清时期新的社会信念,在财政制度变迁上表现为政府职能的收缩,官营垄断行业被逐步放开,在地方治理中表现为更加注重士绅与商人的社会功能;另一方面,理国之财强调节用与加强财政管理,在财政制度变迁中也逐渐得到体现,财政的集权与分权得到完善,将皇室经费从国家财政中剥离也极大减少了财政开支。

重农是始终贯穿中国古代财政思想的重要内容,古代思想家们先后提出了很多方案,一方面注重保民抗灾,主要有常平法;另一方面则抑制土地兼并,主要有井田、限田和均田等。在明清时期,这些举措也被反复提及,邱濬的"立政养民"也使得政府职能更加明确,又由于商人的主要利润来源为国内市场,需要人民拥有足够的购买力,因而保障民生继续成为财政思想的一大关注面。对待商业的态度也在长期的演化中发生改变,与国家本位特点相应,在传统的放任论与轻重论两大思想体系中,轻重论一直居于主流支配地位,支持者多为在朝官员,放任论的支持者多为民间学者,主张自由竞争,缩小政府的职能。随着商人影响力的增强,放任论也逐渐为官僚集团所接受,事实上,由于明清时期官僚士绅与商人错综复杂的关系使得不少官员成为商人利益的代言人,重视商业发展与商业税收成为财政思想演化的新选择,"不与民争利"成为具体措施,政府逐渐退出了垄断经营行业,并在灾后赈济、地方工程等事项中注重发挥商人的作用。

但选择机制并非继承所有的遗传基因,中国传统的经济思想最终的价值取向是治国平天下的社会道德秩序,对经济政策和观念的评价强调从道德价值的评价出发而非技术分析,在清代中期的改革中反对派即是从这一角度出发。而明清时期,随着政治经济结构的发展,皇帝、官僚集团与商人的意愿可以在体制内得到有效表达,政府职能的逐渐完善,对于政策评价转向实用主义,在耗羡归公的改革讨论中表现得尤为突出,扩大地方财权与高薪养廉最终得以推行。

英国财政思想的遗传基因恰与中国相反,在近代之前并没有对财政给予足够的关注。在封建制下,国家不需要庞大的常备军与精致的官僚机构,国家的财政职能非常弱小,因而不可能产生类似古代中国那样成熟的国家财政和赋税的政策思想,思想家关注更多的是私有产权的保护问题。14世纪初英国兴起了"国王靠自己过活"的理念,反对国王侵犯私人财产,这一信念被民众广为接受,历次议会上几乎都会被人提及,这也成为国王与议会矛盾爆发的重要原因。其后的财政思想发展对私有产权仍然保持着高度的关注,对于赋税起源、政府的职能与税负问题的讨论成为其后财政思想的重要方面,"利益交换说""社会契约论""利维坦""廉价政府"等不断发展演化的观点适应了英国政治经济结构的发展。随着国内政治力量的此消彼长,经历了强势王权、贵族寡头统治与代议制政府的发展,极大地形塑了其后英国财政制度的变迁方向。

由于岛国独特的地理环境,英国海上的舟楫交通相对发达,商业文明的活跃,对外贸易是其重要的财富来源。因而,在以家庭为本位的经济思想中,获取财富是其关注的主线与核心,这一传统在英国得到了有效的继承。在价格革命与人口增长的冲击下,新的获利机会使得人们趋之若鹜,中等阶级中盛行重商主义,贸易差额论成为社会的普遍共识,在其影响下保护性关税成为英国长期的国策,一直持续到18世纪后期。而随着社会结构转型,对财富增值的追求使得财政思想发生新的变化,效率成为新的信念,18世纪后期古典经济学产生,人们的关注点从流通领域转向生产领域,资本积累成为整个国家的信念,而侵蚀资本的行为则受到大力批评,自由主义开始为越来越多的人接受,廉价政府成为新的政府观,随之带来了政府职能的收缩与预算审计制度的建立。另一方面,中世纪时代的经济思想还具有基督教神学的特点,强调追求财富要合乎公正原则。这一遗传基因得到了完整的继承,在新税制体系的建立过程中,思想家们始终对税收的公平性保持着高度关注,从重商主义时期的赋税起源论,到过渡时期的赋税转嫁理论,再到古典主义时期的赋税转嫁论,公平原则始终贯穿其中,成为各阶层为自身利益辩护的出发点,并在财政制度的变革中得到体现。

从两国财政制度与财政思想的变迁历程不难看出,一方面中英两国存在着各自不同的制度与思想遗传基因,这些基因大多在两国的近代发展中得到继承,对两国财政的发展演化产生了重要的影响;另一方面,受政治经济结构所决定的变异机制与选择机制同样对变迁产生了重要的影响,遗传基因与变异因子之间的融合与选择受社会主导阶级的影响，同时也需要获得其他阶层的普遍接受或认同，如此才能成为新的遗传因子继续传承下去。经过400余年的自发演化，在不同的遗传基因、变异机制与选择机制的共同作用下，两国最终走上了不同的发展道路。

参考文献

（明）敖英：《东谷赘言·卷下》，载《丛书集成续编（第213册）》，新文丰出版公司1988年版。

［日］坂入长太郎：《欧美财政思想史》，张淳译，中国财政经济出版社1987年版。

边俊杰：《明代的财政制度变迁》，经济管理出版社2011年版。

［英］波斯坦等：《剑桥欧洲经济史：全8卷》，王春法等译，经济科学出版社2013年版。

（明）蔡清：《四书蒙引·卷二》，明嘉靖六年刻本。

［英］查尔斯·达维南特：《论英国的公共收入与贸易》，朱泱、胡企林译，商务印书馆1995年版。

常建华：《清顺治朝的长芦盐政》，《盐业史研究》2012年第3期，第11—20页。

陈东林：《试论雍正"提耗羡、设养廉"的财政改革》，《史学集刊》1984年第4期，第34—41页。

陈锋：《清代财政通史（上）》，湖南人民出版社2013年版。

陈锋：《清代财政行政组织与奏销制度的近代化》，《人文论丛》2000年第1期，第131—141页。

陈锋：《清代财政政策与货币政策研究：第2版》，武汉大学出版社2013年版。

陈锋：《清代对财政亏空的清查》，《人文论丛》2008年第1期，第333—356、5页。

陈锋：《清代军费研究：第2版》，武汉大学出版社2013年版。

陈锋：《清代盐政与盐税：第2版》，武汉大学出版社2013年版。

陈锋：《清代中央财政与地方财政的调整》，《历史研究》1997年第5期，第99—113页。

陈锋：《顺治朝的军费支出与田赋预征》，《中国社会经济史研究》1992年第1期，第46—50、77页。

陈锋：《中国财政通史：清代财政史（第七卷）》，湖南人民出版社2015年版。

（明）陈九德：《皇明名臣经济录》，明嘉靖二十八年刻本。

（明）陈全之：《蓬窗述·卷一》，明万历十一年书林熊少泉刻本。

陈曦文、王乃耀：《英国社会转型时期经济发展研究》，首都师范大学出版社，2002年版。

陈支平：《清代赋役制度演变新探》，厦门大学出版社1988年版。

陈子龙:《明经世文编》,明崇祯平露堂刻本。
陈作霖:《金陵琐志·凤麓小志卷三》,清光绪二十六年民国六年刊本。
程汉大:《英国政治制度史》,中国社会科学出版社1995年版。
程利英:《明代北直隶财政研究——以万历时期为中心》,中国社会科学出版社,2009年版。
[美]道格拉斯·C.诺斯:《制度、制度变迁与经济绩效》,格致出版社2008年版。
邓智华:《明中叶经济改革家庞尚鹏研究文献考述》,《广东社会科学》2006年第6期,第113—117页。
丁亮:《在徭役与市场之间:明代徽州府上供物料的派征与审编》,《中山大学学报》(社会科学版)2019年第59卷第4期,第103—112页。
董建中:《耗羡归公的制度化进程》,《清史研究》2000年第4期,第50—58页。
董建中:《耗羡归公政策究竟是如何出台的》,《清史研究》2002年第2期,第36—45页。
董建中:《清代耗羡归公起始考》,《清史研究》1999年第1期,第103—105、113页。
樊树志:《"摊丁入地"的由来与发展》,《复旦学报》(社会科学版)1984年第4期,第92—99页。
范金民:《清代雍正时期江苏赋税钱粮积欠之清查》,《中国经济史研究》2015年第2期。
范金民:《清代雍正时期江苏赋税钱粮积欠之清查》,《中国经济史研究》2015年第2期,第12—32、143页。
(清)方苞:《望溪先生集》,清咸丰元年戴元衡刻本。
方兴:《从"苏松重赋"到"三饷"均摊》,《中国经济史研究》2010年第1期,第141—147页。
冯元魁:《论清朝养廉银制度》,《复旦学报》(社会科学版)1991年第2期,第62—70页。
甘行琼:《西方财税思想史》,中国财政经济出版社2007年版。
高寿仙:《整理解读明代财政数据应注意的几个问题——以赖建诚〈边镇粮饷:明代中后期的边防经费与国家财政危机,1531～1602〉为例》,《史学月刊》2015年第2期,第123—132页。
葛剑雄、曹树基:《对明代人口总数的新估计》,《中国史研究》1995年第1期,第33—44页。
(清)葛士濬:《皇朝经世文续编》,光绪二十七年上海久敬斋铅印本。
龚浩:《清初江苏省地方财政收支分析》,《财政史研究(第八辑)》,中国财政史研究所2015年版,第65—90页。
(明)顾宪成:《顾端文公遗书》,清光绪三年泾里顾氏宗祠刻本。
(清)顾炎武:《顾亭林诗文集》,中华书局1983年版。
(清)顾炎武:《天下郡国利病书》,清稿本。
(清)顾炎武撰,黄汝成释:《日知录集释》,清刊本。

郭厚安:《明代江南赋重问题析》,《西北师大学报》(社会科学版)1984年第4期,第13—21页。

郭松义:《明末三饷加派》,《明史研究论丛》1983年第2辑,第220—245页。

(明)海瑞:《海瑞集》,中华书局1962年版。

[美]韩书瑞、罗友枝:《十八世纪中国社会》,陈仲丹译,江苏人民出版社2009年版。

何平:《论清代定额化赋税制度的建立》,《中国人民大学学报》1997年第1期,第64—71、130页。

何平:《论清代赋役制度的定额化特点》,《北京社会科学》1997年第2期,第130—137页。

(清)贺长龄:《皇朝经世文编》,清道光刻本。

胡寄窗、谈敏:《中国财政思想史》,中国财政经济出版社2017年版。

黄阿明:《明代户部机构及其运作》,华东师范大学2005年博士学位论文。

黄仁宇:《十六世纪明代中国之财政与税收》,阿风等译,生活·读书·新知三联书店,2015年版。

(清)黄宗羲:《明夷待访录》,清道光指海本。

[英]霍布斯:《利维坦》,朱敏章译,商务印书馆1936年版。

翦伯赞:《论中国古代的封建社会》,《历史问题论丛》,人民出版社1962年版。

姜晓萍:《明代商税的征收与管理》,《西南师范大学学报》(哲学社会科学版)1994年第4期,第104—108页。

焦建国:《英国公共财政制度变迁分析》,经济科学出版社2009年版。

瞿同祖:《清代地方政府》,范忠信译,法律出版社2003年版。

[意]卡洛·M.奇波拉:《欧洲经济史:第二卷》,贝昱、张菁译,商务印书馆1988年版。

[意]卡洛·M.奇波拉:《欧洲经济史:第三卷》,吴良健、刘漠云译,商务印书馆1988年版。

赖建诚:《边镇粮饷:明代中后期的边防经费与国家财政危机,1531—1602》,浙江大学出版社2010年版。

[美]兰德雷斯,柯南德尔:《经济思想史:第4版》,周文译,人民邮电出版社2014年版。

(清)蓝鼎元:《鹿洲全集》,厦门大学出版社1995年版。

(明)雷礼:《皇明大政纪·卷二十五》,明万历三十年博古堂刻本。

(清)李塨:《瘳忘编》,载《李塨集》,人民出版社2014年版。

(清)李塨:《拟太平策》,民国颜李丛书本。

(清)李塨:《平书订》,清畿辅丛书本。

李华瑞:《宋、明税源与财政供养人员规模比较》,《中国经济史研究》2016年第1期,第5—22页。

[英]李嘉图:《公债论》,载《李嘉图著作和通信集:第四卷》,蔡受百译,商务印书馆1980年版。

［英］李嘉图：《政治经济学及赋税原理》，郭大力、王亚南译，商务印书馆1976年版。
李金亮：《英国议会征税权探源》，《史学月刊》1994年第4期，第68—72页。
李三谋、李震：《明代前中期盐政管理之困扰》，载《盐业史研究》2000年第1期，第3—12页。
李三谋：《明清财经史新探》，山西经济出版社1990年版。
（明）李雯：《蓼斋集》，清顺治十四年石维昆刻本。
李映发：《清代州县财政中的亏空现象》，《清史研究》1996年第1期，第86—89页。
（明）李贽：《李温陵集》，明刻本。
（明）李贽：《四书评》，明刻本。
梁方仲：《梁方仲经济史论文集》，中华书局1989年版。
梁方仲：《明清赋税与社会经济》，中华书局2008年版。
梁方仲：《中国历代户口、田地、田赋统计》，中华书局2008年版。
梁淼泰：《明代"九边"的饷数并估银》，《中国社会经济史研究》1994年第4期，第46—56页。
（明）林希元：《林次崖文集》，清乾隆十八年陈胪声诒燕堂刻本。
林永匡：《清初的福建运司盐政》，《中国社会经济史研究》1986年第1期，第105—111页。
林永匡：《清初的两广运司盐政》，《华南师范大学学报》（社会科学版）1984年第4期，第57—65页。
林永匡：《清初的两淮运司盐政》，《安徽史学》1986年第3期，第27—34页。
林永匡：《清初的两浙运司盐政》，《浙江学刊》1984年第1期，第33—38页。
林永匡：《清初的山东运司盐政》，《山东师大学报》（哲学社会科学版）1984年第4期，第51—58、36页。
林永匡：《清初的陕甘与宁夏盐政》，《宁夏社会科学》1984年第3期，第103—109页。
（明）刘定之：《十科策略》，清雍正七年积秀堂刻本。
刘凤云：《嘉庆朝清理钱粮亏空中的艰难抉择——兼论君臣在地方财政整饬中的不同认识》，《中州学刊》2013年第5期，第128—136页。
刘金源、李义中、刘明周、胡传胜：《英国通史：第四卷·转型时期——18世纪英国》，江苏人民出版社2016年版。
（清）刘锦藻：《皇朝续文献通考·卷六十》，清光绪三十一年乌程刘锦藻坚匏庵刊本。
刘利平：《明代户部财政决策权新探》，《史学月刊》2009年第7期，第19—26页。
刘守刚：《雍正帝财政改革的限度与帝国财政转型的内因》，《公共治理评论》2015年第1期，第109—118页。
刘守刚：《中国财政史十六讲——基于财政政治学的历史重撰》，复旦大学出版社2017年版。
刘新成：《英国都铎王朝议会研究》，首都师范大学出版社1995年版。
刘雪梅、张歌：《1660～1799年英国财政革命所带来的划时代变化》，《现代财经（天津财经大学学报）》2010年第7期，第31—37页。

刘昀:《14—17世纪中英财政收入与支出结构比较研究》,东北师范大学2011年博士学位论文。

陆伟芳:《英国议会征税权的形成和发展》,《扬州大学税务学院学报》2005年第3期,第33—35页。

[英]洛克:《论降低利息和提高货币价值的后果》,徐式谷译,商务印书馆1982年版。

[英]洛克:《政府论(下篇)》,叶启芳、瞿菊农译,商务印书馆1983年版。

马涛、李卫:《中西方传统经济思想特点的比较》,《学术月刊》2019年第2期,第57—67页。

马涛:《新编经济思想史(第一卷):中外早期经济思想的发展》,经济科学出版社2016年版。

毛程连,庄序莹:《西方财政思想史》,复旦大学出版社2010年版。

毛亦可:《清初山东东路驿站经费研究》,《中国社会经济史研究》2013年第2期,第17—27页。

《明史纪事本末》,钦定四库全书。

《明史·食货志》,中华书局1974年版。

(明)庞尚鹏:《请均徭役疏》,载《同治安吉县志·卷五》,清同治十三年刻本。

[荷]皮尔·弗里斯:《国家、经济与大分流:17世纪80年代到19世纪50年代的英国和中国》,郭金兴译,中信出版集团2018年版。

齐婷:《张居正财政思想及改革启示》,《山西财经大学学报》2014年第36卷第S1期,第25页。

祁美琴:《清代内务府》,中国人民大学出版社1998年版。

钱乘旦、陈晓律:《在传统与变革之间——英国文化模式溯源》,浙江人民出版社1991年版。

钱乘旦、许洁明:《英国通史》,上海社会科学院出版社2002年版。

钱乘旦:《英国通史:第3卷》,江苏人民出版社2016年版。

《钦定大清会典·卷八》,摛藻堂四库全书荟要1985年版。

秦佩珩:《明代赋役制度考释》,《郑州大学学报》(哲学社会科学版)1983年第3期,第91—98页。

《清高宗实录》,清实录中华书局1985年版。

《清会典事例》,中华书局2012年版。

《清圣祖实录》,清实录中华书局1985年版。

《清世宗实录》,清实录中华书局1985年版。

《清世祖实录》,清实录中华书局1985年版。

《清宣宗实录》,清实录中华书局1986年版。

(明)邱濬:《大学衍义补》,明成化刻本。

全汉昇:《明中叶后太仓岁出银两的研究》,载《中国近代经济史论丛》,稻禾出版社1996年版。

全汉昇:《中国社会经济通史》,北京联合出版公司2016年版。

[美]塞力格曼:《租税转嫁与归宿》,许炳汉译,商务印书馆1931年版。
申学锋:《转型中的清代财政》,经济科学出版社2012年版。
施诚:《中世纪英国财政史研究》,商务印书馆2010年版。
[美]斯坦利 L. 布鲁、兰迪 R. 格兰特:《经济思想史:第8版》,邸晓燕译,北京大学出版社2014年版。
宋丙涛:《英国崛起之谜:财政制度变迁与现代经济发展》,社会科学文献出版社2015年版。
(明)宋应星:《野议》,载《宋应星野议、论气、谈天、思怜四种》,明崇祯刻本。
苏新红:《从太仓库岁入类项看明代财政制度的变迁》,《东北师大学报》(哲学社会科学版)2013年第1期,第78—83页。
苏新红:《明代太仓库研究》,东北师范大学2010年博士学位论文。
苏新红:《明代中后期的双轨盐法体制》,《中国经济史研究》2012年第1期,第81—88页。
孙承泽:《春明梦余录》,北京古籍出版社1992年版。
孙晋浩:《清代盐政专商制的危机与改革》,《晋阳学刊》1989年第3期,第80—84页。
孙文学:《论邱濬"立政养民"财政思想》,《财经问题研究》2005年第7期,第87—92页。
孙文学、王振宇、齐海鹏:《中国财政思想史》,上海交通大学出版社2008年版。
谭建立:《浅谈清代"摊丁入地"的财政改革》,《山西财经学院学报》1992年第5期,第75—80页。
(清)汤鹏:《浮邱子·卷十》,清同治四年益阳李桓刻本。
[英]汤普森:《英国工人阶级的形成》,钱乘旦译,译林出版社2001年版。
汤象龙:《道光朝捐监之统计》,载《中国近代财政经济史论文选》,西南财经大学出版社1987年版。
唐任伍:《中外经济思想史比较研究》,陕西人民出版社1996年版。
(清)唐甄:《潜书》,中华书局1963年版。
滕德永:《清代户部与内务府财政关系探析》,《史学月刊》2014年第9期,第58—64页。
[日]田口宏二朗:《畿辅矿税初探——帝室财政、户部财政、州县财政》,《中国社会经济史研究》2002年第1期,第20—31页。
田培栋:《明代前期至中期财政储存研究》,《明史研究》1992年第2辑,第65—72页。
[英]托马斯·曼:《英国得自对外贸易的财富》,袁南宇译,商务印书馆1978年版。
万明:《16世纪明代财政史的重新检讨——评黄仁宇〈十六世纪明代中国之财政与税收〉》,《史学月刊》2014年第10期,第116—130页。
万明、侯官响:《财政视角下的明代田赋折银征收——以〈万历会计录〉山西田赋资料为中心》,《文史哲》2013年第1期,第72—88、166页。
万明、徐英凯:《明代〈万历会计录〉整理与研究》,中国社会科学出版社2015年版。
汪崇赟:《明末清初的两淮盐政状况》,《盐业史研究》2010年第2期,第13—23页。

(明)汪应蛟:《计部奏疏》,明隆庆刻本。
(清)王夫之:《船山全书》,岳麓书社1996年版。
(清)王夫之:《读通鉴论》,中华书局1975年版。
(清)王夫之:《黄书·噩梦》,中华书局1956年版。
[美]王国斌、罗森塔尔:《大分流之外:中国和欧洲经济变迁的政治》,周琳译,江苏人民出版社2018年版。
王海妍:《明代捐监制度研究》,《东岳论丛》2009年第1期,第130—134页。
王晋新:《近代早期英国国家财政体制散论》,《史学集刊》2003年第1期,第59—63+111—112页。
王巨新:《清前期粤海关税则考》,《历史教学》(下半月刊)2010年第5期,第12—18页。
(清)王庆云:《石渠余记》,清光绪十六年龙璋刻本。
王绍光、胡鞍钢:《中国国家能力报告》,辽宁人民出版社1993年版。
(明)王守仁:《王文成公全书》,明隆庆刊本。
王业键:《清代中国的财政制度》,载《清代经济史论文集》,稻乡出版社2003年版。
[英]威廉·配第:《赋税论》,陈冬野、马清槐译,商务印书馆1978年版。
[英]威廉·配第:《政治算术》,陈冬野译,商务印书馆1978年版。
吴承明:《论清代前期我国国内市场》,《历史研究》1983年第1期,第96—106页。
吴承明:《吴承明集》,中国社会科学出版社2002年版。
吴慧:《明清(前期)财政结构性变化的计量分析》,《中国社会经济史研究》1990年第3期,第39—45、56页。
吴建雍:《清前期中西茶叶贸易》,《清史研究》1998年第3期,第12—22页。
(明)吴亮:《万历疏钞》,明万历三十七年刻本。
吴琦、赵秀丽:《明代地方财政结构及其社会影响》,《商丘师范学院学报》2004年第4期,第8—13页。
(明)吴应箕:《楼山堂集》,清畿辅丛书本。
萧国亮:《雍正帝与耗羡归公的财政改革》,《社会科学辑刊》1985年第3期,第96—104页。
肖立军:《明代财政制度中的起运与存留》,《南开学报》1997年第2期,第68—73、80页。
[英]亚当·斯密:《国民财富的性质和原因的研究》,郭大力、王亚南译,商务印书馆1981年版。
[日]岩井茂樹:《中国近世財政史の研究》,京都大学学術出版会2004年版。
阎照祥:《英国贵族史》,人民出版社2000年版。
颜鹏飞、陈银娥:《新编经济思想史(第三卷):从李嘉图到边际革命时期经济思想的发展》,经济科学出版社2016年版。
(清)颜元:《存治编》,清康熙刻本。
(清)颜元:《习斋记余·卷三》,清畿辅丛书本。

杨慧：《17—19世纪中英财政收入和支出结构比较研究》，东北师范大学2013年博士学位论文。

杨仁飞：《清前期广州的中英茶叶贸易》，《学术研究》1997年第5期，第55—60页。

杨涛：《明朝万历年间矿税大兴的原因初探》，《云南师范大学学报》（哲学社会科学版）1985年第6期，第23—28+36页。

杨涛：《明末财政危机与三饷加派》，《云南师范大学学报》（哲学社会科学版）1985年第2期，第9—15页。

杨涛：《清初顺治朝的财政危机与敛赋措施》，《云南师范大学学报》（哲学社会科学版）1990年第3期，第19—25页。

杨涛：《试论清初赋税的沉重——清初轻赋说质疑》，《云南师范大学学报》（哲学社会科学版）1991年第2期，第62—67页。

姚开建、杨玉生：《新编经济思想史（第二卷）：古典政治经济学的产生》，经济科学出版社2016年版。

叶供发：《财政权与历史视野中的英国议会》，《历史教学问题》1997年第6期，第46—50页。

叶世昌：《中国传统经济思想的特点》，《财经研究》1985年第4期，第50—53页。

于民：《坚守与改革：英国财政史专题研究（1066年—19世纪中后期）》，中国社会科学出版社2012年版。

于民：《论都铎和斯图亚特王朝时期英国财政体制性质的演变——财政收入构成角度的分析》，《安徽史学》2007年第2期，第10—19页。

于民：《论中世纪和近代早期英国中央财政管理机构的沿革》，《史学月刊》2007年第6期，第73—78页。

（清）俞正燮：《癸巳类稿》，商务印书馆1957年版。

（清）袁枚：《小仓山房诗集》，清乾隆五十八年刻本。

袁一堂：《清顺治末年的财政危机及其缓解措施》，《河北学刊》1992年第4期，第92—97页。

［英］约翰·斯图亚亚特·穆勒：《政治经济学原理及其若干对社会哲学的应用》（上、下卷），赵荣潜等译，商务印书馆2009年版。

曾凡英：《庞尚鹏盐政思想研究》，《盐业史研究》1994年第1期，第20—29页。

［美］曾小萍：《州县官的银两——18世纪中国的合理化财政改革》，董建中译，中国人民大学出版社2005年版。

曾仰丰：《中国盐政史》，上海书店1984年版。

翟志强：《明代财政管理的特征——以明代皇家营建经费管理活动为中心的考察》，《晋阳学刊》2015年第6期，第140—142页。

张德信：《明代宗室人口俸禄及其对社会经济的影响》，《东岳论丛》1988年第1期，第77—82页。

张殿清：《国王财政自理原则与英国基本赋税理论——都铎王朝末期突破国王财政自理原则的实证考察》，《华东师范大学学报》（哲学社会科学版）2007年第1期，第16—

21页。

张建民、周荣：《中国财政通史：明代财政史（第六卷）》，湖南人民出版社2015年版。

张建业主编：《李贽全集注》，社会科学文献出版社2010年版。

（明）张居正：《张太岳集》，上海古籍出版社1984年版。

（明）张居正：《张太岳先生文集》，明万历四十年唐国达刻本。

张乃和：《16世纪英国财政政策研究》，《求是学刊》2000年第2期，第107—112页。

（清）张廷玉：《明史》，中华书局1974年版。

张馨：《公共财政论纲》，经济科学出版社1999年版。

（明）张学颜等：《万历会计录》，书目文献出版社1988年版。

赵尔巽：《清史稿·食货二》，民国十七年清史馆铅印本。

赵慧峰：《清代的俸禄制度与官员的廉贪》，《中国行政管理》1996年第3期，第36—37页。

赵靖：《邱濬——中国十五世纪经济思想的卓越代表人物》，《北京大学学报》（哲学社会科学版）1981年第2期，第48—54+61页。

赵思渊、申斌：《明清经济史中的"地方财政"》，《中山大学学报（社会科学版）》2018年第58卷第1期，第67—78页。

赵毅、丁亮：《明初浙江地区均徭法若干问题研究》，《学习与探索》2013年第5期，第135—142页。

赵志浩：《明代田赋"折征"到"征银"的转变》，《北方论丛》2013年第1期，第105—109页。

中国第一历史档案馆：《康熙朝汉文朱批奏折汇编：第1册》，江苏古籍出版社1984年，第127页。

中国第一历史档案馆：《雍正朝汉文朱批奏折汇编》，江苏古籍出版社1983年版。

中国社会科学院历史研究所：《清史论丛》，中华书局1982年版。

中央编译局：《马克思恩格斯全集》（第十三卷），人民出版社1962年版。

周伯棣：《中国财政史》，上海人民出版社1981年版。

朱红琼：《中央与地方财政关系及其变迁史》，经济科学出版社2008年版。

Alexander, M. V. C., *The First of the Tudors: A Study of Henry VII and His Reign*, Totowa, N. J.: Rowman and Littlefield, 1980.

Ashworth, W. J., *Customs and Excise: Trade, Production, and Consumption in England, 1640-1845*, New York: Oxford University Press, 2003.

Atton, H., Holland, H. H., *The King's Customs: An Account of Maritime Revenue & Contraband Traffic in England, Scotland, and Ireland, from the Earliest Times to the Year 1800*, London: Murray, 1908.

Beckett, J. V., "Land Tax or Excise: The Levying of Taxation in Seventeenth — and Eighteenth-Century England", *The English Historical Review*, 1985, Vol. 100, No. 395, pp. 285-308..

Beier, A. L., *The Problem of the Poor in Tudor and Early Stuart England*,

London: Routledge, 1983.

Beier, A. L., *The Problem of the Poor in Tudor and Early Stuart England*, London: Routledge, 1983.

Bonney, R., *The Rise of the Fiscal State in Europe*, C. 1200 - 1815, Oxford: Clarendon Press, 1999.

Braddick, M. J., *Parliamentary Taxation in Seventeenth Century England: Local Administration and Response*, Suffolk: the Boydell Press, 1994.

Braddick, M. J., *The Nerves of the State: Taxation and the Financing of the English State, 1558 - 1714*, Manchester and New York: Manchester University Press, 1996.

Brock, M., *The Great Reform Act*, London: Hutchinson University Library, 1973.

Cannon, J., *Aristocratic Century: The Peerage of Eighteenth Century England*, New York: Cambridge University Press, 1984.

Cannon, J., *Parliamentary Reform, 1640 - 1832*, New York: Cambridge University Press, 1973.

Carus-Wilson, E. M., Coleman O., *English Export Trade 1275 - 1547*, London: Oxford University Press, 1963.

Clay, C., *Public Finance and Private Wealth: The Career of Sir Stephen Fox, 1627 - 1716*, Oxford: The Clarendon Press, 1978.

Cook, C., Wroughton J., *English Historical Facts, 1603 - 1688*, New Jersey: Rowman and Littlefield, 1980.

Cowie, L., *Hanoverian England, 1714 - 1837*, London: Bell& Hyman Limited, 1967.

Davenant, C., *An Essay upon Ways and Means of Supplying the War*, London, 1695.

Deng, K., "Miracle or mirage? Foreign silver, China's economy and globalisation of the sixteen to nineteenth centuries", *Pacific Economic Review*, 2008, Vol. 13, No. 3, pp. 320 - 357.

Dickson, P. G. M., *The Financial Revolution in England: A Study in the Development of Public Credit*, New York: St Martin's Press, 1967.

Dietz, F. C., *English Public Finance: 1485 - 1641*, London: Barnes and Noble, 1964.

Dietz, F. C., *English Public Finance 1558 - 1641*, New York: The Century Co, 1964.

Douglas, R., *Taxation in Britain since 1660*, London: MacMillan Press Ltd., 1999.

Elton, G. R., *England under the Tudors*, London: Methuen, 1978.

Elton, G. R., *The Tudor Constitution: Documents and Commentary*, New York: Cambridge University Press, 1982.

Elton, G. R., *The Tudor Revolution in Government: Administrative Changes in the Reign of Henry VIII*, New York: Cambridge University Press, 1960.

Evans, E. J., *Parliamentary Reform in Britain, 1770–1918*, London: Longman, 2000.

Fisk, H. E., *English Public Finance from the Revolution of 1688*, New York: Banker Truster Company, 1920.

Gibson, J., *The Hearth Tax, other Later Stuart Tax Lists and the Association Oath Rolls*, Birmingham: Federation of Family History Societies, 1985.

Gill, D. M., "The Treasury, 1660–1714", *English Historical Review*, 1931, pp. 600–622.

Gillespie, J. E., The Influence of Oversea Expansion on England to 1700(Studies in history, economics and public law, v. 91, no. 1 (whole no., 207)) Columbia Univ, 1920.

Goodwin, A., *The Friends of Liberty — The English Democratic Movement in the Age of the French Revolution*, Boston: Harvard University Press, 1979.

Gras, N. S. B., *The Early English Custom System*, London: Oxford University Press, 1918.

Guy, J., *Tudor England*, Oxford: Oxford University Press, 1988.

Hall, H., *A History of the Custom — Revenue in England: From the Earliest Times to the Year 1827*, 2 vols, London: Elliot Stock, 1885.

Hargreaves, E. L., *The National Debt*, London: Edward Arnold Co., 1930.

Hasler, P. W., *The History of Parliament: vol., 1 The House of Commons, 1558–1603*, Sparkford: Haynes Publishing, 1981.

Heal, F., Holmes C., *The Gentry in England and Wales, 1500–1700*, Stanford: Stanford University Press, 1994.

Heath, T. L., *The Treasury*, London and New York: G., P., Putnam's Sons Ltd., 1927.

Hill, C., *The Century of Revolution*, London: Routledge, 2001.

Hirst, D., *Authority and Conflict: England, 1603–1658*, Great Britain: Edward Arnold, 1986.

Hoon, E. E., *The Organization of the English Customs System, 1696–1786*, Newton Abbot: George Allen & Unwin Ltd., 1966.

Hoyle, R. W., *The Estates of the English Crown, 1558–1640*, Cambridge: Cambridge University Press, 1992.

Hughes, E. J., *Studies in Administration and Finance, 1558–1825: With Special Reference to the History of Salt Taxation*, Manchester: Manchester University Press, 1934.

Hurstfield, J., "The Profits of Fiscal Feudalism, 1541–1602", *Economic History Review*, 1955, Vol. 8, No. 1, pp. 53–61.

Kennedy, W., *English Taxation 1640 – 1799: An Essay on Policy and Opinion*, London: Routledge, 1913.

Lasleff, P., *The World We Have Lost*, London: Methuen & Co., Ltd., 1965.

Lockyer, R., *Tudor and Stuart Britain*, 1471 – 1714, London: Longman, 1964.

Mathias, P., Davis J. A. (eds.), *The First Industrial Revolutions*, Oxford: Basil Blackwell, 1989.

Mingay, G. E., *The Gentry: The Rise and Fall of a Ruling Class*, London: Longman, 1976.

Mitchell, B. R., *British Historical Statistics*, New York: Cambridge University Press, 1988.

Mitchell, B. R, Deane, P(eds.), *Abstracts of British Historical Statistics*, New York: Cambridge University Press, 1962.

Neale, J. E., *The Elizabethan House of Commons*, London: Jonathan Cape, 1949.

Needham, J., *Dorothy Needham: Science and Agriculture in China and the West*, *Science Outpost*, London: The Pilot Press LTD, 1954.

North, D. C, Weingast, B R., "Constitutions and commitment: the evolution of institutions governing public choice in seventeenth-century England", *The journal of economic history*, 1989, 49(4): 803 – 832.

O'Brien, P K, Hunt, P A., "The Rise of a Fiscal State in England, 1485 – 1815", *Historical Research*, 2007, Vol. 66, No. 160, pp. 129 – 176.

Pettit, P. A., *The royal forests of Northamptonshire: a study in their economy, 1558 – 1714*, Northamptonshire: Northamptonshire Record Society, 1968.

Potter, R., *English Society in the Eighteenth Century*, London: Penguin Books Ltd, 1982.

Quinn, D., Ryan, A. N., *England's Sea Empire, 1550 – 1642*, London: George Allen & Unwin Ltd, 1983.

Roseveare, H., *The Financial Revolution, 1660 – 1760*, London and New York: Longman, 1991.

Roseveare, H., *The Treasury, 1660 – 1870: The Foundations of Control*, London: George Allen & Unwin Ltd., 1973

Roseveare, H., *The Treasury: the Evolution of a British Institution*, London: Allen Lane the Penguin Press, 1969.

Rule, J., *The Vital Century, England's Developing Economy, 1714 – 1815*, London: Longman Group Limited, 1992.

Sabine, B. E. V., *A Short History of Taxation*, London: Butterworths, 1980.

Sainty, J. C., *Treasury Officials, 1660 – 1870*, London: The Athlon Press, 1972.

Schumpeter, E. B., "English Prices and Public Finance, 1660 – 1822", *The Review of Economics and Statistics*, 1938, Vol. 20, No. 1, pp. 21 – 37.

Schurer, K. , *Surveying the People*, Oxford: Leopard's Head Press Limited, 1992.

Shaw, W. A. , *The Beginning of the National Debt*, In T. , F. , Tout (ed. ,), *Historical Essays*, Manchester: Manchester University Press, 1907.

Smuts, R. M. , *Court Culture and the Origins of a Royalist Tradition in Early Stuart England*, Philadelphia: University of Pennsylvania Press, 1987.

Steuart, J. , *An Inquiry into the Principles of Political Economy*, London: Oliver & Boyd, 1767.

Stone, L. , "Social mobility in England, 1500 – 1700", *Past & Present*, 1966, Vol. 33, No. 1, pp. 16 – 55.

Stone, L. , *The Crisis of the Aristocracy (abridged edition)*, New York: Oxford University Press, 1967.

Storey, R. L. , *The Reign of Henry VII*, New York: Blandford P. , 1968.

Tomlinson, H. , *Before the English Civil War: Essays on Early Stuart Politics and Government*, New York: St. , Martin's, 1983.

Tomlinson, H. , *Financial and Administrative Developments in England, 1660 – 88*, In Jones J R(ed.), *The Restored Monarchy, 1660 – 1688*, New Jersey: Rowman and Littlefield, 1979.

Wang, Y-C. , *Land Taxation in Imperial China, 1750 – 1911*, Cambridge: Harvard Press, 1973.

Warnicke, R. M. , *Elizabeth of York and Her Six Daughters-in-Law*, *Fashioning Tudor Queenship, 1485 – 1547 (Queenship and Power)*, Switzerland: Springer Nature, 2017.

Weir, A. , *Henry VIII: The King and His Court*, London: Jonathan Cape, 2001.

Winter, J. M. , *History and Society: Essays by R. , H. , Tawney*, London & Boston: Routledge & Kegan Paul, 1978.

Wolffe, B. P. , *The Crown Lands 1461 to 1536: An Aspect of Yorkist and Early Tudor Government*, New York: Barnes and Noble, 1970.

Wordie, J. R. , "The Chronology of English Enclosure, 1500 – 1914", *The Economic History Review*, 1983, No. 4, pp. 483 – 505.

Wrightson, K. , *English Society, 1580 – 1680*, London: Hutchinson, 1982.

后 记

经过三年多的写作,从开题到中期考核,再到预答辩、答辩,从初稿到二稿、三稿,终于带着完成的学位论文毕业,后入职上海社会科学院工作。转眼又已三年,不免生白驹过隙、白云苍狗之叹。

回想最初的起点,这个选题源于我对大分流与制度变迁的兴趣,导师马涛教授也对此非常支持,希望我能将学术研究与个人兴趣相结合,在与马老师多次交流后这个选题最终被确定下来。虽然选题具有较高的创新性与学术价值,但受限于自身学习与积累的不足,相较于庞大的学术工作量与极高的史料驾驭难度,文章终是有着些许遗憾。以当下的面貌呈现虽差强人意,却也时常觉得应继续加强积累,争取若干年后能再以更好的形式呈现。

本书汇聚并承载了许多由衷的感谢,在付梓之际,向所有曾关心、指导和帮助我的老师、同门、同学以及同事表示衷心的感谢!

在复旦的五年,是我一生中宝贵的经历,在这里我学会了怎样面对困难与挑战,逐渐成长成熟,也倍感留恋与感恩。在这里,我得遇良师益友,丰富学识阅历,不再迷惘于尘世的诱惑,唯愿拥有自由而无用的灵魂。首先要感谢我的导师马涛教授。在校期间,马老师对我的学习、研究乃至生活给予了热忱的关怀和帮助,并为我们营造了一个宽松、自由的研究氛围;在我博士论文的撰写过程中,从论文选题、研究方法到文章结构的修改,无不渗透着导师的心血。他渊博的学识、敏锐的思维、严谨治学的工作作风、诲人不倦的教学态度以及宽厚平和的处世风格使我深受触动。论文即将完稿之时,马老师仍然牺牲休息时间仔细推敲,精心修改,对论文质量的提高起了十分关键的作用。马老师不仅在学术上给我以指导,还在人生上给我以启迪,他的学识与人格使我深受感染,他的建议与勉励也会使我终身受益。在毕业之后,马老师也对我多有指导和帮助。时常感念师恩深重,无以为报,在此,谨向马老师致以最崇高的敬意,表示最衷心的感谢!同时,还要感谢张晖明老师、高帆老师、汪立鑫老师在开题、中期考核、预答辩等各关键节点对我论文撰写的指导，他们的改进意见使我深受启发！感谢上海社会科学院钟祥财老师和上海财经大学曹均伟老师在本专业的历次答辩中对我的建议与指导，使我获益良多！感谢论文的审读专家程霖老师和两位匿名专家的拨冗审阅以及对本书的宝贵修改意见！感谢各位同门的师兄师弟师妹，与大家共同学习和讨论在学术知识和研究方法上使我获益匪浅！此外，感谢经济学院唐朱昌老师、严法善老师等任课教师，他们的课程无疑使我的视野得到了极大开阔！也感谢体教部王震老师、吴丽红老师和卿云弓社的小伙伴们，与他们的相处使我的课余活动丰富而充实！

在上海社会科学院经济研究所工作的三年，有别于高校的氛围使我可以从新的角度对科研工作进行思考，对科研工作也有了许多不同的体会。感谢入所以来各位所领导对我的指导与帮助，以及为我提供的诸多学习机会！感谢政经室的同事们营造的轻松和谐的氛围，能在这样的环境中从事科研工作是多么的幸福！感谢同事们在学术报告与日常交流中给予我的点拨与启发！感谢办公室各位老师的后勤支持，使我能够更加专注于自身的研究！也感谢本书的各位外审专家提出的宝贵意见！

最后，感谢我的家人！感谢父母一直以来的理解、支持与照顾，让我能够无衣食之忧，将更多的时间投入学习、潜心研究！感谢我的太太一路走来的相知相守，虽然不同的专业背景使得我们的学术讨论对你来说时常倍感煎熬，在此感谢你的理解与包容！你的鼓励和支持让我在面对任何逆境时都有充足的勇气和自信，你的陪伴让我明白幸福是一件无比简单而又寻常的事情，纵使未来道阻且长，此生亦有幸与你相伴前行！

李　卫
2023 年 10 月 4 日

图书在版编目(CIP)数据

传承与变革：15—19世纪中英财政制度与财政思想变迁比较研究 / 李卫著 . — 上海：上海社会科学院出版社，2024

ISBN 978 - 7 - 5520 - 4332 - 7

Ⅰ.①传… Ⅱ.①李… Ⅲ.①财政制度—对比研究—中、英—15—19世纪 ②财政—经济思想史—对比研究—中、英—15—19世纪 Ⅳ.①F812.2 ②F815.611

中国国家版本馆 CIP 数据核字(2024)第 053177 号

传承与变革：
15—19世纪中英财政制度与财政思想变迁比较研究

著　　者：李　卫
责任编辑：应韶荃
封面设计：周清华
出版发行：上海社会科学院出版社
　　　　　上海顺昌路622号　邮编200025
　　　　　电话总机 021 - 63315947　销售热线 021 - 53063735
　　　　　https://cbs.sass.org.cn　E-mail：sassp@sassp.cn
排　　版：南京展望文化发展有限公司
印　　刷：上海颛辉印刷厂有限公司
开　　本：710 毫米×1010 毫米　1/16
印　　张：15.75
字　　数：269 千
版　　次：2024 年 4 月第 1 版　2024 年 4 月第 1 次印刷

ISBN 978 - 7 - 5520 - 4332 - 7/F·761　　　　　定价：80.00 元

版权所有　翻印必究